高职高专财经类职业实践型系列规划教材

编委会名单

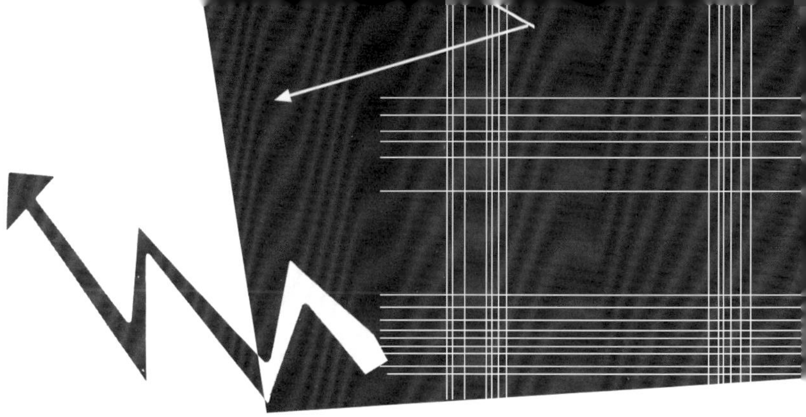

高职高专财经类职业实践型系列规划教材

经济学基础

Fundanmentals of Economics

陈苡　余萍　主编

暨南大学出版社
JINAN UNIVERSITY PRESS
中国·广州

《经济学基础》编委

总 序

《国家中长期教育改革和发展规划纲要（2010—2020年）》指出："职业教育要面向人人、面向社会，着力培养学生的职业道德、职业技能和就业创业能力。"作为职业教育重要组成部分的高职高专教育，其培养目标也应符合这一根本要求。要适应上述高职高专教育人才培养的要求，教材的建设是个关键。目前，有些高职高专教材基本上是普通本科教材的"简化版"或"缩小版"，在一定程度上影响了高职高专教育目标的实现。因此，教材改革势在必行。

为适应高职高专教育教学改革与发展的要求，广州大学纺织服装学院、广州工程技术职业学院、广州城建学院、广州工商职业技术学院、广州现代信息工程职业技术学院、私立华联学院等相关院校的教师们，在深入实际充分调查研究的基础上，结合高职高专教育的规律和特点，共同编写了"高职高专财经类职业实践型系列规划教材"，并由暨南大学出版社出版。这一系列教科书包括《经济学基础》、《基础会计》、《市场营销》、《国际金融》和《国际贸易实务》等。这套教材具有以下特点：

1. 理论与实践紧密结合

本系列教材之所以称为"职业实践型教材"，是因为该教材充分体现了高职高专教育的基本特点和教育规律，打破了传统的教材构建逻辑和方式。教材以培养学生能力为基本目标，在简述"必需、够用"基本理论知识的同时，充实和强化实务性强、与现实经济生活联系密切及可操作性强的内容。同时，参加本教材编写的人员均为长期从事高职高专教育的第一线教师，其中不乏"双师型"教师，他们除了具有较深的理论修养之外，也具有丰富的实际工作经验。教材中不少内容本身就是他们实际工作的体会与经验总结，具有很强的实践性。

2. 体例结构的实用性

高等职业教育属于大众化教育，学生毕业后绝大多数要直接进入工作岗位就业或自主创业。同时，高职高专学生的一般逻辑思维能力相对较差，而形象思维能力相对较强，所以，教材的编写应符合高职高专学生的特点。为此，编者对教材体例结构进行了认真的设计，在各章内容中设置了能力目标、导入案例、习题和职业训练等。通过这种体例结构，学生能够很快地将理论知识与实务知识相结合，较快掌握教材内容，提高学习效率，并增强分析问题和解决问题的能力。同时，在系列教材中，各书根据其自身内容的特点，采取更加适合学生学习的体例结构，不强求各书体例上的完全一致。

3. 内容的新颖性与前沿性

进入21世纪，国际国内经济环境发生了非常重大的变化，特别是2008年全球金融危机以来，企业面临的生存与发展环境更加复杂、多变，面对这些变化，企业的经营方针、经营策略、理财策略等必定要做出重大调整。本套教材在讲述基本原理的基础上，将理论方面的前沿信息、最新成果和企业实务中的先进理念、方法等引入其中，使其内容更加贴近经济生活、贴近现实，从而能够不断地激发学生的学习兴趣，培养学生的学习能力和创新能力。

建设适合新形势下高职高专教育教学特点的教材，对我们来说是一个不断探索、创新的过程。为此，我们付出了大量的时间、精力和心血。呈现在读者面前的这套教材，既是我们辛勤劳动的结晶，也是我们对高职高专教育教学改革探索的初步成果。由于我们编写水平有限，研究、探索尚不够深入，本系列教材可能存在不足甚至错误，诚恳希望同行和读者批评指正。

郭银华

2011 年 1 月

前　言

20 世纪 90 年代，我国高等职业教育进入快速发展时期，到 2009 年全国独立设置高职院校 1 215 所，招生数达 313.4 万人，与本科招生规模大体相当，在校生 964.8 万人，高等职业教育成为高等教育的半壁江山。目前，全国 90% 以上的地市至少有一所高职院校。高等职业教育的快速发展，满足了人民群众接受高等教育的强烈需求，丰富了我国高等教育类型结构，完善了职业教育层次结构，为我国在本世纪初实现高等教育大众化的历史性跨越发挥了重要作用。作为专业建设和教育教学改革的关键，课程开发与专业教学资源建设工作得到了高职院校的广泛重视，在校企合作制度建设和工学结合人才培养模式改革的带动下，取得了显著成效。

在人才培养模式改革中，教材改革是关键内容之一，开发一部适合于高职高专学生特点的应用性教材，对推动高职高专教育教学改革是非常重要的。而且随着社会经济的发展，社会对人才的需求不断变化，这种变化也推动了教育教学改革的进程。具体反映到高职高专的教育教学中，就要求高职高专的人才培养模式、教材、教学方法和手段做出相应的改革，经济学基础的教学也不例外。

在长期的经济学基础教学中，我们发现，高职高专学生和本科学生不同，对经济学知识的需求和学习动力也不同，同时，随着人才培养模式的不断修订，课程的学时趋于减少。因此，对于不同的专业除了教学方法和教学手段不同外，选择一本适合于这些专业的教材也非常重要。而且，很多教师在经济学基础的教学中都会有这么一个困扰：作为高职高专财经管理类专业的专业基础课，经济学是一门理论性很强、实践意义很大的学科。它提供了一套理解市场经济运行的概念体系、思维方式及其分析方法。该课程学得如何将直接影响后续专业课的学习，并与学生的职业能力、对经济政策的理解水平以及社会实践能力有密切联系。但是，在真正的教学中，问题提出来了：经济学课程到底有没有用？如何才能让高职高专的学生更好地学习经济学课程？这些都是摆在我们面前的非常重要的问题。

为了让高职高专的学生愿意学，也一定能学好经济学这门课程，我们必须为学生提供合适的教材和恰当的教学方法。过去的经济学教材过多强调完整性、系统性，而往往忽视了另一事实：“过于完整”的内容和“过于科学”却往往枯燥乏味的语言扼杀了学生的兴趣——在他们还未接触到经济学领域有趣的内容之前就丧失了学习该门课程的信心。从教学法来看，很多教师似乎更善于讲授法。讲授法有它的优势，如知识系统完整，信息量大，课时含金量高等。但这种垂直式教学，往往致使学生被动接受，参与性不强，时间稍长，学生就容易疲倦，注意力难以集中。

为此，我们在进行教材研究和总结前人智慧的基础上，对国内外经济学理论进行了梳理，结合社会实际和经济学最新发展，对经济学知识体系进行了适当整合，内容和体系比较清晰，切合财经类、管理类和外语类等专业高职高专学生的教学实际。在教材的编写过程中，我们从高职高专财经管理类学生的角度出发，在教材中适当增加案例，使理论更加通俗化，便于学生理解和接受。在结构上，这部教材充分考虑教学的需要和实际教学过程中学生学习的需要。教材共分10章，将微观经济知识整理为6章，宏观经济知识整理为4章，每一章开头设“导入案例”，结尾设“本章实训与练习模块”，特别是在“本章实训与练习模块”中加入了“应用实践”，这些“应用实践”都是根据社会经济生活总结出来的，可供任课教师在讲完每一章的理论知识后，有针对性地组织学生进行分析讨论，加深学生对理论知识的理解和记忆，有助于学生掌握知识重点。

本教材由陈苡、余萍担任主编，负责策划和组织编写，并对全书进行统稿。教材编写人员都是从事经济学基础和西方经济学教学的一线教师。各章分工为：陈苡、余萍、叶昌兰编写第1章、第3章和第9章；左艳芳编写第2章；李锦锋编写第4章；卢盛羽编写第5章；史豪慧编写第6章；郭秀兰编写第7章；杜保宜编写第8章；王冬吾编写第10章。全书的“本章实训与练习模块”由陈苡和余萍负责编写；孙志芳和谭璇臻负责全书的校订工作。

作为一门专业基础课，经济学对培育学生的专业素养乃至人文素质极为重要，教育部门和各高校也很重视这门课程。我们在编写本教材时也深感责任重大，尽管自己尽了最大努力，但错讹之处在所难免，望同行、读者批评指正，您对本书的每一条意见或批评都是对本书再版修订最宝贵的支持。

本教材的出版得到了广州工程技术职业学院领导的大力支持，暨南大学出版社的副编审潘雅琴为本教材的出版付出了辛勤的劳动，在此一并表示感谢。

编　者

2011年1月

目　录

第1章　导　论

导入案例

谈谈“如何像经济学家一样思考”

小王原来是某机关的一个处长，年薪24万元。在下海高潮中他也辞职下海经商，一年下来赚了30万元，他认为自己下海是对的。经济学家如何看待小王的下海得失呢？经济学家认为，天下没有免费的午餐，有得必有失，做出任何决策都要付出代价。在资源既定的情况下，选择了某个决策就要放弃另一个决策，得到了点什么就不得不放弃点什么，正如中国古话所说的“鱼与熊掌不能兼得”，得到鱼就要放弃熊掌，得到熊掌就要放弃鱼。经济学家把为了得到某种东西而所放弃的东西称为机会成本。把这个概念用在小王身上，试看看：他下海赚到30万元的机会成本是什么？或者说放弃了什么呢？首先，他放弃了当处长每年的年薪24万元。其次，一个处长的收入绝不仅仅是工资，还有许多隐性收入，例如，可以享受公费医疗、以成本价购买住房、夏天可以公费度假、年底还可以分些年货等，据估计，一个处长的这些额外收入每年为2万元左右，这也是小王所放弃的。再者，小王下海需要的资金中有20万元是自己历年的储蓄，用自己的资金当然不用支付利息，也不能存在银行中得到利息，假定利率为每年5%，这样，小王又放弃1万元的利息收入。最后，小王当处长时，每天上班8小时，机关工作是轻闲的，晚上还可以舞文弄墨，给报刊写点小文章，一年下来亦可有1万元的收入，下海后这份闲情没有了，当然这份收入也失去了。以上放弃的四种收入共计34万元，得到30万元，付出的机会成本是34万元，当然是得不偿失。在不考虑机会成本时，小王认为自己下海赚了，但像经济学家一样考虑机会成本，即所放弃的东西时，就知道下海亏了，还是“商海无边，回头是岸”的好。

人们在考虑到机会成本时，所作的决策会更明智。例如，硅谷离婚率低，其实并不是因为硅谷的夫妻们感情好，更重要的是对于时间就是金钱的硅谷创业者来说，把许多时间用在离婚诉讼上，机会成本实在太高了。

（资料来源：严国辉：《经济学基础》）

思　考

1. 个人在作决策时应该考虑哪些方面？
2. 经济学家的思维方式有何特征？如何像经济学家一样思考？

在现实社会中，一个家庭面临着许多决策。它必须决定哪些家庭成员去做什么；作为回

报，每个家庭成员能得到什么；谁做晚饭；谁洗衣服；谁有权选择看什么电视节目。简言之，家庭必须考虑到每个成员的能力、努力和愿望，以在各个成员中配置稀缺资源。同样，在现时的市场经济中，我们每一个人都要做出自己的选择、自己的决策，而且，整个市场经济的成功也取决于每个人决策的正确性。这样，我们就要学点经济学，学会像经济学家一样思考问题。正如美国经济学家约翰·梅纳德·凯恩斯所认为的“经济学并没有提供一套立即可用的完整结论。它不是一种教条，只是一种方法、一种心灵的器官、一种思维的技巧，帮助拥有它的人得出正确结论”。经济学包括的内容十分丰富，许多人觉得经济学枯燥、乏味、抽象、难学，但经济学本来来自现实生活，应该是丰富多彩且生动活泼的。学会像经济学家一样思考、分析各种现实经济问题，就能帮助我们做出更加理性的决策。如果你对经济学有兴趣，那么以此为起点，读一些更高深的书，进入经济学这座科学圣殿吧。

【学习要点】

通过本章的学习，要求掌握经济学的概念和分析方法，理解稀缺性的含义，理解什么是十大经济学原理，了解经济学的产生和发展，理清经济学的基本分类。

【重点难点】

1. 经济学的定义
2. 十大经济学原理
3. 研究资源稀缺的配置
4. 实证分析方法与规范分析方法
5. 优化与均衡分析法

1.1 什么是经济学

1.1.1 概述

在本书的开篇，你将初步领略到经济学的魅力。本章将引领读者走进经济科学的殿堂，并解释经济学是什么，经济学研究什么，用什么方法来研究经济学，经济思维是怎么回事……这些都是我们在学习这门课程之前需要弄清的问题。

我们一开始要强调的事情是，经济学绝不是死记硬背的教条，也不仅仅是“说钱的理论”。学习经济学能获得一种新的思考方法和行为方式，它将有助于你提高理解世界问题的洞察力，帮助你在生活中做出正确的决策。正如爱尔兰戏剧家萧伯纳曾写的：“经济学是最大限度地享受生活的艺术。”

顾名思义，经济学是研究经济事务的科学。至今，经济学的学科体系已相当庞杂，有微观经济学、宏观经济学、国际经济学、区域经济学、产业经济学、发展经济学、公共经济学等。在汉语中，经济有“经世济民”之意，但在西方，经济一词“economy”源于希腊语，意为“管理一个家庭”。一个家庭总要面临许多决策，如：买房还是租房？把现金存入银行还是投资股票？要不要雇保姆？……一家之主必须充分考虑每个成员的愿望、能力和努力，在既有约束条件下做出恰当的安排和选择。这便是经济学的核心问题——经济选择。

“economy”这个词后来又衍生出“政治经济学”和“经济学”，用来指研究人类社会经济活动的科学。

“政治经济学”一词最早出现于 17 世纪。那时，欧洲国家在经济活动中的作用日渐显要。于是，最初在法国，political 被冠以 economy 而构成“政治经济学”一词，用以指对国家事务的公共管理。在那期间，人们除了研究公共管理的经济政策之外，还研究经济活动本身，诸如生产、消费、交换等规律。但所有这些研究都包含在“政治经济学”这一名词之下。

到 19 世纪末，“政治经济学”一词在西方经济学界逐渐为“经济学”所替代。现代经济学家通常都用“经济学”或“现代经济学”一词。从一定意义上说，政治经济学与经济学具有相同的内涵，政治经济学也可简称为经济学。而在中国，因为历史的原因，有时候将马克思主义经济学称为政治经济学，将非马克思主义经济学称为“西方经济学”。其实，在马克思的《资本论》和其他著作中也常把政治经济学与经济学通用。在此，我们不作意识形态的区分，开宗明义只说明一点：经济学乃是探讨人类社会如何经济地利用自然、社会资源，以达到某种目标或满足某种欲望的科学。更通俗地说，经济学研究人类个体和集体在生产、消费、交换等社会活动中的理性行为，以及他们在这些活动中的相互关系。

1.1.2 经济学的定义

作为一门社会科学，同其他社会科学，如哲学、政治学、法学、伦理学等比较起来，经济学是一门比较年轻的学科，但在西方，却被称为“社会科学的皇后”。经济学经过两百多年的发展，取得了辉煌的成果。然而，到目前为止，经济学尚无一个统一的被人们公认的定义，几乎每一个经济学家都有一个经济学定义。18 世纪的英国经济学家亚当·斯密认为：经济学是一门研究社会财富问题的科学。19 世纪的英国经济学家阿尔弗雷德·马歇尔认为：经济学既是一门研究财富的学问，也是一门研究人的学问；经济学研究的是一个社会如何利用稀缺的资源以生产有价值的物品和劳务，并将它们在不同的人中间进行分配。20 世纪初期的另一位英国经济学家 L. 罗宾斯认为：经济学是一门研究关于目的与具有各种可供选择性用途的手段之间相互关系的人类行为的科学。20 世纪中期的美国经济学家坎贝尔·麦克康耐尔、斯坦利·布鲁伊认为：经济学是为了在最大程度上满足人类的物质需要而有效地利用有限或稀缺资源的社会科学。20 世纪中后期的一位美国经济学家保罗·萨缪尔森则提出了一个曾经广为流传的定义：经济学研究人和社会如何进行选择，合理使用社会的稀缺资源以便生产各种商品，并在现在和将来分配给社会的各个成员或群体以供消费之用。20 世纪后期的另一位美国经济学家约瑟夫·斯蒂格利茨认为：经济学研究的是社会中的个人、厂商、政府和其他组织是如何进行选择的，这些选择又怎样决定社会资源如何被利用。20 世纪末的美国经济学家格里高利·曼昆认为：经济学研究社会如何管理自己的稀缺资源。

综上所述，可以发现尽管不同的经济学家对经济学概念的具体说法不一，但都是围绕着资源的稀缺性问题来进行讨论，大多数经济学家越来越一致地趋向于把经济学看作是一门研究资源配置问题的科学。通过比较借鉴，本书可以对经济学下一个定义，即经济学是一门研究在既定社会资源约束条件下，如何对有限或者稀缺资源做出选择和决策，进行合理、有效的配置及利用的社会科学。对于经济学的这个定义，在理解上需要注意两个最基本的假设：经济个体是理性的，经济资源是相对稀缺的。整个经济学体系可以说是在这两个基本假设上建立和发展起来的。

1. **个体理性**

经济学研究的重点是经济行为人如何把稀缺的资源配置到效率最高的地方去，强调个体行为在资源配置中的作用。经济行为人的决策行为是通过高度复杂的思维活动做出的，为了更好地解释资源配置问题，经济学借用哲学的“理性”概念对复杂的人类行为进行了抽象假定。也就是说，经济理性是一种行为方式假定，即经济行为人对其所处环境的各种状态及不同状态对自己支付的意义都具有完全信息，并且在既定条件下每个行为人都具有选择使自己获得最大效用或利润的意愿和能力。具体而言，经济理性包括三方面的基本含义：

第一，自利性假设。从亚当·斯密的研究开始，自利性与社会性并列为人的双重本性。根据贝克和阿尔钦的观点，人的社会性归根结底是自利性基础上的所谓“启蒙了的利己主义”，而人的自利性是生存竞争和社会进化的结果。

第二，一致性假设。一致性假设是指每个人的自利行为与群体内其他人的自利行为之间是可以保持一致的。这一假设为存在于群体中的每一个人的自利行为提供了合理的存在空间，回避了“自利”与“损人”可能的冲突。

第三，极大化原则。极大化原则起源于马歇尔《经济学原理》的研究，也是奥地利学派发起的“边际革命”的结果。个体对最大幸福的追求，或者等价追求最小化痛苦，导致形成逻辑上的“极大化原则”。这一原则要求经济理性将幸福扩大到“边际”平衡的程度，即个体为使幸福增进一个边际量所必须付出的努力，等于这一努力所带来的痛苦。

可以说，经济理性含义中的“自利性假设”和“一致性假设”实际上是“极大化原则”的铺垫，前者为极大化的动机提供了完美的解释，为极大化的客体划定了明确的范围；而后者为极大化的存在假定了合理的空间。从这个意义上来说，许多研究者将经济理性等同于极大化原则也不无道理。经济学研究默认的经济理性认为经济行为人可以完全认识自然与社会，并基于这一完全认知能够实现自身效用的极大化，而极大化的实现包含两个递进的隐含假设：其一，特定决策的所有可能性都明确可知；其二，特定决策主体具备在所有可能性中比较择优的完全认知能力。

2. **资源稀缺**

所谓的稀缺是指社会资源相对于人的无限欲望总是有限性，稀缺是经济学对客观存在的基本概括，是一个最高的抽象。没有稀缺就不存在任何经济问题，稀缺是经济学的前提。经济个体在追求其目标时，其理性行为不是不受限制的。经济学之所以产生和发展，是因为人类的一切活动都受资源稀缺性约束。假如任何资源都取之不尽、用之不竭，那么人们尽可以任何方式动用无限的资源去达到特定的目的，节俭就没有必要，经济学也不会产生。

但若仅仅是因为资源有限，也不一定要研究经济学。资源稀缺的另一面是资源的多用性。如果野果只能供人果腹，树干只能燃烧供暖，原始人就不必为如何使用这些资源作权衡选择，经济学也就无用武之地。相反，假如果子既可供现在食用，也可用作种子以繁殖更多的果子，还可以用作饲料喂养牲畜以换取动物蛋白，那么人们必须考虑如何将果子分配给不同的用途，从而在给定技术条件下换取最多的食物，这就是经济问题。既有限而又有多种用途的资源称为相对稀缺资源，或简称为稀缺资源。但是一个极其富有的人，可以获得任何他所需要的东西，我们是否可以认为他就不存在稀缺问题了呢？然而当他把时间也当作一种资源来考虑，情况就不同了。他必须决定每天把时间花费在他认为最有价值的事物上面。因此，如将时间考虑在内，那么稀缺就是每一个人在生活中所必须面对的现实。所以，稀缺性是个绝对也是个相对的概念。绝对是指在任何社会和任何时代资源都存在稀缺，无处不在，无时不有。相对是相对于人的无穷欲望而言的，清心寡欲就没有稀缺。

1.2　经济学的分类

经济学的分类问题，不仅涉及经济学科内部的层次结构及与此相对应的学科建设，更重要的是，它同社会发展决定经济理论必须服务于社会实践的需要相联系。按照不同的划分标准，经济学可以分为以下几类：

1.2.1　政治经济学与西方经济学

按照经济学的阶级性质，经济学可以分为政治经济学与西方经济学。

1. 政治经济学

政治经济学是指以《资本论》为基础编写的马克思主义政治经济学，其研究对象是生产关系，即社会经济活动中人与人的关系。马克思以辩证唯物论的高度洞察力，第一次科学地剖析资本主义经济运行的特殊规律和一切商品经济运行的一般规律。作为革命导师，马克思对经济学的研究首先服务于无产阶级争取解放的斗争，只在阐明资本主义发生、发展所必需时，才涉及商品经济的运行机制。根据生产力高度发达的社会主义设想而编写的政治经济学社会主义部分，也不符合社会主义初级阶段的实际，不能满足社会主义市场经济的需要，必须与时俱进，不断创新。

2. 西方经济学

西方经济学是指资本主义国家研究市场经济运行的经济学，它通常将资本主义制度作为既定前提，以资本主义经济运行作为研究对象，它具有两重性：

（1）辩护性。西方经济学回避资本主义制度的特殊性，将资本主义的经济运行当作一切社会制度普遍适用的范式。作为资产阶级的意识形态，它必然为资本主义服务。

（2）科学性。商品经济随着资本主义制度得到充分发展，西方经济学在研究市场经济运行规律方面也具有不同程度的科学性。毕竟，它是西方经济学家几百年来对市场经济研究的共同结晶，而就市场经济来说，社会主义市场经济与资本主义市场经济基本相似。有鉴于此，建设社会主义市场经济也离不开西方经济学。

1.2.2　实证经济学与规范经济学

根据研究中所用的方法不同，经济学一般分为实证经济学和规范经济学两种。

1. 实证经济学

实证经济学是根据一定假设，分析经济体系是怎样运行的，为何这样运行，以及预测该经济体系将会怎样运行，它企图超脱一切价值判断，只研究经济本身的内在规律，并根据这些规律分析和预测人们经济行为的效果。所谓的价值判断是指对经济事物是与非、好与坏、积极意义与消极意义等的判断。

换言之，实证经济学只是就事论事，说明“是什么”和“为什么”，明确事物之间的因果关系，“如果这样，将会怎样”。至于这种因果关系是好是坏，它不作判断，即价值中性。其特点如下：

首先，实证经济学就是避开带有一定主观性、阶级性的价值判断，从客观的角度去分析经济现象。

其次，实证经济学所研究的是“是什么”的问题，或者说人类所面临的实际经济问题“是如何解决”的问题，即只确认经济事实的本身，研究经济本身的内在规律，分析经济变量之间的关系。

最后，实证经济学的研究内容不带价值判断，具有客观性，所以它所表述的问题可以用事实、证据或者从逻辑上加以证实或证伪，所得出的结论是可以进行事实检验的。

2. 规范经济学

规范经济学是以一定价值判断为基础，提出某些标准作为分析处理经济问题的标准和基础，确立经济理论的前提，作为制定经济政策的依据，并研究如何才能符合这些标准。其特点如下：

首先，规范经济学从一定的价值判断来研究经济问题，即判断某一具体经济问题的是与非、好与坏、积极意义与消极意义，带有一定的主观性和阶级性。

其次，规范经济学研究的是“应该是什么”的问题，或者说是人类所面临的实际经济问题“应该如何解决”的问题。即要说明事物本身的好坏、是非及社会意义等。

最后，规范经济学带有价值判断，研究会受到不同价值观的影响，所以规范经济学所表述的问题、研究的结论等不能用事实、证据或者从逻辑上加以证实或证伪，涉及社会学的范畴。

3. 实证经济学与规范经济学的关系

实际上，实证经济学与规范经济学并不是相互排斥、截然分开的，它们之间具有内在的联系。

首先，实证经济学是以规范经济学作为指导的。一般来说，具体经济问题和微观经济现象具有实证性，而越是高层次的、决策性的宏观经济问题和现象，就越具有规范性。

其次，规范经济学必须以实证经济学为基础，人们不清楚“是什么”，就难以断定“应怎样”。反过来，人们在实证“是什么”特别是“将怎样”时，也不可能完全排除价值的判断。

1.2.3 微观经济学与宏观经济学

1. 微观经济学

微观经济学是以单个经济主体（主要是企业和居民）为研究对象，通过研究单个市场经济体系（主要是产品市场）中单个经济主体的经济行为和相应的经济变量（主要是指关于商品的数量化指标）的变化及其相互的关系来说明如何解决社会资源的配置问题。

在微观经济学中，企业往往被称为“厂商”，它是指利用各种资源来组织生产、提供产品和劳务的经济单位。因此，在研究生产者行为方面，微观经济学主要是研究厂商如何把可加以利用的资源用在各种不同产品的生产上以获取最大的利润。相应的经济变量涉及生产成本、供给数量、供给价格、收益和利润等。同样，在微观经济学中，居民又往往被称为“家庭”或“居民户”，他们是各种生产要素的供应者和各种商品、劳务的消费者。在家庭的行为研究方面，微观经济学主要是研究家庭如何把所获得的一定数量的收入合理地花费在各种商品和劳务的购买与消费上，以得到最大限度的满足。相应地，其经济变量主要涉及个人收入、产品、劳务和价格、需求数量、居民的效用等。

2. 宏观经济学

宏观经济学是相对于微观经济学而言的，它以整个国民经济的总体行为为研究对象，通过研究经济中各种有关经济总量的决定及其变化来说明社会资源如何才能达到充分利用。它研究的是一国社会经济活动的总体图景以及对各种相应的经济变量的全社会加总数、平均数和比率数，所涉及的主要经济变量也是一些与此相应的经济总量，如国民收入、国民生产总值、投资、储蓄、消费、货币供应量和货币需求量、财政赤字、进出口额、通货膨胀率、失业率、利息率等。

1936 年，凯恩斯《就业、利息和货币通论》的出版标志着现代宏观经济学的诞生，从此微观经济学和宏观经济学才有了明确的划分。宏观经济学所探讨的是社会经济整体，也包括其中较大的区域或部门的经济整体，如一个省的经济、一个行业的经济。宏观经济学研究经济的整体运行，主要是从总体上分析、研究、探索经济的运行方式、规律及其问题。宏观经济学所研究的内容涉及如下四个方面：

第一，采取总量分析方法，研究与整个国民经济活动有关的国民总产品、国民净产品、国民收入、个人收入、可支配收入以及相应的经济总量的变动和经济整体状况，其中心理论是国民收入决定理论。

第二，研究总供给与总需求之间的关系，重点解决生产资源的利用问题，即如何解决由于有效需求不足等原因引起的资源闲置问题，以提高资源在总体上被利用的程度。

第三，经济稳定问题，即研究一国经济发生总体上波动的原因，找出对付经济周期性波动和稳定总体运行的政策措施。在总体经济中，由于总供给与总需求经常处于非均衡状态，经济经常出现波动，因此宏观经济还考虑诸如经济周期、物价水平、通货膨胀、失业以及它们与国民收入之间的关系。

第四，经济增长问题，即探索促进一国经济的生产能力和产品、劳务供应量持续增长的方法。

3. 微观经济学与宏观经济学的区别与联系

（1）微观经济学与宏观经济学的区别。

微观经济学与宏观经济学的区别主要表现在理论依据、基本假设、研究方法、研究对象、研究中心和主要目标等方面，如表 1－1 所示：

表 1－1　宏观经济学与微观经济学的主要区别

名　称	宏观经济学	微观经济学
理论依据	新凯恩斯主义经济学为主	新古典主义经济学为主
基本假设	需求不足，存在失业	资源稀缺，充分就业
研究方法	总量分析法	个量分析法
研究对象	以总体为基础研究一国的经济运行	以个体为基础研究一国的经济运行
研究中心	国民收入	市场价格
主要目标	社会福利最大	个人利益最大

（2）微观经济学与宏观经济学的联系。

尽管存在上述差异，微观经济学和宏观经济学也不是两个互不相关的部分。作为经济学基本理论的两个重要组成部分，微观经济学和宏观经济学存在着十分紧密的理论联系，主要表现在以下五个方面：

第一，微观经济学和宏观经济学互为补充。经济学的目的是要实现社会经济福利的最大化。为了达到这一目的，既要实现资源的最优配置，又要实现资源的充分利用。所以，微观经济学是在假定资源已实现充分利用的前提下分析如何达到最优配置的问题；而宏观经济学则是在假定资源已实现最优配置的前提下分析如何达到充分利用的问题。

第二，微观经济学是宏观经济学的基础。整体经济是单个经济单位的总和，总量分析是建立在个量分析的基础上的。例如，对整个经济的消费分析是以单个消费者行为理论为基础，对整个社会的投资分析也是以单个生产者的投资行为为分析基础的。同一经济现象，从一个角度看是宏观经济问题，从另一个角度分析是微观经济问题，全面考察才不会失之偏颇。

第三，微观经济学与宏观经济学都是实证分析。不管是微观经济学的个量分析还是宏观经济学的总量分析，从经济学的研究和分析方法来看，都是实证分析法，而非规范分析法。

第四，微观经济学与宏观经济学都把社会经济制度作为既定的基础前提条件，分析在这一既定制度下如何实现资源最优配置和充分利用的问题，即只分析具体经济问题，而不涉及经济制度的分析。

第五，两者共同构成了西方经济学的整体。微观经济学与宏观经济学不是两种经济学，而是经济学体系中的两个部分。作为一个经济社会，不仅有资源配置问题，也有资源利用问题，只有把这两方面的问题都解决了，才能解决整个社会的经济问题。

1.3 经济学十大原理

1.3.1 交替关系原理

在资源既定的情况下，多得到甲产品，必须以牺牲乙产品为代价。关于做出决策的第一课可以归纳为一句谚语："鱼和熊掌不可兼得。"为了得到我们喜爱的一件东西，通常就不得不放弃另一件我们喜爱的东西。做出决策要求我们在一个目标与另一个目标之间有所取舍。

例如，我们考虑一个在校学生必须决定如何配置他的最宝贵的资源——时间。他可以把所有的时间用于学习经济学；他可以把所有的时间用于学习高等数学；他也可以把时间分配在这两门学科上。当他把某一个小时用于学习经济学时，他就必须放弃本来可以学习高等数学的一小时。或许，都要放弃本来可以用于睡觉、逛街、上网或打工兼职的时间。

在现代社会里，同样重要的是社会面临的另一种交替关系"大炮与黄油"之间的权衡取舍。当我们把更多的钱用于国防以保卫我们的海岸免受外国入侵（大炮）时，我们能用于提高国内生活水平的个人物品的消费（黄油）就少了。

认识到人们面临的交替关系本身并没有告诉我们，人们将会或应该做出什么决策，比如，一个学生是否应该仅仅由于要增加用于学习经济学的时间而放弃高等数学的学习，政府是否应该仅仅由于要增加"大炮"而减少"黄油"等。然而，认识到生活中的交替关系是重要的，因为人们只有了解他们可以得到的选择，才能做出良好的决策。

1.3.2 机会成本原理

在生活中人们面临着权衡取舍，所以，做出决策就要比较可供选择的行动方案的成本与收益。但是，在许多情况下，某种行动的成本并不像乍看时那么明显。例如，考虑是否读大学的决策。收益是获得专业知识和拥有更好的工作机会。但成本是什么呢？要回答这个问题，你会想到把你用于学费、教材费、住宿费和伙食的钱加总起来。但这种总和并不真正地代表你上大学所放弃的东西。

这个答案的第一个问题是，它包括的某些东西并不是上大学的真正成本。即使你离开了学校，你也需要有睡觉的地方，要吃东西。只有在大学的住宿和伙食比其他地方贵时，贵的这一部分才是上大学的成本。实际上，大学的住宿与伙食费可能还低于你自己生活时所支付的房租与食物费用。在这种情况下，住宿与伙食费的节省是上大学的收益。

这种成本计算的第二个问题是，它忽略了上大学最大的成本——时间。当你把一年的时间用于听课、读书和写文章时，你就不能把这段时间用于工作。对大多数学生而言，为上学而放弃的工资是他们受教育的最大成本。

一种东西的机会成本是为了得到这种东西而放弃的最高收益的东西。当做出任何一项决策，例如，决定是否读大学时，决策者应该认识到伴随每一种可能的行动而带来的机会成本。实际上，决策者往往是知道这一点的。那些达到上大学年龄的体育明星如果退学而从事职业运动，就能赚几百万元甚至上千万元人民币，他们深深认识到，他们上大学的机会成本极高。所以他们往往选择工作而放弃上大学的机会。

1.3.3 边际决策原理

生活中的许多决策都涉及对现有行动计划进行微小的增量调整。经济学家把这些调整称为边际变动。在许多情况下，人们可以通过考虑边际量来做出最优决策。

例如，一位朋友请教你，他应该在学校上多少年学。如果你给他用一个拥有博士学位的人的生活方式与一个没有上完小学的人进行比较，他会抱怨这种比较无助于他的决策。你的朋友很可能已经受过某种程度的教育，并要决定是否再多上一两年学。为了做出这种决策，他需要知道，多上一年学所带来的额外收益和所花费的额外成本。通过比较这种边际收益与边际成本，他就可以评价多上一年学是否值得。

因此，人们通过考虑边际量将会做出更好的决策。只有一种行动的边际收益大于边际成本，一个理性决策者才会采取这项行动。

1.3.4 激励反应原理

由于人们通过比较成本与收益做出决策，因此，当成本或收益变动时，人们的行为也会改变。也就是说，人们会对激励做出反应。例如，当苹果的价格上升时，人们就决定多吃梨少吃苹果，因为购买苹果的成本高了。同时，苹果供应商决定雇用更多工人提供更多的苹果，因为出售苹果的收益也高了。

对设计公共政策的人来说，激励在决定行为中的中心作用是重要的。公共政策往往改变了私人行为的成本或收益；当决策者未能考虑到行为如何由于政策的原因而变化时，他们的政策就会产生令他们意想不到的效果。

举个例子来说明这种不想要的效果，考虑一下有关安全带和汽车安全的公共政策。在50年代有安全带的汽车很少。现在所有的汽车都有安全带，这种变化的原因是公共政策。60年代后期，政府出于安全考虑，通过相关法律要求汽车公司生产包括安全带在内的各种安全设备，安全带成为所有新汽车的标准设备。

安全带的法律如何影响汽车安全呢？直接的影响是显而易见的。由于所有汽车都有安全带，更多的人系安全带，因此，当重大车祸发生时存活的概率就提高了。从这种意义上来说，安全带拯救了一些人的生命。安全带对安全的这种直接影响正是政府要求有安全带的动机。

但是，要完全了解这个法律的影响就必须认识到，人们由于他们所面临的激励而改变了自己的行为。在这种情况下，相关的行为是驾驶员开车时的速度和谨慎程度。缓慢而谨慎地开车是有代价的，因为这要耗费驾驶员的时间和精力。当决定谨慎开车的程度时，理性人要比较谨慎开车的边际收益和边际成本。当安全程度的收益高时，他们就会更慢、更谨慎地开车。这就可以解释为什么人们在道路有冰时会比道路干净时更缓慢而谨慎地开车。

现在来考虑安全带法律如何改变了一个理性驾驶员的成本—收益计算。安全带降低了驾驶员的车祸代价，因为它们减少了伤亡的概率。因此，安全带法律减少了缓慢而谨慎地开车的收益。人们对安全带的反应和对道路状况改善的反应一样——更快、更放肆地开车。这样，安全带法律最终的结果反而是更多的车祸次数。

这个法律如何影响开车死亡的人数呢？系安全带的驾驶员在任何一次车祸中存活的可能性更大，但他们可能发现他们的车祸更多了。净效应是不确定的。此外，安全开车程度的下降对行人（以及没系安全带的驾驶员）显然有不利的影响。他们会由于这一法律而有危险，因为他们很可能发现自己遇上了车祸而又没有安全带的保护。因此，安全带的法律倾向于增加行人死亡的数量。

乍一看，这种关于激励与安全带的讨论似乎是毫无根据的猜测。但是经济学家萨姆·佩兹曼（Sam Peltzman）在1975年发表的一篇文章中说明了，实际上有关汽车安全法律有许多这类意想不到的影响。根据佩兹曼的证据，这些法律减少了每次车祸的死亡人数而增加了车祸的次数。净结果是驾驶员死亡人数变动很小，而行人死亡人数增加了。因此，安全带的例子说明政策有时也会有事先并不明显的影响。在分析任何一项政策时，不仅应该考虑直接影响，还应该考虑激励发生作用的间接影响。如果政策改变了激励，那么它将使人们改变自己的行为。

1.3.5 比较优势原理

人们可以从新闻中看到，韩国贸易协会曾发表中韩贸易报告认为：中国是韩国第三大贸易伙伴，但又为最具威胁力的竞争对手。在某些方面，这是真的，因为中国和韩国企业生产许多相同的产品，在市场上争夺同样的顾客。

但在思考国家之间的竞争时，这种想法很容易成为误导。中国和韩国之间的贸易并不像体育比赛那样，一方赢而另一方输。实际上，事实正好相反：两国之间的贸易可以使每个国家的状况都变得更好。

为了说明原因，我们考虑贸易如何影响你的家庭。当你的一个家庭成员在找工作时，他要与也在找工作的其他家庭成员竞争。当各个家庭购物时，他们也相互竞争，因为每个家庭都想以最低的价格购买最好的东西。因此，在某种意义上说，经济生活中的每个家庭都与所有其他家庭竞争。尽管有这种竞争，但把你的家庭与所有其他家庭隔绝开来并不会过得更好。如果是这样的话，每个家庭就必须自己种粮食，自己做衣服，盖自己住的房子。显然，你的家庭在与其他家庭交易的能力中受益匪浅。无论是在耕种、做衣服还是盖房子方面，贸易使每个人可以专门从事自己最擅长的活动。通过与其他人交易，人们可以按较低的价格买到各种各样的物品与劳务。

国家和家庭一样也从相互交易的能力中获益。贸易使各国可以专门从事自己最擅长的活动，并享有很多各种各样的物品与劳务。也就是说国家与国家之间或家庭与家庭之间存在比较优势，对于处于比较优势的一方，应集中力量生产优势较大的商品，处于比较劣势的一方，应集中力量生产劣势较小的商品，然后通过国际贸易，互相交换，彼此都节省了劳动，都得到了益处。日本人和法国人、韩国人与美国人一样，既是我们的竞争对手，又是我们在世界经济中的伙伴。贸易会促使人们专门从事自己最擅长的活动，并享有更多各种各样的物品和劳务。

1.3.6 “看不见的手”原理

在市场经济中，“看不见的手”原理是指家庭或企业受价格这只看不见的手指引。企业自行决定雇用谁和生产什么、生产多少、如何生产和为谁生产。家庭决定为哪家企业工作，以及用自己的收入买什么、何时购买和购买什么。这些企业和家庭在市场上相互交易，价格和个人利益引导着他们的决策。

乍一看，市场经济的成功是一个谜。千百万利己的家庭和企业分散做出决策似乎会引起混乱，但事实并非如此。事实已经证明，市场经济在以一种促进普遍经济福利的方式组织经济活动方面非常成功。价格指引这些个别决策者通过市场在大多数情况下实现了整个社会福利的最大化。

经济学家亚当·斯密在他 1776 年的著作《国富论》中提出了全部经济学中最有名的观察结果：家庭和企业在市场上相互交易，他们仿佛被一只“看不见的手”所指引，引起了合意的市场结果。本书的目的之一就是要解释这只看不见的手如何施展它的魔力。当你学习经济学时，你将会知道，价格就是“看不见的手”用来指引经济活动的工具。价格既反映了一种物品的社会价值，也反映了生产该物品的社会成本。由于家庭和企业在决定购买什么和出卖什么时关注价格，因此，他们不知不觉地考虑到了他们行动的社会收益与成本。结果，价格指引这些个别决策者在大多数情况下实现了整个社会福利最大化的结果。

1.3.7 “看得见的手”原理

虽然市场通常是组织经济活动的一种好方法，但这个规律也有一些重要的例外。一般情况下，政府干预经济的原因有两类：促进效率和促进平等。“看不见的手”通常会使市场有效地配置资源。但是，由于各种原因，有时“看不见的手”不起作用。经济学家把市场本身不能有效配置资源的情况归纳为市场失灵。

市场失灵的一个可能原因是外部性。外部性是一个人的行动对旁观者福利的影响。污染是一个典型的例子。如果一家化工厂并不承担它排放烟尘的全部成本，它就会大量排放。在这种情况下，政府就必须通过环境保护来增加经济福利。

市场失灵的另一个可能原因是市场垄断。例如，假设镇里的每个人都需要电，但只有一家发电厂。这家发电厂的所有者对电的销售就有市场垄断，此时它是一个垄断者。这家发电厂的所有者并不受残酷竞争的限制，在这种情况下，需要“看得见的手”——政府来规定垄断者收取的价格可能促使经济效率提高。

我们说政府有时可以改善市场结果并不意味着它总能这样。公共政策并不是天使制定的，而是由一定的政治程序制定的，有时政策由于动机良好但信息不充分，会使制定的政策达不到预期的效果。学习经济学的目的之一就是帮助你判断，什么时候一项政府政策适用于促进效率与公正，而什么时候不行。

1.3.8 生产率差异原理

在世界经济中，由于各国生产率的不同导致各国人均收入和生活水平有很大的差别。2009 年，中国人均收入约为 7 700 元。同一年，法国人均收入约为 173 390 元，而肯尼亚人均收入约为 2 730 元。这种人均收入的巨大差别反映在生活质量的各种衡量指标上。高收入国家的公民比低收入国家的公民拥有更多的电视机、更多的汽车、更好的营养、更好的医疗保健，以及更长的预期寿命。

用什么来解释各国和不同时期生活水平的巨大差别呢？答案之简单出乎意料。几乎所有生活水平的变动都可以归因于各国生产率的差别——这就是一个工人一小时所生产的物品与劳务量的差别。在那些每单位时间工人能生产大量物品与劳务的国家，大多数人享有高生活水平；在那些工人生产率低的国家，大多数人必须忍受贫困的生活。同样，一国的生产增长率决定了平均收入增长率。

生产率与生活水平之间的关系对公共政策也有深远的含义。在考虑任何一项政策如何影响生活水平时，关键问题是政策如何影响我们生产物品与劳务的能力。为了提高生活水平，决策者需要让工人受到良好的教育，拥有生产物品与劳务需要的工具，以及得到获取最好技术的机会。

例如，很多时候人们会关注政府的预算赤字——政府的支出超过了政府收入。正如我们将要说明的，对预算赤字的关注主要依据的是它对生产率的不利影响。当政府需要为预算赤字筹资时，它就要在金融市场上借钱，这就像学生要借钱为上大学筹资，或者企业要借钱为新工厂筹资一样。因此，当政府借钱为赤字筹资时，就减少了其他借款者所能得到的资金量。这样，预算赤字就减少了人力资本（学生的教育）和物质资本（企业的工厂）的投资。由于现在的低投资意味着未来的低生产率，因此，一般认为预算赤字抑制了生活水平的增长。

1.3.9 通货膨胀与失业短期交替关系原理

在生活中，我们会时常听到人们抱怨现在市场的青菜已经告别了一元钱的时代。如果一国经济中的物价总水平持续上升，经济学家就认为该国是发生通货膨胀了。什么引起了通货膨胀？货币量的迅速增长、货币流通速度的加快和生产率的大幅度下降都会导致通货膨胀。因为高通货膨胀给社会带来了各种代价，所以世界各国都把保持低通货膨胀作为经济政策的一个目标。

如果通货膨胀这么容易解释，那么为什么决策者有时会在使经济免受通货膨胀之苦上遇到麻烦呢？一个原因是人们通常认为降低通货膨胀会引起失业暂时增加。许多国家都遇到了通货膨胀与失业短期交替的现象，即通货膨胀率与失业率此消彼长，失业率高，通货膨胀率低；失业率低，通货膨胀率高。通货膨胀与失业之间的这种交替关系被称为菲利普斯曲线，这个名称是为了纪念第一个研究了这种关系的经济学家而命名的。

在经济学家中菲利普斯曲线仍然是一个有争议的问题，但大多数经济学家现在接受了这样一种思想：通货膨胀与失业之间存在短期交替关系。根据普遍的解释，这种交替关系是由于某些价格调整缓慢而产生的。例如，假定政府减少了经济中的货币量，在长期中，这种政策变动的唯一后果是物价总水平将下降，但并不是所有的价格都将立即做出调整，因为价格在短期中具有滞后性。

由于价格具有滞后性，各种政府政策都具有不同于长期效应的短期效应。例如，当政府减少货币量时，它就减少了人们支出的数量。较低的支出与居高不下的价格结合在一起就减少了企业销售的物品与劳务量，而销售量减少又引起企业解雇工人。因此，对价格的变动做出完全的调整之前，货币量减少就暂时增加了失业。

1.3.10 收益递减原理

在生活中人们都会有这种经验，当人们喝第一杯水时，会感觉很解渴，但是当人们喝到第五杯水时，却有种难受的感觉了。这说明在持续喝水的过程中，水给人们带来的收益在递减。在经济学上收益递减是指当保持其他投入不变时，连续增加同一单位的某种投入所增加的收益越来越少，又称边际效益递减规律。根据这一法则，如果不断添加相同增量的一种投入品（且其他投入品保持不变），那么，所导致的产品增量在超过某一点后将会下降，也就是说，边际产品将会减少。

这一原理对于个人消费和企业生产都有着深远的意义，可以帮助消费者选取一个消费的最佳数目；也可以帮助企业生产商制定一个最合适的生产常量。

1.4 经济学的研究方法

研究经济问题同其他任何一门学科一样，有自己的研究方法。在经济学家的研究方法中，下面的方法是常用的。

1.4.1 实证经济学与规范经济学

经济学从研究方法的分类角度可分为实证经济学和规范经济学。实证经济学只研究经济现象“实际是怎样的”；规范经济学则研究经济活动“应该是怎样的”。

实证分析法不带价值判断，所表述的问题可以用事实证据，或者从逻辑上加以证明或证伪。例如分析“政府扩大多少财政支出可能会增加多少个就业机会”，就属于实证分析的问题。规范分析法是以一定的价值判断为基础，提出分析问题的理论标准，并研究如何才能符合这些标准。它研究的内容没有客观性，其结论也无法通过事实来直接检验。例如，赤字财政会增加就业，但同时会出现通货膨胀。那么到底是应该把消除失业摆在优先地位，还是把防止通货膨胀摆在优先地位？这就是一个规范问题。

1.4.2 优化与均衡分析法

微观经济学所采用的分析工具主要是最优化和均衡分析。这两个工具正好用来解决微观经济学的两类基本问题：经济个体的理性行为或决策行为，以及它们之间的相互作用和相互关系。

其中一类是优化问题：一个高中学生毕业后，是上大学还是直接参加工作？这是个体面临的决策问题，即从各种可能中选择达到某一目标的最佳行为，因此要借助于最优化理论。

另一类是均衡问题：如果越来越多的高中毕业生想考大学，那么，录取分数线将提高还是降低？这里所要解决的问题是：经济个体各自在作最优决策时，他们之间是如何互相影响、互相约束，从而达到一定的平衡的？例如，你去市场买鸡蛋，卖主要价是每斤 5 元，你出价每斤 4 元，最后以每斤 4.5 元成交 3 斤，这一均衡价格实现的背后，意味着任何高于或低于 4.5 元，买卖双方中总有一方会受损，因而难于达成交易，而 4.5 元的价格是双方都能接受的，这就是均衡。

除了以上两种主要的研究方法外，还有微观分析、宏观分析和结构分析以及成本收益分析等研究分析方法。这些方法都是在人类认识客观事物的长期过程中形成的，在经济学研究中都被广泛运用。而且在近年来，经济学各门学科在研究方法上出现的一个新趋势，是大量运用现代数学方法和现代计算机技术进行经济数量关系的分析。这是由于现代经济发展日益错综复杂，在此过程中出现的新情况、新问题需要运用这些新的方法进行精确的描述和解释。现代计算机技术的出现，使运用数学方法分析日趋复杂的经济数量关系和处理大量的经济统计数据成为可能。经济学各门学科依据本身的特点，适当运用现代数学和计算机技术的新方法和新成果，对于增强经济科学的精确性，具有重要的意义。

本章实训与练习模块

【实训目标】

通过对本章理论知识的实训练习，让学生掌握资源稀缺性的含义、实证分析法和规范分析法的具体运用；让学生在掌握具体的宏微观经济学内容后能够有经济学的思维方式。

模块一：关键术语与概念

经济学　稀缺性　个体理性　机会成本　经济思维

模块二：心得体会

【实训要求】

学习完本章后，你对经济学有什么样的认识？它在生活中起到什么样的作用？请谈谈你的看法。

模块三：练习题

【实训要求】

按题目要求完成下列习题。

（一）选择题

1. 现有资源不能充分满足人的欲望这一事实被称为（　　）。

A. 机会成本　　B. 稀缺性

C. 规范经济学　　D. 生产什么的问题

2. 经济学可定义为（　　）。

A. 研究政府如何对市场机制进行干预的科学

B. 消费者如何获取收入并进行消费的学说

C. 研究如何最合理地配置稀缺资源于诸多经济性用途的科学

D. 企业取得利润的活动

3. 经济学研究的基本问题包括（　　）。

A. 生产什么，生产多少　　B. 怎样生产

C. 为谁生产　　D. 以上问题均正确

4. 下列属于规范表述的是（　　）。

A. 由于收入水平低，绝大多数中国人还买不起小轿车

B. 随着收入水平的提高，拥有小轿车的人会越来越多

C. 鼓励私人购买小轿车有利于促进我国汽车工业的发展

D. 提倡轿车文明是盲目向西方学习，不适合我国国情

5. “富人的所得税税率比穷人高”是（　　）。

A. 规范的表述　　B. 实证的表述

C. 否定的表述　　D. 理论的表述

6. 当经济学家说人们是理性的时，这是指（　　）。

A. 人们不会做出错误的判断

B. 人们总会从自己的角度做出最好的决策

C. 人们根据完全的信息而行事

D. 人们不会为自己所做出的任何决策而后悔

7. 研究个别居民户与厂商决策的经济学称为（　　）。

A. 宏观经济学　　B. 微观经济学

C. 实证经济学　　D. 规范经济学

8. 下列不属于宏观经济学研究的是（　　）。

A. 橘子汁价格下降的原因　　B. 物价水平下降的原因

C. 政府预算赤字对通货膨胀的影响　　D. 国民生产总值的决定

9. 稀缺性问题（　　）。

A. 只存在于依靠市场机制的经济中

B. 只存在于依靠命令机制的经济中

C. 存在于所有经济中

D. 意味着至少有某些物品的价格特别高

10. 生产可能线以内的任何一点表示（　　）。

A. 可以利用的资源稀缺　　B. 资源没有得到充分利用

C. 资源得到了充分利用　　D. 以上都不正确

（二）判断题

1. 如果社会不存在资源的稀缺性，也就不会产生经济学。（　　）

2. 资源的稀缺性决定了资源可以得到充分利用，不会出现资源浪费现象。（　　）

3. 微观经济学的基本假设是市场失灵。（　　）

4. 是否以一定的价值判断为依据是实证经济学与规范经济学的重要区别。（　　）

5. “人们的收入差距大一点好还是小一点好”的命题属于实证经济学问题。（　）

6. 稀缺性仅仅是市场经济中所存在的问题。（　）

7. 经济模型对我们解释现实世界的价值是极为有限的，因为这些模型是从复杂多变的现实世界中抽象出来的。（　）

8. 微观经济学是研究整体经济的。（　）

9. 因为资源是稀缺的，所以产量是既定的，永远无法增加。（　）

10. 在不同的经济制度下，资源配置问题的解决方法是不同的。（　）

模块四：案例分析题

案例一　人生离不开选择

关于坐车决策的第一课可以归纳为一句谚语："天下没有白吃的午餐。"为了得到我们喜爱的一件东西，通常就不得不放弃另一件我们喜爱的东西。坐车决策要求我们在一个目标与另一个目标之间有所取舍。

我们考虑一个学生必须决定如何配置他的最宝贵的资源——时间。他可以把所有的时间用于学习经济学；他可以把所有的时间用于学习心理学；他也可以把时间分配在这两个学科上。当他把某一个小时用于学习一门课时，他就必须放弃本来可以学习另一门课的一小时；甚至他要放弃本来可用于睡眠、骑车、看电视或打工赚点零花钱的时间。

还可以考虑父母决定如何使用自己的家庭收入。他们可以购买食物、衣服或全家度假。或者他们也可以为退休或孩子的大学教育储蓄一部分收入。当他们选择把额外的一美元用于上述物品中的一种时，他们在某种其他物品上就要少花一美元。

当人们组成社会时，他们面临各种不同的交替关系。典型的交替关系是"大炮与黄油"之间的交替。我们把更多的钱用于国防以保卫我们的海岸免受外国入侵（大炮）时，我们能用于提高国内生活水平的个人物品的消费（黄油）就少了。在现代社会里，同样重要的是清洁的环境和高收入水平之间的交替关系。要求企业减少污染的法律增加了生产物品与劳务的成本。由于成本高，结果这些企业赚的利润少了，支付的工资低了，收取的价格高了，或者是这三种结果的某种结合。因此，尽管污染管制给予我们的好处是更清洁的环境，以及由此引起的健康水平提高，但其代价是企业所有者、工人和消费者的收入减少。

社会面临的另一种交替关系是效率与平等之间的交替。效率是指社会能从其稀缺资源中得到最多东西。平等是指这些资源的成果公平地分配给社会成员。换句话说，效率是指经济蛋糕的大小，而平等是指如何分割这块蛋糕。在设计政府政策的时候，这两个目标往往是不一致的。

例如，我们来考虑目的在于实现更平等地分配经济福利的政策。某些这类政策，例如，福利制度或失业保障，是要帮助那些最需要帮助的社会成员。另一些政策，例如，个人所得税，是要求经济上成功的人士对政府的支持比其他人更多。虽然这些政策对实现更大平等有好处，但它以降低效率为代价。当政府把富人的收入再分配给穷人时，就减少了对辛勤工作的奖励。结果，人们工作少了，生产的物品与劳务也少了。换句话说，当政府想要把经济蛋糕切为更均等的小块时，这块蛋糕也就变小了。

认识到人们面临交替关系本身并没有告诉我们，人们将会或应该做出什么决策。一个学生不应该仅仅由于要增加用于学习经济学的时间而放弃心理学的学习。社会不应该仅仅由于环境控制降低了我们的物质生活水平而不再保护环境，也不应该仅仅由于帮助穷人扭曲了工作激励而忽视了他们。然而，认识到生活中的交替关系是重要的，因为人们只有了解他们可以得到的选择，才能做出良好的决策。

（资料来源：梁小民：《微观经济学纵横谈》）

【案例思考题】

1. 这个案例告诉了我们什么经济学道理？

2. 通过交替关系原理分析，如何才能更好地合理安排学习与工作？

案例二　观一叶可否知秋

微观行为与宏观结果甚至可能是背离的。对此，萨缪尔森在他经典的教科书上曾打过一个精辟的比方。他说，好比在一个电影院看电影，有人被前面的人挡住了视线，如果他站起来，他看电影的效果将会改善。因此，站起来就微观而言是合理的。但是，如果大家都站起来，则大家看电影的效果都不能得到真正的改善，站着和坐着的效果是一样的，不过是徒然增加了一份“折腾”的成本而已。这个例子足以说明，在微观上合理的事情在宏观上未必合理，在个体是理性的事情在总量上未必理性。

另一个例证是金融危机。当有人发现银行不稳时，他的最佳办法就是将存款取出，以保全自己。但是否会导致全体的安全呢？恰恰相反，如果所有人都这么做，金融危机就会发生，个人也将受损。亚洲金融危机就是这样，有人看到本币不稳，纷纷抛售本币，购买外币，其结果是本币一落千丈，而且引发金融危机，全国人民都受损。

在生活中，我们经常能发现个体最优与集体失败的例子。比如开车时，前边有堵车现象，有的司机看旁边还有一条路，就闯了进去，结果这条路也被堵上，最后堵得严严实实，连清路的交警车也挤不进来。这就是个体最优让集体彻底失败。

因此，我们无法从微观现象简单推导出宏观结论。在宏观经济学方面，所谓“观一叶而知秋”的说法是靠不住的。

（资料来源：财经纵横—经济管理）

【案例思考题】

1. 微观经济学与宏观经济学的主要内容是什么？

2. 微观经济学与宏观经济学有哪些区别与联系？

模块五：应用实践

1. 许多人认为经济学是说钱的，你认为这种观点对吗？

2. 为理性选择的含义是什么？

3. 你高中毕业时总会遇到一些选择，比如继续上学深造、找工作挣钱等。请运用机会成本概念将当时面临的权衡取舍决策过程加以分析。

4. 在下列陈述中，哪些是实证分析，哪些是规范分析？

① 降低利率，会增加投资量。

② 政府应当提高利率，以防汇率下跌。

③ 消费者的收入增加会促进商品的需求增加。

④ 经济增长会提高一个国家的综合实力，因此经济增长是好事。

附　录

经济学发展的里程碑：亚当·斯密、马歇尔、马克思和凯恩斯

过去的众多杰出经济学家的思想影响了当今社会的大多数意识形态。其中，具有里程碑意义的人物包括亚当·斯密、马歇尔、马克思和凯恩斯。

1. 亚当·斯密（Adam Smith）和古典经济学

亚当·斯密之前也有很多经济学方面的著述，但很多经济学家认为，现代经济学始于1776年。那一年，英国人亚当·斯密发表了他的巨著《国富论》。其内容涉及国民财富增长与劳动分工的关系，并由对劳动分工的研究进到对交换、货币、价值和国民收入分配的研究；国民财富增长中资本的作用以及资本的构成、资本积累的条件、资本的各种形态；国家政策与财富积累之间的关系；不正确的政策对国民财富增长的影响；国家的收支与债务等。他认为，国家不应该干预经济运行，应该采取“自由放任”的政策。他的名言是：“面包商提供给我们可口的面包，不是因为面包师的仁慈，而是因为他处于自利……”在他追求个人利益的时候，有一只“看不见的手”引导他促进了社会利益，并且其效果要比他真正想促进社会利益时好得多。

2. 阿尔弗雷德·马歇尔（lfred Marshall，1842—1924）和新古典经济学

微观经济学的奠基者一般认为是新古典经济学派（或称剑桥学派）的创立者马歇尔，他自19世纪60年代后期起，花费近六十年时间埋头于经济理论的研究而不参加任何社会政治活动。他所提出的供求均衡理论及其相关的生产成本理论、分配理论，辅之以精深细微的数量分析和简明的几何图形表达形式，对读者具有很强的吸引力，被认为是继古典经济学之后的具有里程碑性质的成就。马歇尔对斯密“看不见的手”的进一步论证，形成了一个新的完整的理论体系，他从典型的消费者和厂商的研究入手，论证了在以利己为动力的自由竞争的资本主义社会中，供求的作用可以使消费者以最小的代价换取最大的满足，与此同时，生产者都得到了他们在生产上的贡献并作为报酬。他的论证方法被称为“局部均衡”。1931年，瓦伊纳的一篇著名论文则标志着完全竞争模型已达到了新的研究高度，这一模型的内容和图形被运用于目前所流行的教科书。20世纪50年代，阿罗和德布鲁以比较宽松的假设条件证明：在每一个经济活动中的参与者出于利己的动机而寻求利益最大化的社会中，存在着能使一切市场的供求相等的价格体系。这就是说，自由竞争的供求关系能使以利己为动力的社会得到最大的经济效益，从而达到帕累托最优状态。在这里，以完全竞争模型为代表的亚当·斯密的“看不见的手”的原理得到了一般均衡方式的证明。这一证明被认为是论证的“终点”。

3. 马克思和《资本论》

马克思为创作《资本论》几乎花费了毕生的精力，从1843年马克思开始研究政治经济学，到1867年《资本论》第一卷出版，前后经历了 二十多年的时间。在西方经济学界，《资本论》被公认为是一部引起争议最多的著作。尽管很多人对它的评价很高，也有人对它的评价较低，但几乎没有人否认它是一部具有里程碑意义的学术著作。事实上，一些经济学家不接受《资本论》阐明的各种理论，常常并不是因为不接受这些理论的经济学论述，而是因为不接受这些理论的社会学和政治学的含义。几乎所有的大经济学家都没有忽略《资本论》的存在。

对《资本论》评价高的国外代表人是恩格斯和列宁，因为他们的评论人们都很熟悉，这里就不重复了。在对《资本论》评价低的国外经济学家中，最著名的是英国经济学家凯恩斯。他评论《资本论》是“一本陈旧的经济学教科书。在我看来，它不仅在科学上是错误的，而且在当代世界毫无益处或没有用处”。但是，在十二年以后当他的代表作《就业、利息和货币通论》发表时，他在该书一开始却谦虚地注明“经典学派”一词是马克思创造的，自己对这个词的别种用法可能是犯了文法错误。对于劳动价值论则给予了肯定：“我同情经典学派以前的学说：其说以为一切皆由劳力产生，……我们最好把劳力（当然包括雇主及其助手之个人劳役在内）看作是唯一的生产元素，在一定的生产技术、天然资源、资本设备以及有效需求等环境之下工作。这可以部分解释除了货币单位及时间单位以外，我们可以用劳力单位作为经济体系的唯一的物质单位。”可见，在凯恩斯的内心深处，对《资本论》的学术价值和应用价值是有所承认的。彻底否定《资本论》在当代特别是在研究我国社会主义市场经济中的有用性，将使我国的经济学说丧失极为重要的洞察力基础和基本立场，不利于我国经济理论的发展，也将对我国社会主义市场经济的发展和体制建设带来不必要的负面影响。

4.《就业、利息和货币通论》和“凯恩斯革命”

凯恩斯（1883—1946），英国经济学家，与亚当·斯密、马克思一起被称为经济学上的三位巨人。亚当·斯密看到了市场带给资本主义经济的繁荣；马克思认为资本主义的问题会带来其自身的毁灭，主张无产阶级通过暴力革命推翻资产阶级；凯恩斯则认为应该通过政府政策来挽救资本主义。1883 年，马克思逝世，一位巨人倒下去了，另外一位巨人诞生了。这一年凯恩斯出生在剑桥。自 18 世纪亚当·斯密到后来 20 世纪的马歇尔，经济学家一直坚信市场上“看不见的手”的原则，主张采取放任自流的经济政策，“商品供给自行创造需求”。但是，西方资本主义世界在 1929—1933 年爆发了一场历史上从未有过的深刻、持久、广泛的世界性的经济危机，整个资本主义世界都陷入了同样的困境。传统经济学对于这一现象无法给出一个理性的、全面的解释。正是在这样的历史背景下，凯恩斯发表了《就业、利息和货币通论》（以下简称《通论》）一文，对当时的经济现象给出了系统的解释，并提出了自己的对策，即加强政府的宏观管理。这一理论得到了当时以美国为首的西方国家的认可，并将它付诸实践，这就是所谓的凯恩斯革命。《通论》标志着经济学发展史上的又一个里程碑，它实际上宣告了宏观经济学的诞生。第二次世界大战后，凯恩斯主义已被西方各国普遍接受，成为正统西方经济学的一个重要组成部分。

（资料来源：吴冰：《经济学基础教程》）

第 2 章　市场供求分析

导入案例

“是先有蛋还是先有鸡”

有一个问题至今还不能说清：究竟是先产生需求再产生供给呢，还是先产生供给再产生需求？这有点儿像问“是先有蛋还是先有鸡”。我想，可能有时候是需求带动供给，很多的新产品就是在人们强烈的需求下产生的；也有时候是供给诱导需求，比如新潮的时装，常常是提供出来之后，才左右了人们的视线，引发了人们的需求。但在某一种商品的价格决定中，供给与需求就像一把剪刀的两个刀片，作用是不分彼此共同决定一种商品的价格；同时价格又像一只无形的手在市场经济中自发地调节需求、调节供给，调节的最后结果使市场达到了均衡——社会资源配置合理。

总之，许多东西在经济学家眼里都成了产品，都可以从供给和需求的角度来进行分析。需求是提供产品的动力，供给是满足需求的前提。比如要兴办教育，是因为存在大量的对“教育”产品有需求的人，而有了“教育”产品的供给，才能满足“教育”产品的需求。如果想上学的都能上学，教育资源得到充分利用，也就达到了教育市场的供求平衡。

（资料来源：梁小民：《微观经济学纵横谈》）

? 思　考

1. 根据以上案例分析，需求和供给之间是什么关系？
2. 在现实生活中需求和供给是如何决定产品价格的？

在市场经济制度里，生产资源的配置是利用和依靠价格，并通过市场进行的。一方面需求与供给决定着商品的价格，另一方面价格又反过来影响供求。正是这种价格和供求的相互作用，使生产资源得到合理的配置。究竟供求是如何影响价格的？是否在现实经济生活中都遵循同样的规律？为了更好地解释这些问题，下面我们将分别从需求和供给的角度进行介绍。

【学习要点】

通过本章的学习，要求掌握价格理论的基本知识和基本体系；掌握需求、供给是如何决定价格的，价格机制是如何实现对资源的合理配置的；掌握弹性理论对厂商收益决策的影响及应用；了解在现实经济生活中存在的供求关系的特殊产品。

【重点难点】

1. 影响需求的因素
2. 需求定理及其特例
3. 需求价格弹性
4. 均衡价格的形成
5. 需求和供给的变动如何影响均衡价格和均衡数量
6. 支持价格和限制价格
7. 生产要素的需求和供给

2.1 需求理论

2.1.1 需求、影响需求因素与需求函数

1. 需求

需求（demand）是指消费者在一定时期内，在各种可能的价格水平下愿意而且有能力购买的某种产品和劳务的数量。

这一概念不同于需要，需要是指人的主观欲望，可以不受购买能力的限制。需求强调了消费者的购买欲望和购买能力的统一，两者缺一不可。如果消费者对某种商品只有购买能力而没有购买意愿，或者只有购买意愿而无货币支付能力，都不能被看作是需求。例如，对音乐会的需求，想听音乐会而买不起门票的人没有这种需求，能买得起门票但不愿听音乐会的人也没有这种需求，只有既想听又买得起门票的人才构成对音乐会的需求。

需求分为个人需求和市场需求。个人需求是指对应于某商品各种可能的价格，单个消费者或家庭愿意并有能力购买的数量。将某商品各种可能的价格下所有个人需求量加总求和，得到与不同价格相对应的市场需求量。市场需求是所有个人需求的总和。

2. 影响需求的因素

（1）商品本身的价格。

一般来说，一种商品价格越高，需求量越小；相反，价格越低，需求量越大。

（2）相关商品的价格。

当一种商品本身的价格保持不变，而和它相关的其他商品的价格发生变化时，这种商品本身的需求量也会发生变化。

商品之间的关系有两种：互补关系和替代关系。具有互补关系的商品称为互补品，具有替代关系的商品称为替代品。

互补品是指两种互相补充、共同满足人们的同一种欲望、完成同一消费功能的商品，例如，录音机与磁带、汽车和汽油。对于互补品，当一种商品（例如录音机）价格上升时，对另一种商品（例如磁带）的需求量就减少；反之，当一种商品的价格下降时，对另一种商品的需求量就增加。一种商品的价格与其互补品的需求量成反方向变动。

替代品是指两种可以相互代替来满足同一种欲望的商品，例如，羊肉和牛肉、橙汁和苹果汁。对于替代品，当一种商品（例如羊肉）价格上升时，对另一种商品（例如牛肉）的需求量就增加；反之，当一种商品价格下降时，对另一种商品的需求量就减少。一种商品的

价格与其替代品的需求量成同方向变动。

（3）消费者的收入水平。

收入水平对需求的影响要区分商品的不同特性。对大部分商品而言，消费者的收入越高，对它们的需求就越大；反之则越小。而对另一部分低档商品而言，随着收入水平的提高，对它们的需求反而下降。如低档日用品、黑白电视机等，在人们收入有较大提高时，其需求就会下降。前者称为正常商品，后者称为劣等商品。正常商品的需求与收入成正比关系，劣等商品的需求与收入成反比关系。

（4）消费者的偏好。

消费者对不同商品的偏好程度决定了他们的购买意愿，会对该种商品的需求量产生影响。当消费者对某种商品的偏好程度增强时，会增加对该商品的需求量；反之，会减少对该商品的需求量。消费者的偏好是心理因素，受到社会环境，特别是当时当地的社会风俗习惯的影响。在现代生活中，广告对消费者偏好具有较大的作用。

（5）消费者对未来的预期。

当消费者预期某种商品的价格会上升时，就会增加当前对该商品的需求量；反之，就会减少当前对该商品的需求量。例如，计划买房的消费者预期房价会上涨，就有可能提前买房。影响需求量的预期因素，不仅是价格预期，还有对未来收入的预期，政府政策倾向的预期等。

除此之外，人口数量和结构、气候等也会影响商品的需求量。

3. 需求函数

如果把影响需求量的所有因素作为自变量，把需求量作为因变量，则可以用函数关系来表示需求量和影响需求量的各个因素之间的依存关系，我们称之为需求函数，记作：

$$Q_d = f(a, b, c, d, \cdots, n)$$

式中，Q_d 代表商品的需求量；a，b，c，d，…，n 代表影响该商品需求的各个因素。

影响商品需求量的最重要因素是该商品本身的价格，为了简化分析，假定其他条件不变，仅分析某种商品的价格变化对其需求量的影响，这样，需求函数记作：

$$Q_d = f(P)$$

式中，P 为商品的价格；Q_d 为商品的需求量。

在微观经济分析中，为了简化分析过程，在不影响结论的前提下，大多使用线性需求函数。线性需求函数的通常形式为：

$$Q_d = \alpha - \beta P$$

式中，α、β 为常数，且 α、$\beta > 0$。该函数所对应的需求曲线为一条直线。

2.1.2 需求表、需求曲线与需求定理

1. 需求表

需求函数 $Q_d = f(P)$ 表示一种商品的需求量和该商品的价格之间存在一一对应的关系。这种函数关系可以分别用商品的需求表和需求曲线来表示。

商品的需求表是用来表示某种商品的各种价格水平与相应的需求量之间对应关系的数字序列表。如表 2－1 所示。

表 2－1　某商品的需求表

价格—数量组合	*A*	*B*	*C*	*D*	*E*	*F*	*G*
价格（元）	1	2	3	4	5	6	7
需求量（单位数）	700	600	500	400	300	200	100

2. 需求曲线

商品的需求曲线是根据需求表绘制的用来表示需求量与商品价格之间对应关系的曲线，是以几何图形来表示商品价格和需求量之间函数关系的曲线。

如图 2－1 所示，横轴 *OQ* 表示商品的数量，纵轴 *OP* 表示商品的价格。应该指出的是，与数学的习惯相反，在微观经济学分析需求曲线和供给曲线时，通常以纵轴表示自变量 *P*，以横轴表示因变量 *Q*。

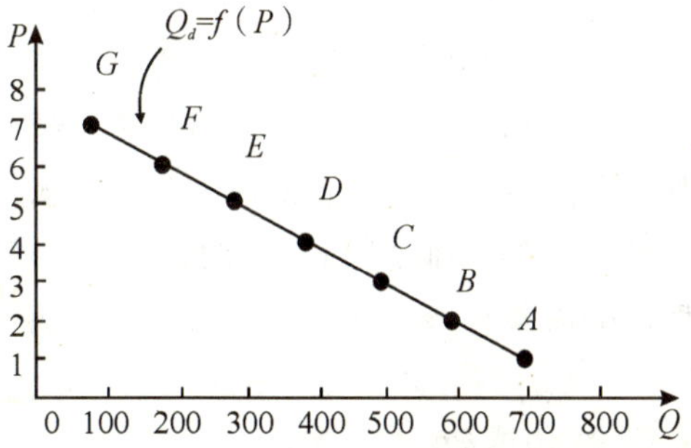

图 2－1　某商品的需求曲线

它表示在不同价格水平下消费者愿意而且能够购买的商品数量。价格下降，需求量增加，所以需求曲线向右下方倾斜，即它的斜率为负值。

需求曲线可以是直线型的，也可以是曲线型的。当需求函数为一元一次线性函数时，相应的需求曲线是一条直线。当需求函数为非线性函数时，相应的需求曲线是一条曲线。

3. 需求定理

建立在需求函数基础上的需求表和需求曲线都反映了商品的价格和需求量之间成反方向变动的关系，这种现象普遍存在，被称为需求定理。

需求定理的基本内容是，在其他条件不变的情况下，商品的需求量与其价格之间成反方向变动，即需求量随商品本身价格的上升而减少，随商品本身价格的下降而增加。

需求定理作为一种经济理论也是以一定的假设条件为前提的，这个假设条件就是除了商品本身的价格之外，其他影响需求的因素都是不变的。离开这一前提，需求定理无法成立。

需求定理作为一种科学定理，可以用替代效应与收入效应做出理论的解释。

所谓替代效应，是指用途可以互相替换的商品，一种商品价格的下降，会导致减少购买另一种商品的数量，而把这部分钱转用于多购价格下降了的商品。如棉布与化纤产品是可以互相替换的商品，称为替代品。假设棉布的价格下降，化纤产品的价格不变，那么，人们会减少购买化纤产品，把原来购买化纤产品的钱转用于购买棉布，从而引起对棉布需求量的增加。同样，假设棉布的价格上升，化纤产品的价格不变，人们会用化纤产品代替棉布，从而引起对棉布需求量的减少。

所谓收入效应，是指一种商品价格的下降（或上升）引起消费者实际收入的增加（或减少），从而导致需求量的增加（或减少）。假设棉布价格下降，其他商品的价格不变，意味着相同数量的货币收入在不减少其他商品消费量的情况下，可以购买更多的棉布；反之亦然。

替代效应强调了一种商品的价格变动引起其他商品相对价格水平的变动，进而由商品相对价格水平的变动引起商品需求量的变动；收入效应强调了一种商品的价格变动引起实际收入水平的变动，进而由实际收入水平的变动引起商品需求量的变动。需求定理所表明的商品价格与需求量反方向变动的关系正是这两种效应共同作用的结果。

4. 需求定理的例外

需求定理反映的是一般商品的需求规律，并不适用于任何商品，它也有例外的情况：

第一，吉芬商品（低档生活必需品）。在某种特定条件下，价格上升，需求反而增加。1845 年爱尔兰发生大灾荒，英国经济学家吉芬发现马铃薯的需求量随马铃薯的价格上升反而增加的现象，这种现象被称为“吉芬之谜”。

第二，炫耀性商品（奢侈品）。其价格与需求量同方向变动，如：珠宝首饰、名车等，这类商品的价格已成为消费者地位和身份的象征。价格越高，越显示拥有者的地位，需求量也越大；反之，当价格下跌，不能再显示拥有者的地位时，需求量反而下降。

第三，投机性商品（股票、证券、邮票等）。人们有一种“买涨不买落”的心理，这与人们对未来价格的预期及投机的需要有关。

2.1.3　需求量的变动与需求的变动

在经济分析中特别要注意区分需求量的变动和需求的变动这两个概念，两者都是商品需求数量的变动，区别在于引起变动的因素是不相同的，而且这两种变动在几何图形中的表示也是不相同的。

1. 需求量的变动

需求量的变动是指在其他条件不变时，由某商品的价格变动所引起的该商品的需求数量的变动。在几何图形中，需求量的变动表现为商品的价格—需求数量组合点沿着同一条既定的需求曲线的运动。

需求量的变动＝从同一条需求曲线上的一点移动到另一点

如图 2－2 所示，当某种商品的价格发生变化由 3 元逐步上升为 6 元，它所引起的商品需求数量由 360 单位逐步减少为 140 单位时，商品的价格—需求数量组合由 C 点沿着既定的需求曲线运动到 F 点。

需要指出的是，这种变动虽然表示需求数量的变化，但是并不表示整个需求情况的变化，因为这些变动的点都在同一条需求曲线上。

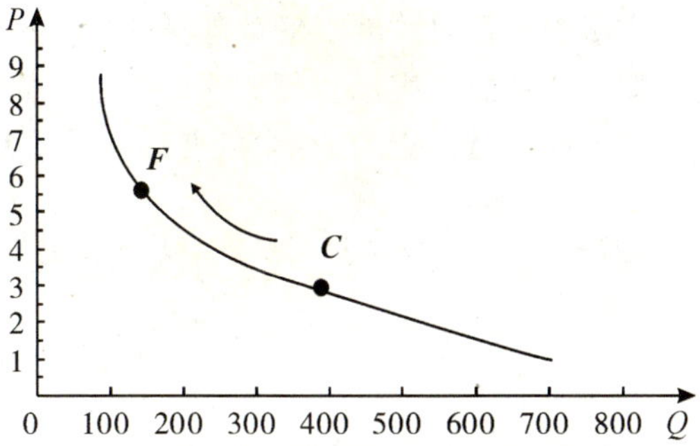

图 2－2 需求量的变动

2. 需求的变动

需求的变动是指在某商品价格不变的条件下，由于其他因素的变动所引起的该商品的需求数量的变动。这里的其他因素变动是指相关商品的价格变动、消费者的收入水平变动、消费者偏好的变动和消费者对商品价格预期的变动等。在几何图形中，需求的变动表现为需求曲线的位置发生移动，表示整个需求情况的变化。

需求的变动＝需求曲线的移动

如图 2－3 所示，原有的需求曲线为 D_1。在商品价格不变的前提下，如果其他因素的变化使得需求增加，则需求曲线向右平移，由图中的 D_1 曲线向右平移到 D_2 曲线的位置；如果其他因素的变化使得需求减少，则需求曲线向左平移，由图中的 D_1 曲线向左平移到 D_3 曲线的位置。

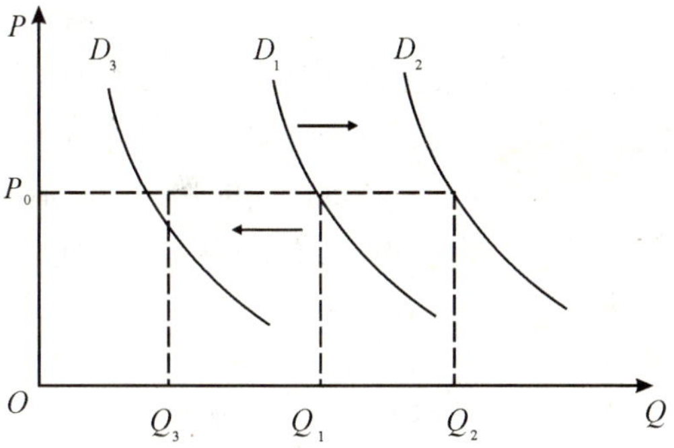

图 2－3 需求的变动

由需求变动所引起的这种需求曲线位置的移动，表示在每一个既定的价格水平需求数量都增加或者减少了。

例如，在既定的价格水平 P_0，原来的需求数量为 D_1 曲线上的 Q_1，需求增加后的需求数量为 D_2 曲线上的 Q_2，需求减少后的需求数量为 D_3 曲线上的 Q_3。而且，这种在原有价格水平上所发生的需求增加量 Q_1Q_2 和需求减少量 Q_3Q_1 都是由其他因素的变动所引起的。譬如说，它们分别是由消费者收入水平的提高和下降所引起的。

2.1.4 需求弹性

弹性（elasticity）原是物理学上的概念，意指某一物体对外界力量的反应力。经济学中的弹性是指经济变量之间存在函数关系时，因变量对自变量变动的反应程度，其大小可以用两个变量变动的比率之比，即弹性系数来表示。例如，设两个经济变量之间的函数关系为：$y=f(x)$，Δx 表示自变量的变动量，Δy 表示因变量的变动量，E 表示弹性系数，则：

$E=y$ 变动的比率/x 变动的比率 $=(\Delta y/y)/(\Delta x/x)=(\Delta y/\Delta x)\cdot x/y$

1. **需求价格弹性**

（1）定义及计算方法。

需求价格弹性是指某商品价格变动所引起的需求量变动的程度，或者说需求量变动对价格变动的反应程度。在需求弹性中，需求的价格弹性是最基本、最主要的一种类型，通常把需求的价格弹性简称为需求弹性。其公式为：

需求价格弹性（E_d）=需求量变动的比率/价格变动的比率

①弧弹性的计算：

需求价格弧弹性指某商品需求曲线上两点之间需求量的变动对于价格的变动的反应程度。简单地说，它表示需求曲线上两点之间的弹性。

需求价格弹性（E_d）$=(\Delta Q/Q)/(\Delta P/P)=(\Delta Q/\Delta P)\cdot P/Q$

例如，假定冰激凌的价格从2元上升到2.2元，使你购买冰激凌的数量从每月10个减少为8个。那么：

需求价格弹性 $=(-2/10)/(0.2/2)=-20\%/10\%=-2$

对于任何一种正常商品来说，需求弹性都是负数，这是因为价格与需求量成反比关系，但一般取其绝对值。需求价格弹性越大，意味着需求量对价格越敏感。

但是，在同一条需求曲线上，涨价和降价产生的弹性系数值是不相等的。例如：需求函数 $Q=2\,400-400P$；A 点：$P_1=5$，$Q_1=400$；B 点：$P_2=4$，$Q_2=800$。

如果从 A 点移动到 B 点，

$E_d=(\Delta Q/\Delta P)\cdot P/Q=(Q_2-Q_1)/(P_2-P_1)\cdot P_1/Q_1$

$=(800-400)/(4-5)\times 5/400=-5$（取绝对值为5）

如果从 B 点移动到 A 点，

$\Delta E_d=(\Delta Q/\Delta P)\cdot P/Q=(Q_1-Q_2)/(P_1-P_2)\cdot P_2/Q_2$

$=(400-800)/(5-4)\times 4/800=-2$（取绝对值为2）

为了避免这个问题，价格和需求量都取变动前后的平均值，采用需求价格弧弹性的中点公式：

$E_d=\Delta Q/\Delta P\cdot P/Q=\Delta Q/\Delta P\cdot[(P_1+P_2)/2\div(Q_1+Q_2)/2]$

即 $E_d=\Delta Q/\Delta P\cdot[(P_1+P_2)/(Q_1+Q_2)]$

根据中点公式，上例中 A 点和 B 点之间的需求价格弧弹性为：

$E_d=\Delta Q/\Delta P\cdot[(P_1+P_2)/(Q_1+Q_2)]$

$=(800-400)/(4-5)\times(5+4)/(400+800)=-3$（取绝对值为3）

②点弹性的计算：

当需求曲线上两点之间的变化量趋于零时，需求的价格弹性要用点弹性来表示。它衡量的是在需求曲线某一点上需求量的无穷小的变动率对于价格的无穷小的变动率的反应程度。

$$E_d = \lim_{\Delta P \to 0}（\Delta Q/\Delta P）\cdot P/Q =（dQ/dP）\cdot P/Q$$

比较可见，需求的价格弧弹性和点弹性的本质是相同的。它们的区别仅在于：前者表示价格变动量较大时的需求曲线上两点之间的弹性，而后者表示价格变动量无穷小时的需求曲线上某一点的弹性。

（2）需求价格弹性的分类。

① $E_d > 1$，需求富于弹性。它表示需求量变动的比率大于价格变动的比率，比如，价格上升20%引起需求量下降40%（$E_d = 2$）。在图形上，表现为一条较为平缓的需求曲线。奢侈品，如：旅游等属于这一类型。

② $E_d < 1$，需求缺乏弹性。它表示需求量变动的比率小于价格变动的比率，比如，价格上升20%引起需求量下降10%（$E_d = 0.5$）。在图形上，表现为一条较为陡峭的需求曲线。生活必需品，如：油盐等属于这一类型。

③ $E_d = 1$，需求单位弹性。它表示需求量变动的比率等于价格变动的比率，比如，价格上升20%引起需求量下降20%（$E_d = 1$）。在图形上，反映为正双曲线。生活中很难发现某一商品的价格需求弹性恰好等于1，之所以作为五种类型之一列出，主要是为了理论上的完备性。

④ $E_d = \infty$，需求完全弹性。它表示在既定价格水平下，需求量是无限的。相对于无穷小的价格变化率，需求量的变化率是无穷大的，即价格趋近于零的上升，就会使无穷大的需求量减少为零；价格趋近于零的下降，需求量从零增至无穷大。在图形上，需求曲线表现为一条平行于横轴的直线。

⑤ $E_d = 0$，需求完全无弹性。它表示无论价格怎样变动，需求量都不发生变化。在图形上，需求曲线表现为一条垂直于横轴的直线。如：胰岛素、火葬需求不会因为价格下跌而增加，也不会因为价格上升而减少。

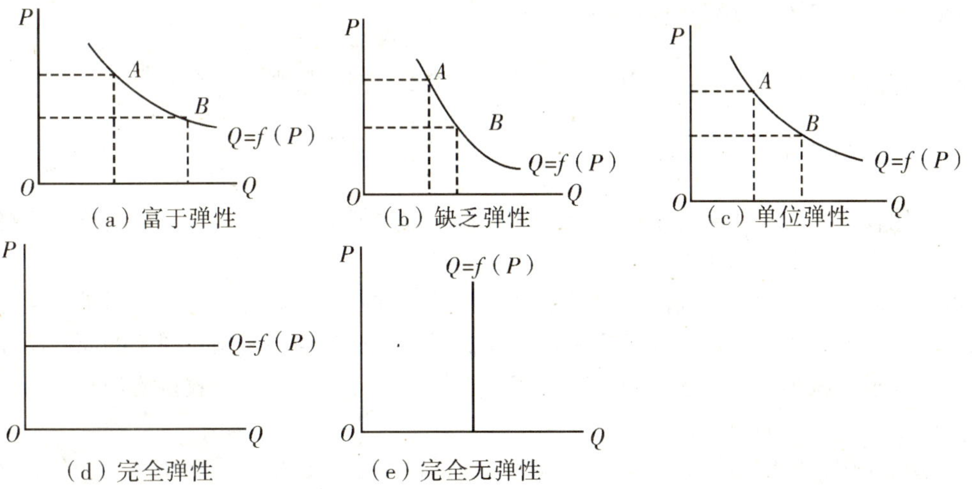

图2-4　需求价格弹性的五种类型

（3）影响需求价格弹性的因素。

①商品的必需程度。一般生活必需品，因为每个人每天都有一定的消费量，所以其价格

的变化不会太大影响到需求量的变化，因此，需求价格弹性较小，像食盐、面粉等；相反，奢侈品，如高级香水、电视机、空调等，其需求价格弹性较大。

②商品的可替代性。一般来说，某种商品的可替代品越多，可替代性越强，则该商品的需求价格弹性就越大；反之，需求价格弹性就越小。

③商品用途的广泛性。某种商品的用途越广泛，该商品的需求价格弹性就越大；反之，需求价格弹性越小。

④商品的消费支出在总支出中所占的比重。一般来说，消费支出比重小的商品，需求价格弹性小，如：香皂、盐等；反之，消费支出比重大的商品，需求价格弹性也大。

⑤所考察的时间长短。一般来说，所考察的时间越长，需求价格弹性就可能越大。同样的产品，长期看弹性大，短期看弹性小。因为，当消费者决定减少或停止对价格上升的某种商品的购买之前，他一般需要花费时间去寻找和了解该商品的可替代品，时间越长，消费者越容易找到替代品或调整自己的消费习惯。

（4）需求价格弹性与总收益的关系。

总收益指厂商出售商品所得到的全部收入，等于商品价格与其销售量的乘积，$TR=P\cdot Q$。商品价格变动引起需求量的变动，从而引起销售量的变动，使厂商的总收益发生变化。由于不同商品的需求弹性不同，价格变动引起销售量的变动不同，从而总收益的变动也不相同。下面着重分析需求缺乏弹性和需求富有弹性这两类商品的需求价格弹性与总收益的关系。

①需求缺乏弹性的商品。

以面条为例，假定面条的需求弹性 $E_d=0.5$，每千克面条的价格为 4.00 元，销售量为 100 千克，则总收益为：

$$TR=P\cdot Q=4.00\times100=400\text{ 元}$$

假设面条的价格下降 10%，由于 $E_d=0.5$，销售量则上升 5%，那么 $P=4.00\times(1-10\%)=3.60$ 元，$Q=100\times(1+5\%)=105$ 千克，总收益为：

$$TR=P\cdot Q=3.60\times105=378\text{ 元}$$

相反，假设面条的价格上升 10%，由于 $E_d=0.5$，销售量则下降 5%，总收益为：

$$TR=P\cdot Q=4.40\times95=418\text{ 元}$$

通过比较，每千克面条的价格下降了，总收益减少了 22.00 元；每千克面条的价格上升了，总收益增加了 18.00 元。

可见，需求缺乏弹性的商品，其总收益与价格同方向变动。价格下降，需求量增加，但需求量增加的比率小于价格下降的比率，总收益减少，这就是谷贱伤农现象的原因所在。价格上升，需求量减少，但需求量减少的比率小于价格上升的比率，总收益增加。

②需求富有弹性的商品。

以冰箱为例，假定冰箱的需求弹性 $E_d=2$，每台冰箱的价格为 3 000 元，销售量为 100 台，则总收益为：

$$TR=P\cdot Q=3\,000\times100=300\,000\text{ 元}$$

假设冰箱的价格下降10%，由于 $E_d=2$，销售量则上升20%，那么 $P=3\,000\times(1-10\%)=2\,700$ 元，$Q=100\times(1+20\%)=120$ 台，总收益为：

$$TR=P\cdot Q=2\,700\times120=324\,000\text{ 元}$$

相反，假设冰箱的价格上升10%，由于 $E_d=2$，销售量则下降20%，总收益为：

$$TR=P\cdot Q=3\,300\times80=264\,000\text{ 元}$$

通过比较，每台冰箱的价格下降了，但总收益却增加了24 000元；每台冰箱的价格上升了，而总收益减少了36 000元。

可见，需求富有弹性的商品，其总收益与价格反方向变动。价格下降，需求量增加，但需求量增加的比率大于价格下降的比率，总收益增加。这就是厂商实行薄利多销的原因之所在，降价虽使单位产品的收益减少，但从多销中会得到更多的收益。相反，价格上升，需求量减少，但需求量减少的比率大于价格上升的比率，总收益减少。

所以，厂商制定价格时，必须考虑相关产品的需求弹性情况。若 $E_d<1$，采取提价政策；若 $E_d>1$，采取降价政策。

2. 需求收入弹性

需求收入弹性是指一种商品的需求量变动对消费者收入变动的反应程度，是需求量变动的比率与收入变动的比率之比。其公式为：

$$Em=\text{需求量变动的比率}/\text{收入变动的比率}$$
$$=(\Delta Q/Q)/(\Delta I/I)=(\Delta Q/\Delta I)\cdot I/Q$$

在影响需求的其他因素既定的条件下，需求的收入弹性系数可正可负，并可据此来判别该商品是正常品还是劣等品。

（1）正常品。

如果某种商品的需求收入弹性系数是正值，即 $Em>0$，表示随着收入水平的提高，消费者对此种商品的需求量随之增加，该商品即称为正常品。

正常品的需求收入弹性系数可等于1、大于1（奢侈品）或小于1（必需品），它们也分别为单元弹性、富有弹性和缺乏弹性。

由此也就可以说明，为什么随着家庭收入的增加，食物开支所占的比例会越来越小，恩格尔系数（＝食物支出/全部支出）可以反映一国或一个家庭的富裕程度与生活水平。

（2）劣等品。

如果某种商品的需求收入弹性系数是负值，即 $Em<0$，表示随着收入水平的提高，消费者对此种商品的需求量反而下降。该商品即称为劣等品。

那些低档的日用消费品，就可能具有负的收入弹性，因为随着收入水平的提高，人们会更多地购买高档的消费品取而代之。

需要指出的是，不同商品在一定的收入范围内具有不同的收入弹性，同一商品在不同的收入范围内也具有不同的收入弹性。收入弹性并不取决于商品本身的属性，而取决于消费者购买时的收入水平。这是因为，收入水平提高时，本来被认为是奢侈品的东西也许会被认为是必需品，本来被认为是正常商品的东西，可能会被认为是劣等品。

3. 需求交叉弹性

需求交叉弹性是需求交叉价格弹性的简称，它是指一种商品的需求量对另一种商品的价格变动的反应程度，是一种商品 X 需求量变动的比率与另一种商品 Y 价格变动的比率之比。以 E_{xy} 表示商品 X 的交叉价格弹性系数，其公式为：

$$E_{xy} = \text{商品}X\text{需求量变动的比率}/\text{商品}Y\text{价格变动的比率}$$
$$= (\Delta Qx/Qx)\ /\ (\Delta Py/Py)\ =\ (\Delta Qx/\Delta Py)\ \cdot Py/Qx$$

需求的交叉弹性可以是正值，也可以是负值，它取决于商品间关系的性质，即两种商品是互替商品还是互补商品，并可通过交叉弹性来度量商品之间关系的密切程度。

（1）替代品。如果商品 X、Y 的需求交叉弹性是正值，即 $E_{xy}>0$，表示随着商品 Y 价格的提高（降低），商品 X 的需求量也随之增加（减少），则商品 X、Y 之间存在替代关系，为互替品。其弹性系数越大，替代性就越强。

（2）互补品。如果商品 X、Y 的需求交叉弹性是负值，即 $E_{xy}<0$，表示随着商品 Y 价格的提高（降低），商品 X 的需求量也随之减少（增加），则商品 X、Y 之间存在互补关系，为互补品。其弹性系数越大，互补性就越强。

（3）独立品。如果商品 X、Y 的需求交叉弹性为零，即 $E_{xy}=0$，则说明商品 X 的需求量并不随商品 Y 的价格变动而发生变动，X、Y 既非替代品，亦非互补品，它们之间没有什么相关性，是相对独立的两种商品。

【阅读材料——需求交叉弹性的应用】

懂得需求交叉弹性对企业制定合理价格有很大帮助。如两家生产替代品，大维西服和衫衫西服都是国内的知名品牌。对消费者来说大维西服与衫衫西服提供的效用是相同的，它们是互相替代的产品。众所周知，为了提高市场占有率，他们都不惜投入大量的金钱做广告，进行非价格的竞争。但如果只注意非价格竞争而忽视价格竞争，就会失去市场。如大维坚持高价格政策，衫衫采取“薄利多销”的低价格政策，由于西装属于富有弹性的商品，因此消费者就会由于衫衫西装价格下降而增加对衫衫西装的购买，大维就会失去一部分市场份额。因此，大维应根据交叉弹性的特点正确判断自己的市场定位，制定合适的市场价格，预防不利于自己生存和发展的情况发生。如果互补产品为一家生产，比如彩色喷墨打印机和墨盒的定价。彩色喷墨打印机是基本品，墨盒是配套品，基本品应定价低，配套品应定价高，事实也就是这样，彩色喷墨打印机一台售价仅为 400～500 元人民币，低价很诱人，但买下后才发现更换一个墨盒的价格是200 元人民币，一种色彩的油墨用完，不换墨盒就不能保证画面质量，而换四个墨盒的价格比一台彩色喷墨打印机还贵。根据交叉弹性的定价原理，面对基本品——打印机，定价过高，消费者处于主动位置，需求弹性较大；只有定低价，才能吸引消费者购买，一旦基本品买下，配套品的选择余地就小了，消费者往往处于缺乏替代的被动地位，此时定高价能够获取较高利润，反过来，如果基本品定价高，会导致需求者寥寥无几，那么配套品定价再低也已失去意义。

总之，企业在制定产品价格时，应考虑到替代品与互补品之间的相互影响。否则，价格变动可能会对销路和利润产生不良后果。

［资料来源：黄德林：《西方经济学（微观分析）》案例分析］

2.2 供给理论

2.2.1 供给、影响供给因素与供给函数

1. 供给

供给（supply）是指生产者在一定时期内，在各种可能的价格水平下愿意并且能够提供出售的该种商品的数量。供给也是供给欲望与供给能力的统一。若生产者对某种商品只有提供出售的愿望，而没有提供出售的能力，则不能形成有效供给，也不能当作供给。供给能力中包括新生产的产品与过去的存货。

供给分为个人供给和市场供给，市场供给是个人供给的总和，即每一可能的售价相对应的每个厂商供给量的总和。

2. 影响供给的因素

（1）商品本身的价格。一般来说，一种商品的价格越高，生产者提供的产量就越大。相反，商品的价格越低，生产者提供的产量就越小。

（2）生产的成本。在商品自身价格不变的条件下，生产成本增加会减少利润，从而使商品的供给量减少。相反，生产成本下降会增加利润，从而使商品的供给量增加。

（3）生产的技术水平。在一般情况下，提高生产技术水平，可以提高劳动生产率，降低生产成本，增加利润，生产者会提供更多的商品，供给量会增加。

（4）相关商品的价格。当一种商品的价格不变，而其他相关商品的价格发生变化时，也会引起该商品的供给量发生变化。当某种商品的互补品涨价时，该商品随之涨价，生产者会增加此商品的供应量；当某种商品的替代品涨价时，生产者会转向替代品的生产，减少此商品的供应量。

例如，对某个生产小麦和玉米的农户来说，在玉米价格不变和小麦价格上升时，该农户就可能增加小麦的耕种面积而减少玉米的耕种面积。

（5）生产者对未来的期望。如果生产者对未来的预期看好，如预期商品的价格会上涨，往往会扩大生产，增加产量供给。如果生产者对未来的预期是悲观的，如预期商品的价格会下降，往往会缩减生产，减少产量供给。

除此之外，政府税收政策、天气因素等也会影响商品的供给量。

3. 供给函数

同需求一样，如果把影响供给量的所有因素作为自变量，把供给量作为因变量，则可以用函数关系来表示供给量和影响供给量的各个因素之间的依存关系，我们称之为供给函数，记作：

$$Q_s = f(a, b, c, d, \cdots, n)$$

式中，Q_s 代表商品的供给量；a，b，c，d，…，n 代表影响该商品供给的各个因素。

影响商品供给量的最重要因素是该商品本身的价格，为了简化分析，假定其他条件不变，仅分析某种商品的价格变化对其供给量的影响，这样，供给函数记作：

$$Q_s = f(P)$$

式中，P 为商品的价格；Q_s 为商品的供给量。

在微观经济分析中，使用较多的是线性供给函数，它的通常形式为：

$$Q_s = -\alpha + \beta P$$

式中，α、β 为常数，且 α、$\beta > 0$。该函数所对应的供给曲线为一条直线。

2.2.2 供给表、供给曲线与供给定理

1. 供给表

供给函数 $Q_s = f(P)$ 表示一种商品的供给量和该商品的价格之间存在着一一对应的关系。这种函数关系可以分别用商品的供给表和供给曲线来表示。

商品的供给表是用来表示某种商品的各种价格水平与相应的供给量之间对应关系的数字序列表，如表 2－2 所示。

表 2－2　某商品的供给表

价格—数量组合	*A*	*B*	*C*	*D*	*E*
价格（元）	2	3	4	5	6
供给量（单位数）	0	200	400	600	800

2. 供给曲线

商品的供给曲线是根据供给表绘制的用来表示供给量与商品价格之间对应关系的曲线，是以几何图形来表示商品的价格和供给量之间的函数关系的曲线。

如图 2－5 所示，横轴表示商品的数量，纵轴表示商品的价格。它表示在不同价格水平下生产者愿意且能够提供的商品数量。价格上升，供给量增加，所以供给曲线向右上方倾斜，即它的斜率为正值。

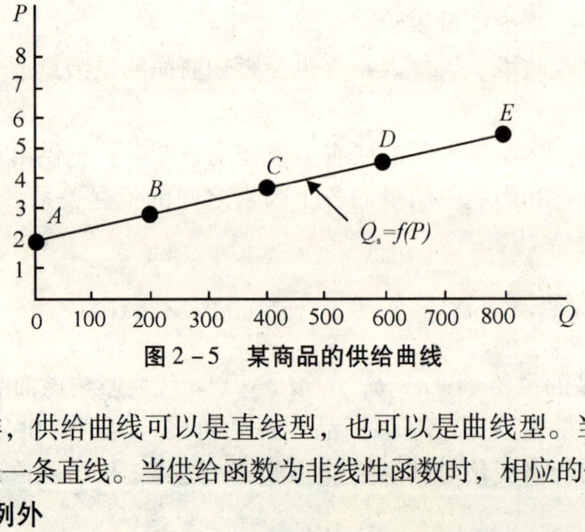

图 2－5　某商品的供给曲线

如同需求曲线一样，供给曲线可以是直线型，也可以是曲线型。当供给函数为线性函数时，相应的供给曲线是一条直线。当供给函数为非线性函数时，相应的供给曲线是一条曲线。

3. 供给定理及其例外

从供给表和供给曲线可以看出，某商品的价格和供给量之间成同方向变动的关系，这种

现象被称为供给定理。其基本内容是：在其他条件不变的情况下，商品的供给量与其价格之间成同方向变动，即供给量随商品本身价格的上升而增加，随商品本身价格的下降而减少。

供给定理也是以假设其他条件不变为前提的，离开这一前提，供给定理也无法成立。

供给定理是一般商品的供给规律，它也有例外情况：最典型的就是劳动力的供给。当劳动力的价格（工资）增加时，劳动力的供给量会随工资的增加而增加。但当工资增加到一定程度以后，劳动者感到对货币的需要并不迫切了，这时工资继续增加，劳动者也不会再提供更多的劳动力，而对休闲、娱乐和旅游更感兴趣。另外，像土地、文物、珍稀艺术品等受条件的限制，其供给量是固定的，无论价格如何上升，供给量也无法增加。

2.2.3 供给量的变动与供给的变动

供给量的变动和供给的变动都是供给数量的变动，它们的区别在于引起这两种变动的因素是不相同的，而且，在几何图形中的表示也是不相同的。

供给量的变动是指在其他条件不变时，由商品的价格变动所引起的该商品的供给数量的变动。在几何图形中，表现为商品的价格—供给数量组合点沿着同一条既定的供给曲线的运动，并不表示整个供给情况的变化。如图 2－5 所示，随着价格上升所引起的供给数量的逐步增加，*A* 点沿着同一条供给曲线逐步运动到 *E* 点。

供给的变动是指在某商品价格不变的条件下，由于其他因素变动所引起的该商品的供给数量的变动。其他因素变动指生产成本的变动、生产技术水平的变动和相关商品价格的变动等。在几何图形中，供给的变动表现为供给曲线的位置发生平行移动，表示整个供给情况发生了变化。如图 2－6 所示。

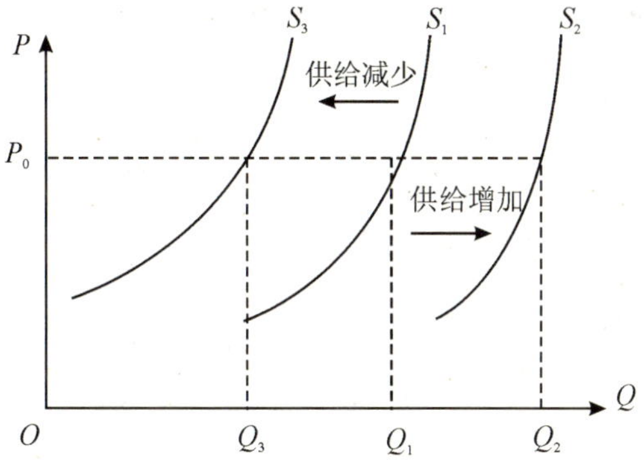

图 2－6 供给的变动

2.2.4 供给弹性

1. 定义及计算方法

供给弹性一般是指供给的价格弹性，它表示某一商品供给量对其价格变动的反应程度，其公式为：

供给价格弹性（E_s）＝供给量变动的比率/价格变动的比率

$$=(\Delta Q/Q)/(\Delta P/P)$$

$$=(\Delta Q/\Delta P)\cdot P/Q$$

供给弹性系数一般是正数，因为供给量与价格成正比变动关系。

例如，假定冰激凌的价格从 2 元上升到 2.2 元，厂商每月生产的冰激凌量从 1 万个增加到 1.15 万个。那么：

供给价格弹性 E_s =（0.15/1）/（0.2/2）=15%/10% =1.5

2. **供给价格弹性的分类**

（1）$E_s=1$，供给单位弹性，指商品供给量变动的比率等于价格变动的比率。供给曲线是通过原点的一条与横轴成 45°并向右上方倾斜的线。

（2）$E_s>1$，供给富有弹性，指商品供给量变动的比率大于价格变动的比率。供给曲线是一条向右上方倾斜且较为平坦的线。

（3）$E_s<1$，供给缺乏弹性，指商品供给量变动的比率小于价格变动的比率。供给曲线是一条向右上方倾斜且较为陡峭的线。

（4）$E_s=0$，供给完全无弹性，指商品价格无论如何变动，供给量都不变，例如：文物。供给曲线是一条垂直于横轴的线。

（5）$E_s=\infty$，供给完全弹性，指商品价格既定而供给量无限。供给曲线是一条平行于横轴的线。

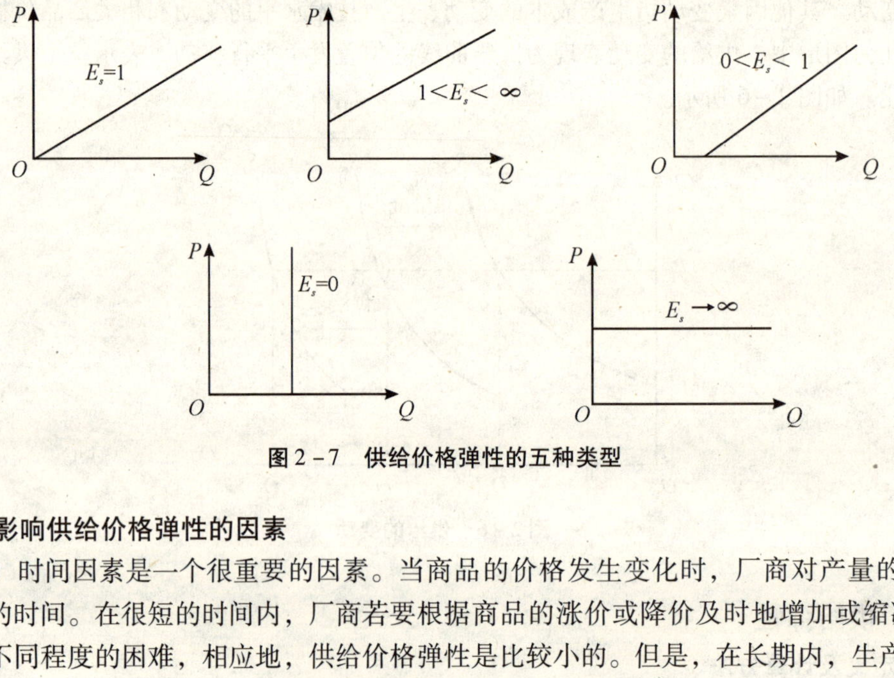

图 2-7　供给价格弹性的五种类型

3. **影响供给价格弹性的因素**

（1）时间因素是一个很重要的因素。当商品的价格发生变化时，厂商对产量的调整需要一定的时间。在很短的时间内，厂商若要根据商品的涨价或降价及时地增加或缩减产量，都存在不同程度的困难，相应地，供给价格弹性是比较小的。但是，在长期内，生产规模的扩大与缩小，甚至转产，都是可以实现的，供给量可以对价格变动做出较充分的反应，供给价格弹性也就比较大。

（2）生产成本随产量变化而变化的情况。如果产量增加只引起边际成本的轻微提高，则意味着厂商的供给曲线比较平坦，供给价格弹性是比较大的。相反，如果产量增加引起边际成本的较大提高，则意味着厂商的供给曲线比较陡峭，供给价格弹性是比较小的。

（3）产品的生产周期长短。在一定时期内，对于生产周期较短的产品，比如生产规模较小的劳动密集型企业，应变能力强，厂商可以根据市场价格的变化及时地调整产量，供给价格弹性较大。相反，生产周期较长的产品，比如规模大的资本技术密集型企业，其生产规模较难变动，产品供给价格弹性就较小。

【阅读材料——石油与天然气】

在20世纪80年代晚期，很多美国东海岸的学校都采购了昂贵的设备，准备用来使学校能迅速地从以石油为热源转而使用天然气，以避免遭受油价突然上升的打击，就像他们在20世纪70年代早期曾遭受过的那样。

在1990年秋天，伊拉克入侵科威特，油价飞涨，而那些学校已由烧油改为烧天然气。估计能源费将有很大节省的学校主管们却受到了一个打击：他们根本没有节省多少。

当他们收到来自当地公共事业公司的账单时，他们发现天然气的价格就像油价一样也显著上涨。许多主管在公共事业公司愤怒地抱怨和谴责公司的价格欺诈。他们的理由是，伊拉克侵占科威特，根本没有影响到天然气的供应，所以天然气的价格没有理由也上升。这些学校的主管们正确吗？这是公共事业公司乘国际危机之机，为增加自己的利润而搞价格欺诈的一个例子吗？

（资料来源：天津商业大学宝德学院经济教研室：《微观经济学教学案例集》）

2.3 均衡价格理论

我们已经知道，需求曲线说明了消费者对某种商品在每一价格下的需求量是多少，供给曲线说明了生产者对某种商品在每一价格下的供给量是多少。现在把两者结合起来，说明它们如何决定某种商品的均衡价格和销售量，以及均衡价格如何随供求关系而变动。

2.3.1 均衡

在西方经济学中，均衡是一个被广泛运用的重要概念，是指经济事物中有关变量在一定条件的相互作用下所达到的一种相对静止的状态，市场均衡分为局部均衡和一般均衡。

局部均衡是就单个市场或部分市场的供求与价格之间的关系和均衡状态进行分析。

一般均衡是就一个经济社会中所有市场的供求与价格之间的关系和均衡状态进行分析。一般均衡假定各种商品的供求和价格都是相互影响的。

2.3.2 均衡价格的决定

1. 均衡价格的含义

微观经济学中的商品价格是指商品的均衡价格。一种商品的均衡价格是指该商品的市场需求量和市场供给量相等时的价格。在均衡价格水平下的相等的供求数量被称为均衡产量。

从几何意义上说，一种商品市场的均衡出现在该商品的市场需求曲线和市场供给曲线相交的交点上，该交点称为均衡点。均衡点上的价格和相等的供求量分别为均衡价格和均衡产量。市场上需求量和供给量相等的状态，也称为市场出清状态。

如图2-8所示的均衡价格的决定，需求曲线 D 和供给曲线 S 相交于 E 点，E 点为均衡点，在均衡点 E，均衡价格 $\overline{P}=4$，均衡产量 $\overline{Q}=400$。这样一种状态便是使买卖双方都感到满意并愿意持续下去的均衡状态。

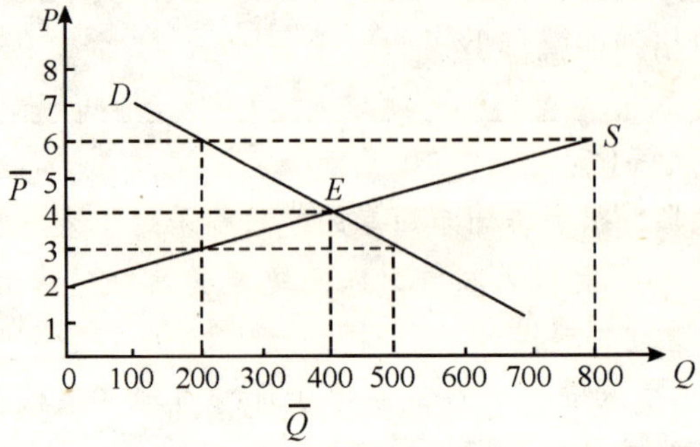

图 2-8　均衡价格的决定

由市场需求函数与市场供给函数可以求出均衡价格与均衡产量。

例：已知需求函数为 $Q_d = 30\,000 - 100P$，供给函数为 $Q_s = -30\,000 + 200P$，求均衡价格和均衡产量。

解：将供求函数代入均衡条件 $Q_d = Q_s$ 得：

$30\,000 - 100P = -30\,000 + 200P$

$\overline{P} = 200$

将 $\overline{P} = 200$ 代入需求函数或供给函数，得：

$\overline{Q} = 10\,000$

即（$\overline{P}$，$\overline{Q}$）＝（200，10 000）

2. 均衡价格的形成

商品的均衡价格是商品市场上需求和供给这两种相反力量共同作用的结果，它是在市场供求力量的自发调节下形成的。

当市场价格偏离均衡价格时，市场上会出现需求量和供给量不相等的非均衡状态。一般来说，在市场机制的作用下，这种供求不相等的非均衡状态会逐步消失，实际的市场价格会自动地回复到均衡价格水平。

如图 2-8 所示，当市场的实际价格高于均衡价格时，商品的供给大于需求，市场上出现商品过剩或超额供给，为了将商品销售出去，厂商压价出售，这将会降低商品市场价格，价格降低后，消费者会逐步增加需求量，厂商也逐步减少供给量，从而在较低的均衡价格下，最终实现市场供求均衡。

相反，当市场的实际价格低于均衡价格时，商品的需求大于供给，市场上出现商品短缺或超额需求，为了能得到自己想要的商品，消费者会提高价格，这将会抬高商品市场价格，价格上升后，厂商会逐步增加供给量，消费者会逐步减少需求量，从而在较高的均衡价格下，最终实现市场供求均衡。

3. 均衡价格的变动

一种商品的均衡价格是由该商品市场上的需求和供给共同作用决定的，因此需求和供给任何一方的变化都会引起该商品均衡价格的变动。

（1）供给不变，需求变动对均衡价格的影响。

在供给不变的前提下，需求增加，则需求曲线向右平移，从而使均衡价格和均衡产量都增加，如图 2-9 所示，均衡点由 E_1 移至 E_2，相应地，均衡价格由 P_1 上升至 P_2，均衡产量

由 Q_1 增加至 Q_2；反之，需求减少，则需求曲线向左平移，从而使均衡价格和均衡产量都减少，如图 2－9 所示，均衡点由 E_1 移至 E_3，相应地，均衡价格由 P_1 下降至 P_3，均衡产量由 Q_1 减少至 Q_3。可以得出结论：在供给不变时，均衡价格和均衡产量与需求同方向变动。

（2）需求不变，供给变动对均衡价格的影响。

在需求不变的前提下，供给增加，则供给曲线向右平移，从而使均衡价格下降和均衡产量增加，如图 2－10 所示，均衡点由 E_1 移至 E_2，相应地，均衡价格由 P_1 下降至 P_2，均衡产量由 Q_1 增加至 Q_2；反之，供给减少，则供给曲线向左平移，从而使均衡价格上升和均衡产量减少，如图 2－10 所示，均衡点由 E_1 移至 E_3，相应地，均衡价格由 P_1 上升至 P_3，均衡产量由 Q_1 减少至 Q_3。可以得出结论：在需求不变时，均衡价格与供给反方向变动，而均衡产量与供给同方向变动。

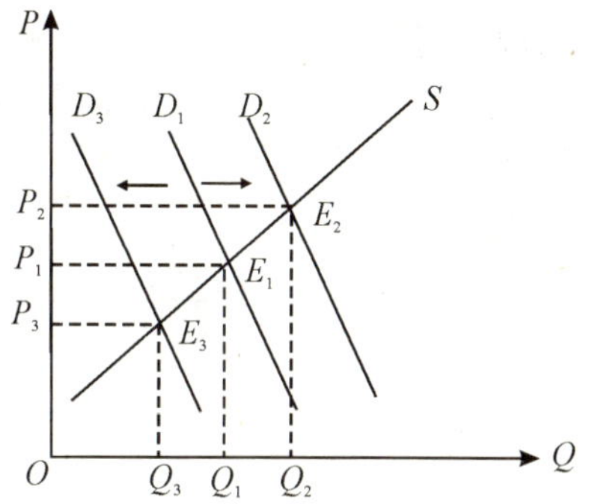

图 2－9　需求变动对均衡价格的影响

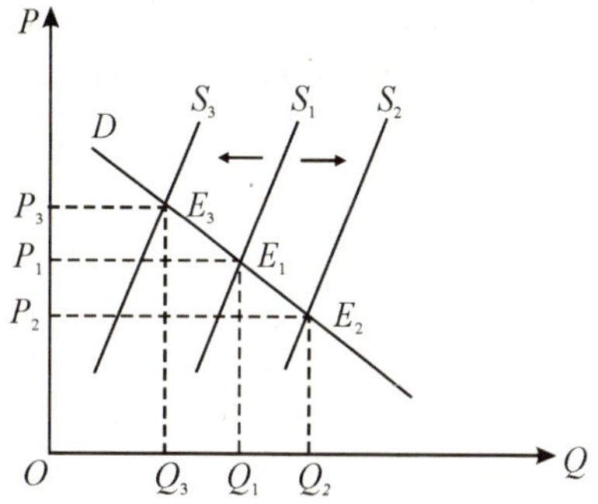

图 2－10　供给变动对均衡价格的影响

（3）供求定理。

从上述分析中，我们可以得出供求定理的基本内容：在其他条件不变的前提下，需求变动分别引起均衡价格与均衡产量同方向变动；供给变动分别引起均衡价格反方向变动和均衡产量同方向变动。

（4）需求和供给同时变动对均衡价格的影响。

需求和供给同时变动对均衡价格和均衡产量的影响要结合需求和供给变动的具体情况来判断。在这里，一定要注意考虑需求和供给变动幅度的相对大小。通过分析，得出如表2－3 所示的结论：

表 2－3　需求和供给变动对均衡的影响

需求变动	均衡价格的变动	均衡产量的变动
需求增加，供给增加	不确定	增加
需求减少，供给减少	不确定	减少
需求增加，供给减少	上升	不确定
需求减少，供给增加	下降	不确定

2.3.3　均衡价格理论的应用

均衡价格形成与变动的过程实际上就是价格调节经济的过程。在市场经济中，价格在经济中的作用可以归纳为五点：第一，传递信息、提供刺激，并决定收入分配；第二，作为指示器反映市场的供求状况；第三，价格的变动可以调节需求；第四，价格的变动可以调节供给；第五，价格可以使资源配置达到最优状态。

从理论上说，通过价格调节，可以使资源配置达到最优状态。但是在现实中，由于种种条件的限制，价格调节并不一定能达到理论上的这种完善境地。而且，从经济的角度来看，也许价格的调节能达到那种理论上完善的境地，但从社会或其他角度来看，不一定是最好的。这就是经济学家所说的“市场失灵”。为此，通过一定的经济政策来纠正这种失灵就成为必要。

价格政策就是为了纠正“市场失灵”采取的政策，在这里主要介绍支持价格和限制价格。

1. **支持价格**

支持价格是政府为了扶植某一行业发展而对该行业规定的高于均衡价格的最低价格。由于价格高于均衡价格，供给量将大于需求量，该商品出现过剩。为维持支持价格，政府就应采取相应措施：一是政府收购过剩商品，或用于储备，或用于出口。在出口受阻的情况下，就必将增加政府财政开支。二是政府对商品的生产实行产量限制，但在实施时需有较强的指令性且要付出一定的代价。

目前，我国对农业采取支持价格政策是有必要的，对于稳定农业经济的发展有着积极的意义：第一，稳定了农业生产，减缓了经济波动对农业的冲击；第二，通过对不同农产品采取不同的支持价格，可以调整农业结构，使之适应市场的变动；第三，扩大农业投资，促进农业现代化的发展和劳动生产率的提高。

2. **限制价格**

限制价格是政府为了限制某些商品价格上涨而规定的低于市场均衡价格的最高价格，其目的是为了稳定经济生活和社会秩序。

价格低于均衡价格，因而，需求量将大于供给量，该商品将出现短缺。这样，市场就可能出现抢购现象或是黑市交易。为了解决商品短缺，政府可采取的措施是控制需求量，采取配给制，发放购物券。但配给制只能适应短时期内的特殊情况，否则，一方面可能使购物券货币化，会出现黑市交易；另一方面会挫伤厂商的生产积极性，使产品短缺更加严重。

所以，限制价格的实行有利于社会的安定，但也有不利影响：第一，价格水平低不利于刺激生产，从而使产品长期存在短缺现象；第二，价格水平低不利于抑制需求，从而在资源缺乏的同时造成严重的浪费；第三，价格水平不合理是社会风气败坏、官员腐朽等不良风气的经济根源之一。

2.4 生产要素的供求分析

生产要素是指生产过程中使用的各种经济资源。在这里，我们要探讨的是生产要素的市场价格是如何决定的。在生活中，每个人都是生产要素的所有者，生产要素的价格就是他们的收入，因此，生产要素价格如何决定的问题也就是国民收入如何分配的问题。

2.4.1 生产要素的需求与供给

商品的价格是由商品的需求和供给共同决定的，同样，生产要素的价格是由生产要素的需求和供给共同决定的。生产要素的需求来自厂商，厂商对要素的需求不同于消费者对消费品的需求。消费者对消费品的需求是一种直接需求，为了直接满足自己的欲望。厂商购买要素是为了用来生产产品以供应市场，追求利润最大化。所以，消费者对产品的需求取决于产品的效用，而厂商对生产要素的需求则取决于生产要素所具有的生产产品的能力。换言之，厂商对要素的需求是从消费者对产品的直接需求中派生出来的，生产要素的需求是派生需求。

生产要素的需求也是一种联合需求。这就是说，任何生产行为所需要的都不是一种生产要素，而是多种生产要素共同作用的结果，即厂商同时需要各种生产要素。

就生产要素的供给来看，它不是来自厂商，而是来自个人或家庭。个人或家庭在消费理论中是消费者，在要素价格理论中是生产要素所有者。个人或家庭拥有并向厂商提供各种生产要素，生产要素主要有四种，即劳动、资本、土地与企业家才能。这四种要素的所有者分别是劳动者、资本所有者、土地所有者和企业家，他们为厂商提供这些生产要素而分别取得工资、利息、地租和利润。工资、利息、地租和利润就是这些生产要素的价格，主要由市场供求关系决定。

2.4.2 劳动市场与工资

工资被解释为劳动的价格，或劳动这一生产要素所提供的劳务的报酬。劳动价格是在劳动市场上形成的。

1. 劳动的需求

劳动的需求来自厂商，厂商决定雇用工人，考虑的是雇用一个工人所创造的收益是否大于应付的工资，是由劳动的边际收益和边际成本的对比决定的。劳动的边际收益是指增加一单位劳动所增加的产量而带来的收益增加量，边际成本是指增加一单位劳动所增加的成本即工资。例如，某厂商增加一单位劳动增加 3 个单位产量，每单位产品收益为 5 元，则劳动的边际收益为 15 元，即厂商增加一单位劳动能带来 15 元的收益，如果厂商该支付的工资低于 15 元，厂商才是合算的，才可能雇用工人。厂商追求利润最大化，一定会使用劳动量直到劳动的边际收益等于边际成本。

劳动的需求量随工资率的下降而增加。因为其他条件不变的情况下，工资率越低，产品的成本越低，厂商生产成品得到的利润越多，所以，企业会增加劳动量。

2. 劳动的供给

劳动者愿意提供的劳动数量取决于多种因素，如身体素质、经济负担等。我们单看劳动供给与工资率的关系，一般来说，工资率上升，劳动供给会增加，反之亦然。通常，在工资水平较低的情况下，随着工资的增加，劳动供给会增加；但是当工资率达到较高水平时，随着工资的增加，劳动不会增加，供给曲线向后弯曲。在现实生活中，当雇员工资达到一定水平时，对货币的需求不再那么迫切，而愿意把时间花在休闲和娱乐上。

3. 均衡工资

劳动需求曲线和供给曲线的交点为均衡点，对应的工资为均衡工资，也是劳动的均衡价格。当劳动供不应求时，工资上升；当劳动供过于求时，工资下降，两者都会引起需求量的变化。

比如，我国大城市家政服务市场，每到春节，大部分家政员工返乡，供给大幅度减少，从而工资大大提高。如果城市居民收入增加，对家政服务的需求也增加，即使供给不变，均衡工资也会上升。总之，供求关系的变化会引起劳动价格的变化。

当然，人们从事不同职业所得的工资存在差别。这是因为：劳动质量不同，不同劳动者的学识、素养、能力不同；工作环境不同，不同职业在安全、声誉等方面不同，根据供求规律，大家都不愿意从事的工作会得到较高的报酬。

2.4.3 其他生产要素

1. 资本与利息

资本对应的价格是利息，是厂商使用一定时期内资本的生产力所付的代价，或者说是资本所有者出让一定时期内资本的使用权获得的报酬，这是由资本的供求关系决定的。

资本的需求是一定时期内厂商在不同利率水平下所需要的资本总额。厂商的目的在于利润，根据市场利息率与预期利润率的对比关系，调整资本的需求量。当其他条件不变时，资本利息率升高，需求量减少，利息率降低，需求量增加。

资本的供给是资本所有者在不同利率水平下愿意并且能够提供的资本总额。利息率越高，报酬越多，资本的供给与利息率同方向变动。在均衡利息率水平上，资本的需求量与供给量相等，市场达到均衡。

2. 土地与地租

地租是对土地作为生产要素提供服务的报酬，是厂商一定时期内利用土地所支付的代价，是由土地的需求和供给决定的。地租越高，对土地的需求越少；地租越低，对土地的需求越多。土地的需求曲线，是一条向右下方倾斜的曲线。

一个国家或地区，一定时期内，土地供给是固定的，土地的供给曲线是一条垂直于横轴的直线。所以，土地供给不变，地租的高低取决于对土地的需求，与需求同方向变动。正因为这样，一个国家或地区，随着经济的发展和人口的增加，对土地的需求增加，土地价格上升。

但是从一个行业或一个企业的角度来看，可以把有限的土地投入到收益高的行业中去，土地供给量是变化的，随着地租的上涨而增加。

本章实训与练习模块

【实训目标】

通过对本章理论知识的实训学习，使学生掌握需求、供给是如何决定价格的，价格机制是如何实现对资源的合理配置的；同时让学生了解在现实经济生活中存在的供求关系的特殊产品。

模块一：关键术语与概念

需求　需求规律　需求的变动　需求价格弹性　需求收入弹性　需求交叉弹性　供给　供给规律　供给的变动　供给弹性　均衡价格　支持价格　限制价格

模块二：心得体会

【实训要求】

学习完本章后，你对市场的供给和需求有什么样的认识？它对生活中的物价水平起到什么样的影响作用？请谈谈你的看法。

模块三：练习题

【实训要求】

按题目要求完成下列习题。

一、选择题

1. 下列哪个因素将导致电脑的需求曲线向左移动（　　）。

A. 电脑的价格上升　　B. 消费者对电脑的预期价格上升

C. 消费者对电脑的预期价格下降　　D. 消费者的收入水平提高

2. 如果 A、B 两商品是替代品，则 A 的价格下降将造成（　　）。

A. A 的需求曲线向右移动　　B. A 的需求曲线向左移动

C. B 的需求曲线向右移动　　D. B 的需求曲线向左移动

3. 下列组合中，一种商品的需求量与另一种商品的价格成反方向变动的是（　　）。

A. 香蕉和苹果　　B. 羽毛球和球拍

C. 汽车和收音机　　D. 面包和方便面

4. 如果某消费者的收入下降，其他条件不变，而他对某商品的需求却增加，则该商品为（　　）。

A. 低档商品　　B. 替代商品

C. 互补商品　　D. 一般商品

5. 需求价格弹性系数是指（　　）。

A. 需求函数的斜率　　B. 收入变化对需求的影响程度

C. 需求对价格变化的敏感程度　　D. 以上说法都正确

6. 假定某商品从 9 美元下降到 8 美元，需求量从 50 增加到 60，则需求（　　）。

A. 缺乏弹性　　B. 富有弹性

C. 单位弹性　　D. 不能确定

7. 适合于进行薄利多销的商品是（　　）的商品。

A. 需求缺乏弹性　　B. 需求富有弹性

C. 需求有无限弹性　　D. 需求完全无弹性

8. 当两种商品中一种商品的价格发生变化时，这两种商品的需求数量同方向变化，则这两种商品的需求交叉价格弹性系数为（　　）。

A. 正　　B. 负　　C. 0　　D. 1

9. 假如汽车工人的工资得到较大的增加，在其他条件不变时，汽车的价格将会上涨，这是因为（　　）。

A. 汽车的需求增加　　B. 汽车的供给曲线向右移动

C. 汽车的供给曲线向左移动　　D. 汽车的需求减少

10. 商品的均衡价格会随着（　　）。

A. 商品需求与供给的增加而上升

B. 商品需求的减少与供给的增加而上升

C. 商品需求的增加与供给的减少而上升

D. 商品需求的增加与供给的减少而下降

11. 假设个人电脑的供给和需求都增加，而且个人电脑供给的增加大于个人电脑需求的增加，那么在个人电脑市场上，我们可以预期（　　）。

A. 均衡数量增加，而均衡价格上升

B. 均衡数量增加，而均衡价格下降

C. 均衡数量增加，而均衡价格保持不变

D. 均衡数量增加，而均衡价格的变动无法确定

12. 政府运用限制价格政策，会导致（　　）。

A. 产品大量积压　　B. 消费者随时都能买到自己需要的产品

C. 黑市交易　　D. 市场秩序稳定

二、判断题

1. 需求就是居民户在某一特定时期内，在每一价格水平时有能力购买的商品量。（　　）

2. 需求的减少将引起均衡价格的下降和均衡数量的增加。（　　）

3. 支持价格一定高于均衡价格。（　　）

4. 需求曲线为水平线，则表现为完全无价格弹性。（　　）

5. 需求的弹性系数是价格变动的绝对量与需求量变动的绝对量的比率。（　　）

6. 需求收入弹性因商品而异。相比之下，一般生活必需品需求收入弹性较小，奢侈品需求收入弹性较大。（　　）

7. 任何商品只要降价，就肯定能多销，增加总收益。（　　）

8. 乒乓球的价格上涨，则乒乓球拍的需求量将会下降。（　　）

9. 消费者预期某物品未来价格要上升，则对该商品的当前需求会减少。（　　）

三、计算题

1. 假定某消费者对消费品 X 的需求函数为 $p=100-2q$，请分别计算 $p=60$ 和 $p=30$ 时的价格弹性系数。

2. 假定皮鞋市场中只有甲、乙两家公司，甲公司1月份生产的皮鞋每双60美元，销售量10 000双。2008年2月份乙公司把皮鞋价格从每双65美元降到55美元。甲公司2月份销售量跌到8 000双。

（1）计算甲公司和乙公司皮鞋的交叉价格弹性（甲公司价格不变）。

（2）若甲公司皮鞋的价格弹性是 -2.0，乙公司把皮鞋价格保持在55美元，甲公司想把销售量恢复到每月10 000双的水平，问每双要降价到多少？

模块四：案例分析题

案例一　家电市场价格的变化

我国在改革开放初期，生产力水平落后，生产厂家少，家电产品的总需求量远远高于其总供给量，出现了1989年凭票排队抢购冰箱的场面，当时最普通的一款冰箱卖到2 800元左右，还要凭票供应。虽然不排除通货膨胀的影响，但就其当时国内各家电生产厂家的技术水平和产品质量而言，连续几年的高价倾销，家电市场长期供小于求，厂商的利润可观，因此有越来越多的厂家投身于家电产品的生产，由原来的几个增加到几十个。随着改革开放的不断发展，国外先进技术的不断引进以及国外家电产品的不断进入，如索尼、东芝、三星、菲利浦等也都看准了中国家电市场这块蛋糕，竞争越发激烈，供求平衡随之改变，由原来的供小于求，逐步转变为供大于求。同时，由于竞争的需要，产品的质量优化了，品种式样不

断增加，由低端产品到高端数字化产品一应俱全，产品的价格更加市场化，厂家的服务也更加优质化，带给消费者的实惠也就越多。再加之消费者的收入影响着商品的需求，收入越高，消费的档次越高，对劣等产品的需求成反方向变动。如今的家电市场竞争已进入白热化，各厂家为了争夺市场，不断用降价、促销等手段来赢得顾客，甚至推出了大批低于成本价的特价产品来争得一时的高市场份额，而这样做往往是饮鸩止渴，不少品牌由于厂家的收不抵支而逐渐退出家电市场。我们可以看到，价格调节供求，市场竞争的最后结果是使得家电市场更加规范化、品牌化，逐渐趋于供求平衡。

（资料来源：严国辉：《经济学基础》）

【案例思考题】

1. 为什么需求的变化影响价格？为什么收入影响需求？
2. 为什么会出现价格与价值的背离？

案例二 “旧帽换新帽一律八折”

我们对市场上各商家之间“挥泪大甩卖”、“赔本跳楼价”的价格大战，可能从未仔细考虑过究竟是为什么，只是觉得很开心，因为这样可以节省大量金钱。有一次我路经一家安全帽专卖店，看到它打出这样的广告——“旧帽换新帽一律八折”。店家的意思是，如果你买安全帽时交一顶旧安全帽的话，当场退两成的价格；如果直接买新帽，对不起，只能按原定价格买。这一种促销方式让人觉得好奇：是不是店家加入了什么基金会或是店家和供帽厂家有什么协定？收旧安全帽可以让店家回收一些成本，因此拿旧帽来才有两折的优惠呢？如果大家这么想，可就猜错了，大凡这种以旧换新的促销活动主要是针对不同消费者的需求弹性而采取的区别定价方法，即给定一定的价格变动比例，购买者需求数量变动较大称为需求弹性较大，变动较小称为弹性较小。对需求弹性较小的购买者制定较高的价格，对需求弹性较大的购买者制定较低的价格。而这家安全帽专卖店的促销做法正是这个理论的实际应用，实际上，店家拿到你那顶脏脏旧旧的安全帽并没有什么好处，常常是在你走后往垃圾筒里一丢了事。

［资料来源：黄德林：《西方经济学（微观部分）》案例分析］

【案例思考题】

1. 弹性的分类及影响商品弹性的大小有什么因素？
2. 如何理解薄利多销？

案例三 歌星的高收入合理吗？

某歌星一场演唱会的出场费是几十万元人民币，是普通人几年或几十年的收入，老百姓难免有不平衡之感。歌星的主要收入来源是门票的收入。我们分析演唱会门票的价格，如果想听演唱会的人增加了，而歌手的供给不变，门票的价格就会上升，由于演唱会举办方与歌手都能从高价格的门票中得到更多的收益，他们会增加演唱会的场次；同理可以推出，如果没有那么多歌迷，需求减少，门票的价格必然下降，他们会减少演唱会的场次。如果歌手增加，门票的价格也会下降，演唱会的场次增加；同理可以推出，歌手减少，门票的价格也会上升，演唱会的场次会减少。这就是经济学分析的供求规律。

（资料来源：曼昆：《经济学原理》）

【案例思考题】

1. 什么是供求规律?

2. 为什么歌星的高收入是合理的?

模块五：应用实践

（一）简答论述题

1. 运用需求弹性理论分析“薄利多销”和“谷贱伤农”这两句话的含义。

2. 如果考虑到提高生产者的收入，那么对农产品应采取提价还是降价办法？对旅游产品呢？为什么？

（二）分析讨论题

1. 请你对“十一”节假日商品价格的变化进行分析。

2. 请从市场供求角度分析春运火车票该不该涨价。

3. 请谈谈你对房价“高低”的看法。

第 3 章　消费者行为理论

导入案例

谁在消费奢侈品

在大学生张兰的想象中，一个标准的“中国奢侈品消费者”存在两种分裂的形象：平时穿着 amarni 中规中矩的套装、在广州 CBD 林立的高档写字楼中有一间自己的办公室、英语流利、每年去欧洲度假一个月；或者是另一种“可怕”的情况：穿着金利来的西装、系着金利来皮带，用带有浓重乡音的普通话告诉香港的某位售货员小姐“要买一块劳力士金表”。根据中国品牌战略协会杨清山秘书长的研究，中国目前的奢侈品消费人群已经达到总人口的 13%，并且还在迅速地增长。迅速富起来的中国人正在以各种各样的方式实现着自己心目中的奢侈梦想。仅仅在数年之前，全世界奢侈品牌关注的还不是中国内地，而是中国台湾、香港等亚洲的几条“小龙”，再往前追溯，日本人在欧美一度就是有钱人的代名词。

普华永道的分析师岳峥指出，中国的奢侈品消费与国外的相比有两个不同点：第一，在中国购买奢侈品的大部分是 40 岁以下的年轻人，而在发达国家，这个市场的主导者是 40 ~ 70 岁的中年人和老年人；第二，对于中国人来说，奢侈品大部分还集中在服饰、香水、手表等个人用品上，而在欧美国家，房屋、汽车、合家旅游才是大家向往的奢侈品。这一方面说明了中国仍然不够富裕，另一方面也反映了中西不同的生活方式：高密度人群助长了消费中的攀比之风。

杨清山对此做出了解释：一个国家奢侈品的消费增长大概应该是其 GDP 增长的两倍左右。因此，当亚洲人面对自己突然增加的财富时，他们会毫不犹豫地选择“富贵的标志”——奢侈品来表明自己新的经济地位和社会地位，这是一种非常自然的心理需求。

（资料来源：张元鹏：《中级微观经济学案例教学》）

思　考

1. 就你目前的状况，对你自己来说，什么样的东西会是奢侈品？当消费者在消费奢侈品时，是否使它获得了最大的效用？

2. 如何用消费者行为理论分析我国的奢侈品消费问题？在我国目前情况下，人们的奢侈品消费对经济发展有何积极意义和消极意义？

在微观经济学中，消费者行为理论就是要研究消费者的资源配置行为，即消费者如何用有限的收入购买到适当的消费品以获得最大的满足。通俗地讲，就是要回答两个问题：在日

常生活中消费者根据什么原则来决定购买何种消费品，每一种买多少？消费者在什么条件下才能获得最大的满足（用经济学术语来说，即达到消费者均衡）？

【学习要点】

通过本章的学习，要求了解什么是欲望、效用和偏好，什么是基数效用论和序数效用论；掌握边际效用分析与无差异曲线分析；掌握消费者行为理论的应用；理解公共产品、外部效应和科斯定理，掌握不完全信息及其对策。

【重点难点】

1. 边际效用与边际效用递减规律；消费者剩余
2. 无差异曲线、预算线；边际替代率与边际替代率递减规律
3. 边际效用分析与无差异曲线分析的消费者均衡条件
4. 消费者行为理论的应用
5. 政府调节市场失灵的政策
6. 不完全信息、道德风险与逆向选择

3.1 效用论概述

3.1.1 欲望与效用

自从人类懂得物质生产以来，其生产都是有意识、有目的的活动。从整个社会来说，任何生产都是为了满足人类的需要。而随着社会物质生产的日益丰富，人们的物质、精神需求越来越广泛。在满足了一种需求后，还会不断地提出新的需求，这就是人的欲望。然而我们也应该看到，人类的需求与满足人类需求的有用资源之间，总是存在着巨大的鸿沟，于是，人类需求便为社会生产规模、生产效果所限制。我们在消费了物品后，究竟给我们带来了什么样的满足感，这就是效用。

欲望与效用都是人的心理感受。欲望是指一种缺乏的感觉或求得满足的心理愿望和感觉，即不足之感与求足之愿的心理统一。人的欲望虽然具有无限性，但又有轻重缓急和层次不同之分。消费者行为理论的出发点是欲望。

效用是指商品或劳务所具有的满足消费者欲望的能力，或者说，效用是指消费者在消费商品或劳务时所感受到的满足程度。满足程度高就是效用大，反之，满足程度低就是效用小。如果消费者在商品消费中感到快乐，则效用为正；反之，如果消费者感到痛苦，则效用为负。

商品之所以能带来效用，主要是因为商品具有使用价值。使用价值是商品本身具有的能够满足人们某种需要的有用性。人们消费某种商品，实际上是在利用商品的使用价值，并在对商品有用性的使用中获得一定的效用。因此，使用价值是效用的物质基础。

3.1.2 效用的特征

效用是商品对欲望的满足，是消费者的心理感受。效用具有主观性、非伦理性和差异性

三大特征。

1. **主观性**

效用是人的主观感受，某种物品效用的大小、有无，没有客观标准，完全取决于消费者在消费商品时的主观感受。例如，一支香烟对吸烟者来说可能有很大的效用，而对不吸烟者来说，则可能毫无效用，甚至为负效用。

2. **非伦理性**

效用是对欲望的满足。欲望是中性的，商品满足的欲望，可以是求知、求美等有益的欲望，也可以是吸烟、酗酒等不良的欲望，甚至还可以是背离道德、违犯法典的欲望，比如吸毒和赌博。从这个意义上讲，效用是中性的，没有伦理学的含义。

3. **差异性**

效用作为一种主观感受，因人、因时、因地而异。对不同的人而言，同种商品提供的效用是不同的。对于同一个人，同种商品在不同的时间和地点带来的效用也是不同的。

3.1.3 效用评价

如何衡量商品效用的大小呢？在西方经济学中有两种理论：一种是认为可以用某种效用单位来计量效用的基数效用论；另一种是认为效用不能计量，只能从不同效用的大小序列中进行比较分析的序数效用论。

1. **基数效用论**（The Theory of Cardinal Utility）

19 世纪末和 20 世纪初，西方经济学家普遍采用基数效用论的概念。而以边际效用说明价值的思想可以追溯到 18 世纪。1750 年，意大利的加里阿尼第一次提出了基于物品效用与稀缺性的价值原理。1833 年，英国的劳埃德最早明确地以边际效用来说明价值。1854 年，德国的戈森围绕着最合理地组织消费和生产，发挥了有关人类享乐的原则，并以此为基础，阐明了价值、生产和价格等问题。19 世纪 70 年代，英国的杰文斯、奥地利的门格尔、法国的瓦尔拉斯主张边际效用价值论，加上后来的马歇尔、庞思维克、维塞尔都是基数效用价值论的主张者。基数效用论是西方经济学中最早用来研究效用的理论。

基数效用论的基本观点是，效用是可以计量且可以加总求和的，因此，效用的大小可以用基数（1，2，3，…）来表示。所谓效用可以计量，就是指消费者消费某种物品所得到满足的程度可以用效用单位来进行衡量。比如，消费者消费第一个单位某物品得到的效用是 15，消费第二个单位某物品得到的效用是 10，消费第三个单位某物品得到的效用是 6。所谓效用可以加总求和是指消费者消费几种物品所得到的满足程度可以加总而得出总效用。比如，消费者在消费了这三个物品后，其带来的总效用加在一起就是 31。根据这种理论，可以用具体的数字来研究消费者效用最大化问题。

基数效用论采用边际效用分析法来分析消费者行为。

2. **序数效用论**（The Theory of Ordinal Utility）

序数效用论是为了弥补基数效用论的缺点而提出来的另一种研究消费者行为的理论。序数是指事物之间前后、高低的排序，比如第一、第二、第三、第四等。帕累托、希克斯等和 20 世纪的多数经济学家认为，效用是一种心理感受，既不能计量，也不能加总求和，只能表示出消费者满足程度的高低和顺序。因此，效用只能用序数来表示。例如，消费者消费了零食与电影，他从中得到的效用是无法衡量，也无法加总求和的，更不能用基数来表示，但他可以比较从消费这两种物品中所得到的效用。如果他认为消费零食所带来的效用大于看电影所带来的效用，就可以认为零食的效用是第一，电影的效用是第二。

序数效用论采用无差异曲线分析法来分析消费者行为。

现代经济学家通常假设效用用序数表示，而不用基数表示；多数采用无差异曲线分析方法，而不是边际效用分析方法。但是，这并不意味着两种效用论完全不相容。事实上，这两种理论得出的结论是一致的。

3.2 边际效用与消费者行为

在现实生活中，消费者可以同时消费多种商品，并同时获得多方面的效用，因此，在西方经济学中，首先为我们提出了几个有关效用的概念，即总效用、平均效用和边际效用。

3.2.1 总效用、平均效用和边际效用

1. 总效用 *TU*（Total Utility）

总效用是指消费者在一定时间内从一定数量的商品消费中所得到的效用量的总和。*TU* 的大小取决于所消费的商品量的多少，它是所消费的商品量的函数。*TU* 也可以由连续消费的每一单位消费品所获得的边际效用加总得到。假定消费者对一种商品的消费数量为 Q，则总效用函数为：

$$TU = f(Q)$$

例如，消费者吃第一块蛋糕的效用为 10，吃第二块蛋糕的效用为 8，吃第三块蛋糕的效用为 6，这三块蛋糕给消费者带来的总效用是 24。

2. 平均效用 *AU*（Average Utility）

平均效用是指消费者消费若干数量的商品或劳务时，平均每单位商品或劳务可提供的效用。如果用 Q 表示消费某商品的数量，则平均效用为：

$$AU = TU/Q$$

例如，消费者吃完了三块蛋糕后，给他带来了 24 个单位的总效用，将总效用分摊到每一块蛋糕上，则每块蛋糕带来了 8 个单位的平均效用。

3. 边际效用 *MU*（Marginal Utility）

边际效用是指该物品的消费量每增（减）一个单位所起的总效用的增（减）量。或者换一种说法，边际效用是指所消费物品之一定数量中最后增加的那个单位提供的效用。假如消费者消费了 X 物品，则边际效用的数学表达式为：

$$MU_X = \Delta TU_X / \Delta Q_X$$

假如商品 X 是无限可分的，则这一公式还可以进一步表述为：

$$MU_X = \mathrm{d}TU_X / \mathrm{d}Q_X$$

例如：消费者吃第一块蛋糕的效用为 10，吃第二块蛋糕的效用为 8，总效用为 18，边

际效用为8；第三块为6，总效用为24，边际效用为6。

3.2.2 总效用与边际效用的关系

为了进一步说明总效用与边际效用的关系，可以用表3－1来说明消费者在消费产品时的边际效用。

表3－1中第三栏为边际效用，是最后一单位消费的总效用与前一单位消费的总效用之差。

表3－1 总效用和边际效用的关系

产品的数量	总效用	边际效用
0	0	
1	20	20
2	35	15
3	45	10
4	45	0
5	35	－10

根据表3－1所绘制的总效用和边际效用曲线如图3－1所示。

图中的横轴表示商品的数量，纵轴表示效用量，*TU*曲线和*MU*曲线分别为总效用曲线和边际效用曲线。

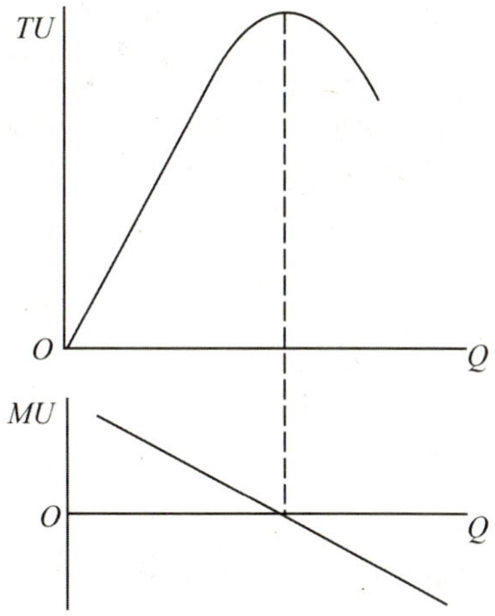

图3－1 边际效用递减规律

在图中，*MU*曲线因边际效用递减规律而成为向右下方倾斜的，相应地，*TU*曲线则随着*MU*的变动而呈现先上升后下降的变动特点。总结*MU*与*TU*的关系：

当 $MU>0$ 时，*TU*上升。

当 $MU<0$ 时，*TU*下降。

当 $MU=0$ 时，*TU*达极大值。

从数学意义上讲，如果效用曲线是连续的，则每一消费量上的边际效用值就是总效用曲线上相应的点的斜率。这一点，也体现在边际效用的定义公式中。

这种随物品消费量增加边际效用递减的现象称为边际效用递减（law of diminishing marginal utility）原理。19 世纪末期的英国经济学家马歇尔把这一规律称为“人类本性的这种平凡而基本的倾向”，并把这一规律作为解释消费者行为与需求原理的基础。

3.2.3 边际效用递减规律

观察人们的行为和心理，可以发现一个规律性现象，当我们越来越多地消费一种物品时，获得的额外（边际）满足程度会下降。这就是边际效用递减规律。

边际效用递减规律是指在一定时间内，在其他商品的消费数量保持不变的条件下，随着消费者对某种商品消费量的增加，消费者从该商品连续增加的每一消费单位中所得到的效用增量即边际效用是递减的。

MU 可以是正值，也可以下降为负值。负值意味着消费者对于某种物品的消费超过一定量以后，不仅不能从消费商品中获得满足，反而会引起损害和产生厌恶。其实，这种现象在日常生活中经常会体验到。例如，吃第一块蛋糕与第三块蛋糕的感觉肯定不同。尽管蛋糕的质量相同，但你会感觉到第一块蛋糕又香又甜，而第三块蛋糕味同嚼蜡。又比如生活在城市的人希望到山里或乡下旅游，而生活在乡下的人希望到城市走走。当刚学会开车的人，首次安全地在街上飞驰时，他内心的喜悦往往是终身难忘的，等到他可以轻车熟路时，这种心情将慢慢淡化。这都是边际效用在递减。

边际效用递减的原因可以有多种解释，但重要的原因有两个。

第一，生理或心理的原因。效用即满足程度是人神经的兴奋，外部给一个刺激（即消费某种物品给以刺激，如吃蛋糕刺激胃），人的神经兴奋就有满足感（产生了效用）。随着同样刺激的反复进行（消费同一种物品的数量增加），兴奋程度下降（边际效用递减）。

第二，“经济合理性”原则决定的。该原则的含义是，消费者进行购买的唯一目的是从所利用的货币资源中获得最大可能的满足。按照经济合理性原则，消费者总是将第一单位的消费品用在最重要的用途上，第二单位的消费品用在次要的用途上，等等。这样，消费品的边际效用便随着消费品用途重要性的递减而递减。

理解“边际效用递减规律”时要注意以下几点。

（1）边际效用的大小与欲望的强弱成正比。

（2）边际效用的大小与消费数量成反比。

（3）边际效用递减具有时间性，即边际效用递减是有条件的：在既定时间内的连续消费。

（4）一般情况下，边际效用总是正值（ >0），即消费者不会把消费量增加到带来痛苦的“负效用”地步。

总之，边际效用递减规律是西方经济学在研究消费者行为时用来解释需求规律（定理）的一种理论观点。它是在考察总结人们日常生活中得出的一个理论命题。当然，它的有效性要以假定人们消费行为的决策是符合理性的为其必要前提。

3.2.4 货币的边际效用

基数效用论者认为，货币如同商品一样，也具有效用。消费者用货币购买商品，就是用货币的效用去交换商品的效用。商品的边际效用递减规律对于货币也同样适用。对于一个消费者来说，随着货币收入量的不断增加，货币的边际效用是递减的。也就是说，随着某消费者货币收入的逐步增加，每增加单位货币给该消费者所带来的边际效用是越来越小的。

但是，在分析消费者行为时，基数效用论者又通常假定货币的边际效用是不变的。据基数效用论者的解释，在一般情况下，单位商品的价格只占消费者总货币收入量中的很小部分，所以，当消费者对某种商品的购买量发生很小的变化时，所支出的货币的边际效用的变化是非常小的。对于这种微小的货币的边际效用的变化，可以略去不计。这样，货币的边际效用便是一个不变的常数。

边际效用递减规律说起来很简单，但对我们理解消费者的行为，说明家庭如何消费十分重要。家庭要在收入与价格为既定的情况之下实现效用最大化。家庭要购买各种物品和劳务，目的是实现效用最大化。如何实现呢？这就要从消费者均衡进行解释。

【阅读材料——从春晚看边际效用递减规律】

大约从20世纪80年代初期开始，我国老百姓在过春节的年夜饭中增添了一套诱人的内容，那就是春节联欢晚会。记得1982年第一届春节联欢晚会的出台，在当时娱乐事业尚不发达的我国引起了极大的轰动。晚会的节目成为全国老百姓在街头巷尾和茶余饭后津津乐道的题材。

晚会年复一年地办下来了，投入的人力和物力越来越大，技术效果越来越先进，场面设计越来越宏大，节目种类也越来越丰富。但不知从哪一年起，人们对春节联欢晚会的评价却越来越差了，原先在街头巷尾和茶余饭后的赞美之词变成了一片骂声，春节联欢晚会成了一道众口难调的大菜，晚会也陷入“年年办，年年骂；年年骂，年年办”的怪圈。

春晚本不该代人受过，其实问题与边际效用递减规律有关。在其他条件不变的前提下，当一个人在消费某种物品时，随着消费量的增加，他从中得到的效用越来越少，这种现象普遍存在，被视为一种规律。边际效用递减规律虽然是一种主观感受，但在其背后也有生理学的基础：反复接受某种刺激，反应神经就会越来越迟钝。第一届春节联欢晚会让我们欢呼雀跃，但举办次数多了，由于刺激反应弱化，尽管节目本身的质量在整体提升，但人们对晚会节目的感觉却越来越差了。

边际效用递减规律时时在支配着我们的生活，尽管有时我们没有明确地意识到。在大多数情况下，边际效用递减规律决定了第一次最重要。难怪人们最难忘的是自己的初恋，最难忘恋爱中第一次约会的地点。

（资料来源：李仁君：《吃苹果与看晚会》）

3.2.5 效用最大化与消费者均衡

1. 消费者均衡的含义

消费者均衡是研究某个消费者如何把有限的货币收入分配在各种商品的购买中以获得最大的效用。也可以说，它是研究单个消费者在既定收入下实现效用最大化的均衡条件。因为作为消费者，总是希望花费一定量货币以获得最大效用。可以说，总效用最大化原则是支配消费者购买行为的基本法则。这里的均衡是指消费者实现最大效用时既不想再增加，也不想再减少任何商品购买数量的一种相对静止的状态。

2. 消费者均衡的条件

消费者均衡所研究的目的是在消费者收入有限的情况下，如何实现效用最大化的问题。所以，假设条件主要有：

（1）消费者的嗜好与偏好是给定的，也就是说，消费者对各种消费品的效用和边际效用是已知和既定的。

（2）消费者决定买进的各种消费品的价格是已知和既定的。

（3）消费者的收入 M 是既定的，同时他的收入全部花在了物品的购买上。

我们知道，由于收入是固定不变的，消费者买进某种商品的数量越多，能够买进其他商品的数量就越少。而随着数量的增加，该种商品的边际效用递减；与此同时，相应地递减的商品的数量使其际效用递增。为了使花费 M 元所换得的各种商品效用之和即总效用达到极大值，消费者将调整其买进的各种商品的数量，将所购得边际效用较低的那一单位的货币转过来购买边际效用较高的那一种商品，直到买进的各种商品的边际效用之比等于它们的价格之比。或者换一种说法：消费者所花费的每一元钱所买进的每种商品之边际效用都相等。这就是消费者均衡的条件。

假定消费者的收入是 M，购买产品的种类为 n，每种产品的价格为 P_1, P_2, P_3，…，P_n，每种产品的购买数量分别为 Q_1，Q_2，Q_3，…，Q_n，边际效用分别为 MU_1，MU_2，MU_3，…，MU_n，货币的边际效用为 λ。根据上面对于消费者均衡的定义，可以得到消费者效用最大化的条件为：

在 $P_1 \cdot Q_1 + P_2 \cdot Q_2 + P_3 \cdot Q_3 + \cdots + P_n \cdot Q_n = M$ 的限制条件下，

$$MU_1/P_1 = MU_2/P_2 = MU_3/P_3 = \cdots = MU_n/P_n = \lambda$$

λ 为每一单位货币的边际效用，消费者花费的每一元钱所获得的每种商品的边际效用都相等，都等于货币的边际效用。

下面我们以两种物品为例来说明消费者均衡。

假设消费者的收入为30元，现将这30元的收入用来买两种物品，唱片和蛋糕，唱片的价格为每张6元，蛋糕的价格为每磅3元，其购买数量、价格及边际效用如表3－2所示。

从表3－2中可以看到，在 b 时，消费者从唱片消费中获得的边际效用为50，价格为6元，用于唱片的每元支出的边际效用为8.33。a、b、c、d、e、f 各行是消费者用30元收入能实现的唱片与蛋糕的组合，及实现这种组合时用于唱片与蛋糕的每元支出的边际效用。从表3－2中还可以看出，用于每种物品的每元支出的边际效用和边际效用本身一样也是随着物品消费量的增加而递减的。其原因在于，随着某物品消费量的增加，从中获得的边际效用递减，而该物品的价格不变，这样，每元支出的边际效用当然就递减了。

表3-2 消费者均衡

组合	唱片（每单位6元）			蛋糕（每单位3元）		
	每元支出边际效用	数量	边际效用	每元支出边际效用	数量	边际效用
a	0	0		10	15	5.00
b	1	50	8.33	8	17	5.67
c	2	38	6.33	6	19	6.33
d	3	33	5.50	4	28	9.33
e	4	29	4.83	2	42	14.00
f	5	25	4.17	0	0	

根据表3-2，当消费者消费2张唱片和6磅蛋糕时，即在*c*时，用于唱片与蛋糕的每元支出的边际效用相等，即为6.33。因此，这时消费者实现了效用最大化，即消费者均衡。

前面讨论的是，消费者在每元货币的边际效用相等时，就能达到最大效用，实现均衡，这是一种情况，更为一般性的原则，是把“单位边际收益相等原则”作为决策的工具。面对有限的资源（时间、金钱等），决策者分配资源并用于不同用途时，应使其在每一用途上的边际收益相等。

我们举个例子来说明一下，假设你想最大化你在各门功课中的知识量，但你可利用的时间是有限的，那么你应该在每一门功课上花费相同的学习时间吗？如果不是的话，那你应该怎么办呢？你可能发现，在经济学、哲学和数学上花费相同的学习时间时，各门课所用的最后一分钟，并没有给你带来相同的知识量。如果花费在经济学上的最后一分钟产生的边际知识量要大于数学，那么，把学习时间从数学转移到经济学上，直到花费在每一门功课上的最后一分钟所产生的知识增量相等为止，你就会提高你的知识总量。也就是说达到了你的时间消费的均衡。

3. 消费者均衡的实现过程

（1）如果$\frac{MU_x}{P_x} > \frac{MU_y}{P_y}$，即用在*x*商品上的货币边际效用大于用在*y*商品上的货币边际效用，那消费者应该怎样对两种物品的消费进行调整？这时消费者就应该把购买*y*商品的部分货币转用于增加对*x*商品的购买，则减少*y*商品的消费带来的边际效用MU_y会增加，而增加*x*商品的消费带来的边际效用MU_x会减少，直至两者相等为止。

（2）如果$\frac{MU_x}{P_x} < \frac{MU_y}{P_y}$，即用在*x*商品上的货币边际效用小于用在*y*商品上的货币边际效用，消费者又应该如何进行调整？这时消费者就会把购买*x*商品的部分货币转用于增加对*y*商品的购买，则减少*x*商品的消费带来的边际效用MU_x会增加，而增加*y*商品的消费带来的边际效用MU_y会减少，直至两者相等为止。

通过这样的调整，最终都能达到$MU_x/P_x = MU_y/P_y$，单位货币购买两种商品所带来的满足程度是相同的，消费者既不会增加对*x*商品的购买，也不会增加对*y*商品的购买，达到相对静止的状态，即实现了消费者均衡。

4. **边际效用与消费者剩余**

经济学认为，消费者在购买产品时，心里对自己所购买的产品有一个价格定位，也就是消费者愿意为这个产品而支付的价格，但是，消费者在购买产品时，是按照市场上的实际价格支付的，因此，当人们以市场价格购买一定数量的商品时，他不仅可以得到与市场价格相当的满足，还可以得到额外的福利。这部分超过消费者在商品购买时所支付的市场价格的福利，就是消费者剩余。

消费者在某种商品的购买中获得的剩余，源于他愿意支付的价格（或意愿价格）与实际支付的价格（或市场价格）的差额。

意愿价格，就是消费者在购买一定数量的商品时，他愿意支付的价格。意愿价格是由各单位商品的边际效用决定的价格。根据边际效用递减规律，各单位商品的边际效用是不相同的，最后购买单位的边际效用最低。相应地，各单位商品的意愿价格也不一样，而且最后购买单位的意愿价格最低。

市场价格，就是消费者在市场上购买商品时实际支付的价格，市场价格等于由消费者最后购买的商品单位的边际效用决定的价格。无论消费者购买多大数量的某种商品，任何一个商品单位都按最后单位的边际效用来支付市场价格，即按最小的边际效用支付市场价格。实际上，市场价格就是最后购买单位的意愿价格，即最低的意愿价格。

综上所述，除最后购买的商品单位的意愿价格等于市场价格之外，其他购买单位的意愿价格都高于市场价格，存在一个价格差额。这个差额就构成消费者剩余。在其他条件不变时，消费者剩余主要取决于商品购买量。随着购买量的增加，边际效用递减，消费者实际支付的价格下降，消费者剩余就要增大。从这个意义上讲，丰裕社会的消费者福利大，短缺经济的消费者福利小。

值得注意的是，消费者剩余是一种心理现象，即消费者剩余只是消费者的一种主观感受，消费者在购买过程中并未真正得到实在的利益，只不过他在心理上认为得到了。比如，某个消费者非常喜欢 iPhone 手机，他为了得到这个手机，愿意花 5 000 元，如果他现在花 4 500 元就把这部手机买到了，则他的消费者剩余就是 5 000 - 4 500 = 500 元。

消费者剩余可以用图 3 - 2 来说明。

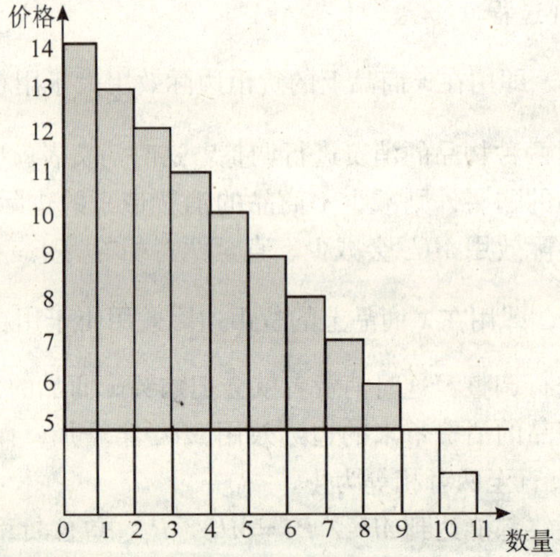

图 3 - 2　消费者剩余

从图 3 - 2 中可以看出，市场价格是 $P=5$，消费者在不同的购买数量上愿意支付的价格是不一样的，第一单位的商品他愿意支付的价格是 14，则消费者剩余为 14 - 5 = 9；第二单位的商品他愿意支付的价格是 13，则消费者剩余为 13 - 5 = 8，依次类推。图中阴影部分为消费者剩余。

3.3 无差异曲线和消费者均衡

3.3.1 消费者偏好

1. 消费者偏好的含义

所谓消费者偏好就是消费者根据自己的意愿，对可能消费的商品组合进行的排列。序数效用论者认为，对于各种不同的商品组合，消费者的偏好程度是有差别的，这种差别反映了消费者对这些不同的商品组合的效用水平的评价。

2. 消费者偏好的假设

（1）偏好的完全性。

消费者总是可以比较和排列所给出的不同商品的组合。

假设 A、B 分别表示两种商品组合，消费者可以，而且仅只能做出以下三种判断中的一种：对 A 的偏好大于对 B 的偏好，对 A 的偏好小于对 B 的偏好，对 A 和 B 偏好相同（无差异）。

（2）偏好的可传递性。

对于任何三种组合 A、B、C，若消费者已经做出判断：对 A 的偏好大于（或小于或等于）对 B 的偏好，对 B 的偏好大于（或小于或等于）对 C 的偏好，那么消费者必须做出对 A 的偏好大于（或小于或等于）对 C 的偏好的判断。

（3）偏好的非饱和性。

就某种商品组合而言，消费者对数量较大的偏好必大于对数量较少的偏好（消费量越多，满足感越大）。

3.3.2 无差异曲线

无差异曲线是序数效用论分析消费者行为，并用以解释需求曲线的成因的主要工具。为了简化分析，假定消费者只消费两种商品。

1. 无差异曲线的定义

无差异曲线（Indifference Curve），是用来表示两种商品的不同数量的组合给消费者所提供的效用是完全相同的一条曲线。或是说在这条曲线上，无论两种商品的数量怎样组合，所带来的总效用是相同的。

假设有两种商品 X 和 Y，它们在数量上可以有多种组合。表 3 - 3 列出了 X 和 Y 四种组合，还可以列出许多组合。这些组合所代表的效用都是相等的。因此，此表称为无差异表。根据无差异表的数据，可以做出无差异曲线。

表 3-3　无差异表

组合方式	X 的购买量	Y 的购买量
A	1	15
B	2	11
C	3	8
D	4	6

根据无差异表可以绘制出无差异曲线，如图 3-3 所示。

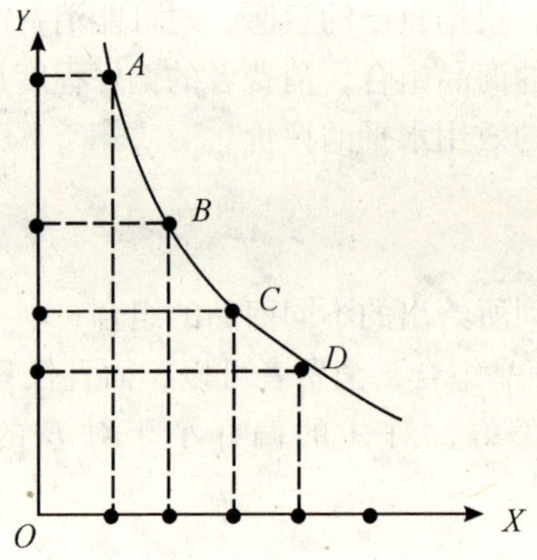

图 3-3　无差异曲线

2. **无差异曲线的特征**

从无差异曲线的走势、形状以及关系来看，我们可以分析出它的以下几个特征。

第一，无差异曲线是一条向右下方倾斜的曲线，其斜率为负值。这是因为，在收入和价格既定的条件下，消费者要得到相同的总效用，在增加一种商品的消费时，必须减少另一种商品的消费，两种商品不能同时增加或减少。

第二，无差异曲线是一条凸向原点的线。这是由边际替代率递减规律所决定的。假定你消费食物和衣服两种商品，当你不断地放弃衣服而增加食物时，随着食物的增多和衣服的减少，与衣服相比，你会感到食物的价值越来越低，一个单位的食物能替代的衣服越来越少。这样，增加每单位 X 商品带来的效用所能替代 Y 商品减少而损失的效用之间的比率就越来越低，从而导致边际替代率递减。

第三，在同一平面图上有无数条无差异曲线，不同的无差异曲线代表的效用满足程度不同。距离原点越远的曲线，表明其所代表的效用越大。反之，结果相反。

第四，在同一平面图上，任意两条无差异曲线不能相交，否则与第三点矛盾。

同一条无差异曲线反映一种消费偏好和效用评价，不同的无差异曲线则代表不同的消费偏好和效用评价，如果不同的无差异曲线相交，相交点就必然同时处在两条无差异曲线上，就应提供不同的满足或效用。但是，不同的满足要由不同的商品组合系列提供，而同一系列的商品组合只能提供相同的满足，这与无差异曲线本身的定义相矛盾。

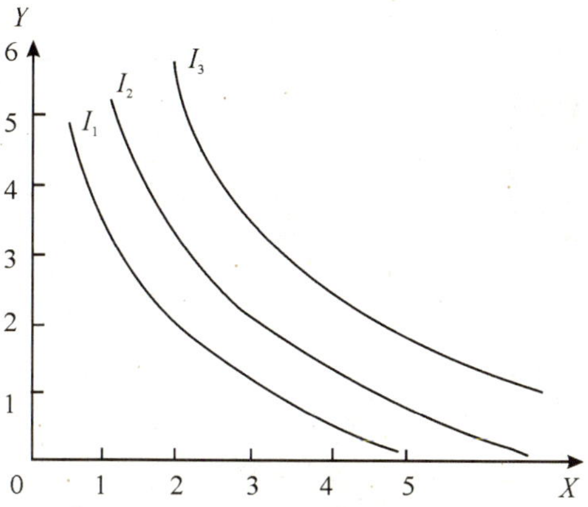

图 3－4　无差异曲线群

3.3.3　边际替代率

1. 边际替代率（Marginal Rate of Substitution）的含义

在维持效用水平不变的前提下，消费者增加一单位某种商品的消费数量时所需要放弃的另一种商品的消费数量，被称为商品的边际替代率。设 ΔX 为 X 物品的增加量，ΔY 为 Y 物品的减少量，商品 X 对商品 Y 的边际替代率的定义公式为：

$$MRS_{XY} = -\frac{\Delta Y}{\Delta X}$$

由于 ΔX 是增加量，ΔY 是减少量，当一个消费者沿着一条既定的无差异曲线上下滑动的时候，两种商品的数量组合会不断地发生变化，而效用水平却保持不变。为表示两种商品的消费量变化方向相反，边际替代率公式中加了一个负号。这样使 MRS_{xy} 的计算结果取正值。

当商品数量的变化趋于 0 时（假定无差异曲线可导），则商品的边际替代率公式为：

$$MRS_{XY} = \lim_{\Delta X \to 0} -\frac{\Delta Y}{\Delta X} = -\frac{\mathrm{d}Y}{\mathrm{d}X}$$

显然，无差异曲线上某一点的边际替代率就是无差异曲线在该点的斜率的绝对值。

2. 边际替代率递减规律

消费者消费两种商品 X 和 Y，在保持消费者总效用和货币收入不变的情况下，随着 X 商品消费量的增加，X 商品所能替代的 Y 商品的数量就会逐渐减少。即 X 商品以同样的数量增加时，所减少的 Y 商品的数量就越来越少。

边际替代率之所以呈递减趋势，是因为无差异曲线存在的前提是总效用不变，因此，增加 X 所增加的效用必须等于减少 Y 所减少的效用，用数学公式表示就是：$\Delta X \cdot MU_X = \Delta Y \cdot MU_Y$，或者 $\Delta Y / \Delta X = MU_X / MU_Y$，否则总效用就会改变。然而由于边际效用递减规律的作用，随着 Y 的减少，它的边际效用在递增，因而每增加一定量的 X，所能代替的 Y 的数量便越来越少，由此可见，若 X 以同样的数量增加时，所减少的 Y 越来越少，因而，MRS_{XY} 也就必然是递减的。

这可以从图 3－5 中看出。如消费者消费了衣服和食品，当每增加一单位食品时，所能代替的衣服的数量在逐渐减少。

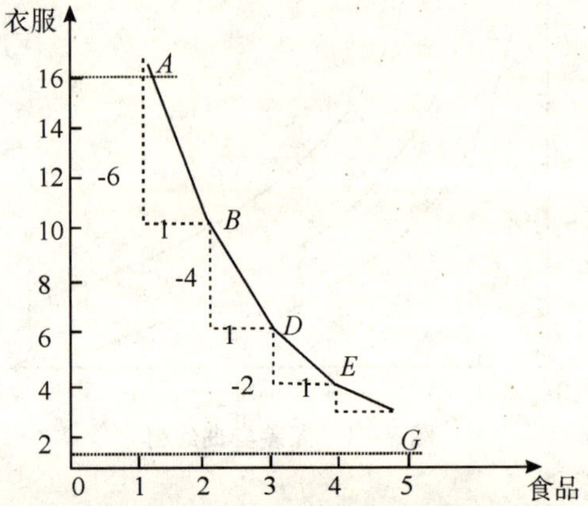

图 3-5　边际替代率递减

3. **无差异曲线的特例**

边际替代率作为无差异曲线的斜率就决定了无差异曲线的形状。

(1) 如果两种商品是完全替代性质的，则边际替代率不变，无差异曲线就是一条从左上方向右下方倾斜的直线。

(2) 如果两种商品是互补性质的，则边际替代率等于零，无差异曲线就是一条直角折线。

(3) 如果两种商品是部分替代性质的，那么无差异曲线就是一条从左上方向右下方倾斜的曲线。

3.3.4　预算线

无差异曲线分析只反映了人们在不考虑消费预算和商品价格时的偏好和满足，但实际上人们必须对此有所考虑。因此，研究消费者抉择还必须研究消费的约束条件。

1. **预算线（Budget Line）的含义**

预算线又称为预算约束线、消费可能线、等支出线或价格线。它表示在一定的消费者收入和商品价格条件下，消费者的全部收入所能购买到的两种商品不同数量的各种组合的轨迹。

预算线表明了消费者消费行为的限制条件。这种限制就是购买物品所花的钱不能大于收入，也不能小于收入。大于收入是在收入既定的条件下无法实现的，小于收入则无法实现效用最大化。假定用 M 表示消费者的既定收入，两种商品分别为 x 和 y，商品价格分别为 P_x 和 P_y。那么，相应的预算线等式为：

$$M = P_x \cdot Q_x + P_y \cdot Q_y$$

此外，也可将上式改写成如下形式：

$$Q_y = M/P_y - P_x/P_y \cdot Q_x$$

这是一条直线方程式，其斜率为 $-P_x/P_y$。

为了更好地说明预算线，我们假定李明的可支配收入为120元，现用来购买两种商品 X 和 Y，X 商品的价格为40元，Y 商品的价格为20元，则李明购买这两种商品的可能组合见表3－4。

表3－4　消费可能组合

消费可能组合	X商品	Y商品
1	0	6
2	1	4
3	2	2
4	3	0

由此可以做出预算线的图，如图3－6所示。

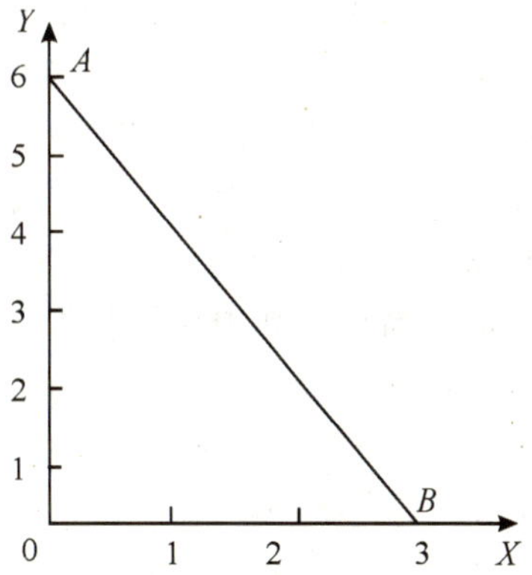

图3－6　预算线

2. 预算线的重要经济意义

（1）预算线以外的点，是在现在的商品价格和消费预算条件下不能购买到的商品组合，它们反映了消费者货币资源的稀缺性。

（2）预算线以内的点，是在现有条件下能够购买的商品组合，但存在货币剩余，因此它们反映了消费者货币资源的闲置。

（3）预算线上的点，都是消费者刚好用完消费预算购买的商品组合，它们反映了消费者货币资源的充分利用。

3. 预算线的运动

预算线表明既定的消费预算和商品价格。如果人们的消费预算或商品价格改变，则必然导致预算线的运动。其主要包括以下三种情况。

第一种情况：假定两种商品的价格不变，消费者的收入 M 发生了变动。从预算等式 $Y=M/P_Y-P_X/P_Y$ 中可以看出，收入变化会改变纵轴截距，而不会影响预算线的斜率，收入的改变只会引起预算线的平行移动。如果收入增加，则消费者的购买力增加，可以购买更多的商品，预算线将向右上方平行移动；反之，如果收入减少，则预算线将向左下方平行移动。如图3－7（a）。

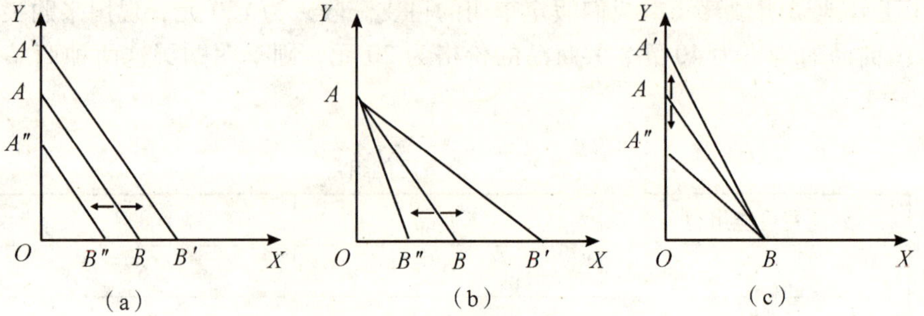

图 3－7　预算线的变动

第二种情况：假定消费者的收入不变，商品的价格发生变化。

（1）商品 Y 的价格不变而商品 X 的价格发生变化的情况。如果商品 Y 的价格不变，商品 X 的价格降低了，根据预算等式 $Y = M/P_Y - P_X/P_Y$，降低商品 X 的价格不会改变纵截距，但预算线斜率的绝对值就会变小，预算线将以 A 点为轴，沿逆时针方向转动。相反，其他条件不变，如果商品 X 的价格提高了，则预算线的斜率的绝对值就会增大，预算线将以 A 点为轴，沿顺时针方向转动。如图 3－7（b）。

（2）商品 X 的价格不变而商品 Y 的价格发生变化的情况。如果商品 X 的价格不变，商品 Y 的价格降低了，根据预算等式 $Y = M/P_Y - P_X/P_Y$，降低商品 Y 的价格不会改变横轴截距，但预算线斜率的绝对值就会增加，预算线将以 B 点为轴，沿顺时针方向转动。相反，其他条件不变，如果商品 Y 的价格提高了，则预算线的斜率的绝对值就会减小，预算线将以 B 点为轴，沿逆时针方向转动。如图 3－7（c）。

第三种情况：收入和两种商品的价格同时发生变化。也有多种情况：可能同方向、同比例；同方向、不同比例；不同方向、不同比例。由于变化的组合很多，这里不再展开讨论，大家可以结合以上分析给出相应的结论。

3.3.5　消费者均衡

1. 消费者均衡的实现

消费者均衡的实现必须满足两个条件：第一，最优的商品购买必须位于给定的预算线上，只有这样，消费者才买得起。第二，最优的商品购买组合必须是能够给消费者带来最大效用的商品组合，也就是说应该在离原点最远的无差异曲线上。具体而言，消费者均衡分析要回答的问题就是：消费者为了使花费一定量货币 M 所获得的效用为极大值，买进商品 X 和 Y 的数量各为多少？

在序数效用论中，消费者的主观偏好是用无差异曲线表示的，而消费者的客观限制又是用预算线表示的。因此，研究消费者均衡的实现，就应该可以把无差异曲线和预算线结合起来运用。

这里我们的假设前提有两个：①假设消费者的偏好给定。消费者偏好给定的假定，意味着给定了一个由该消费者的无数条平行的无差异曲线所构成的无差异曲线群。为了简化分析，我们从中取出三条，如图 3－8 中三条无差异曲线 U_1、U_2 和 U_3（效用水平 $U_1 < U_2 < U_3$）。②消费者收入 M 和两种商品的价格给定。消费者的收入和两商品的价格给定的假定，意味着给定了该消费者的一条预算线，如图 3－8 中唯一的一条预算线 AB。

分析图 3 -8 中的一条预算线和三条无差异曲线，我们认为，预算线 AB 和无差异曲线 U_2 的相切点 E 才是消费者在给定的预算约束下能够获得最大效用的均衡点。在均衡点 E，相应的最优购买组合为（X^*，Y^*）。

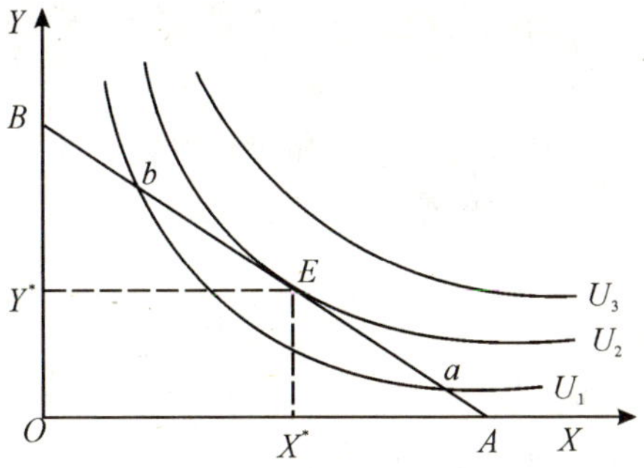

图 3 -8　消费者的均衡

为什么只有 E 点才能实现消费者均衡呢？这是因为，虽然无差异曲线 U_3 代表的效用水平高于无差异曲线 U_2，但它与既定的预算线 AB 既不相交也不相切。这说明消费者在既定的收入水平 M 下不足以购买无差异曲线 U_3 上的任何一点的商品组合。就无差异曲线 U_1 而言，虽然它与既定的预算线 AB 相交于 a、b 两点，这表明消费者利用现有收入可以实现 a、b 两点的商品组合的购买。但是，这两点的效用水平低于无差异曲线 U_2，因此，追求效用最大化的消费者不会用全部收入去购买无差异曲线 U_1 上 a、b 两点的商品组合。事实上，就 a、b 两点来说，若消费者改变购买组合选择 AB 线段上位于 a、b 两点之间的任何一点的商品组合，则都可以实现比 U_1 更高的无差异曲线，以获得比 a 点或 b 点更大的效用水平。这种沿着 AB 线段由 a 点向左和由 b 点向右的运动，最后必定在 E 点达到均衡。显然，只有当既定的预算线 AB 和无差异曲线 U_2 相切于 E 点时，消费者才在既定的预算约束条件下获得最大的满足。故 E 点就是消费者实现效用最大化的均衡点。

在切点 E，无差异曲线和预算线两者的斜率是相等的。我们已经知道，无差异曲线的斜率是 $MRS_{XY} = -\frac{\Delta Y}{\Delta X}$，预算线的斜率可以 $-\frac{P_X}{P_Y}$来表示。所以消费者均衡的实现条件可以表示成：

$$MRS_{XY} = \frac{P_X}{P_Y}$$

这就是消费者效用最大化的均衡条件，表示在一定的预算约束下，为了实现最大的效用，消费者应该选择最优的商品组合，使得两种商品的边际替代率等于两种商品的价格之比。

边际替代率也可以用两种商品的边际效用来表示。即：

$$MRS_{XY} = \frac{MU_X}{MU_Y}$$

因此，消费者的最优条件也可以表示为：

$$MRS_{XY}=\frac{MU_X}{MU_Y}=\frac{P_X}{P_Y}$$

这个结论也正是利用边际分析法所获得的均衡条件。这就证实了运用无差异曲线分析法和运用边际分析法分析消费者均衡的实现，其结论是完全一致的。

2. 消费者均衡的变动

消费者均衡实现的前提是消费者收入和商品价格既定，也就是预算线既定。如果上述条件发生了变化，就会引起预算线位置的变动，那么消费者均衡点就会发生变化。下面分两种情况进行讨论：

（1）预算线平行移动。

由于消费者收入水平的提高或者两种商品价格同比例下降都会导致预算线的平行右移（见图3－9），也都意味着消费者的实际购买力提高了。消费者均衡点由 E_1 移动到 E_2，使得消费者两种商品的购买量都会增加，同时消费者的效用水平也由 U_1 提高到 U_2。相反，如果消费者收入水平降低或者两种商品价格同比例升高，预算线就会左移，导致消费者均衡点从 E_1 移动到 E_3，消费者的效用水平会下降。

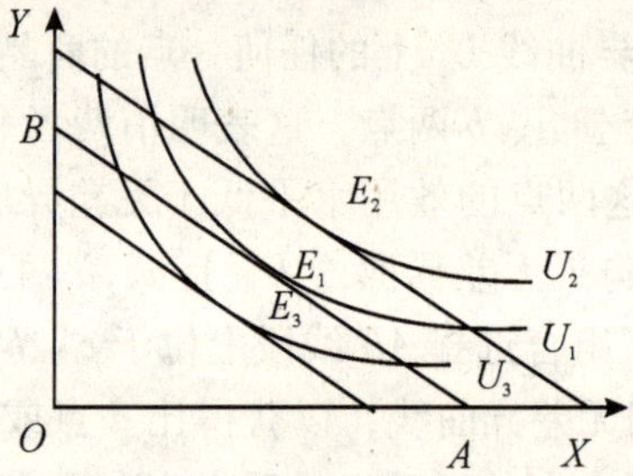

图3－9　商品相对价格不变时消费者均衡的变动

（2）预算线的斜率发生变化。

在图3－10中，商品 Y 的价格下降，而其他条件不变，于是预算线由 AB_1 移动到 AB_2 的位置。预算线斜率的变化也会引起消费者均衡的变化。消费者均衡点由 E_1 移动到 E_2，两种商品的购买量发生了变化。其中价格不变的 X 商品的购买量有所减少，而价格下降的 Y 商品的购买量有所增加。

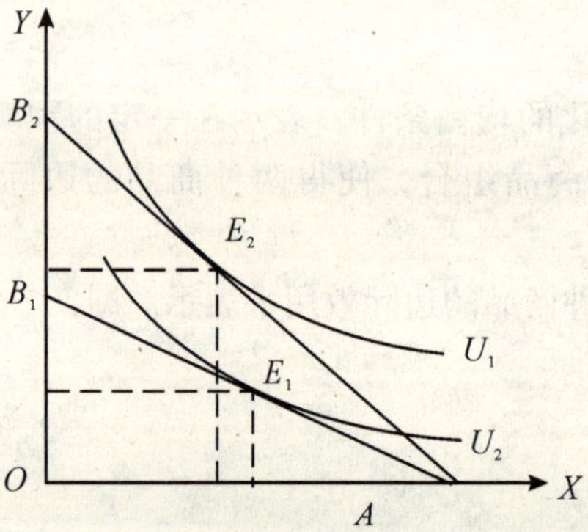

图3－10　相对价格变动时消费者的均衡的变动

3.3.6 收入效应和替代效应

1. 收入效应和替代效应的含义

当一种商品的价格发生变化时，会对消费者产生两种影响：一是使消费者的实际收入水平发生变化。这种变化会引起消费者对商品需求量的变化，从而使消费者的效用水平发生变化，这被定义为收入效应。二是使商品的相对价格发生变化，这种变化虽然也会引起商品需求量发生变化，但是不会引起总效用水平的变化，这被称为替代效应。

一种商品价格变动所引起的该商品需求量变动的总效应可以被分解为替代效应和收入效应两个部分，即总效应 = 替代效应 + 收入效应。

2. 不同产品的收入效应和替代效应

在现实经济生活中，对不同的商品来说，价格变化所包含的收入效应和替代效应不仅有正负之分，还有大小之分。正是由于收入效应和替代效应的多样化，构成了千差万别的商品需求。以下主要介绍收入效应和替代效应的三种组合。

（1）正的收入效应和负的替代效应相结合。当商品价格下降时，收入效应和替代效应都会使购买量增加；反之，当价格上涨时，两种效应都会使购买量减少。它表明商品需求量与价格成反方向变化。这类商品是符合需求规律的正常商品。如图 3 – 11 所示。

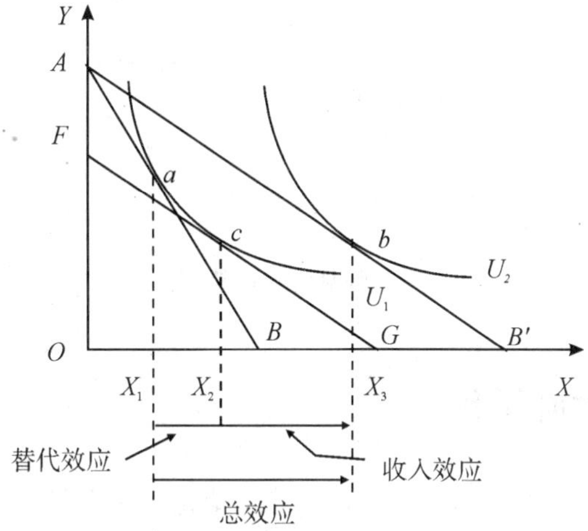

图 3 – 11　正常物品的替代效应与收入效应

（2）负的收入效应小于负的替代效应。价格下降而实际收入增加，由于负的收入效应会带来购买量的减少，负的替代效应却使购买量增加，而且收入效应的作用小于替代效应，所以总的购买量还是增加，需求量仍然与价格成反方向变化。这类商品是劣等商品。如图 3 – 12所示。

（3）负的收入效应大于负的替代效应。价格下降而实际收入增加，对该商品的购买量减少。虽然负的替代效应会使购买量增加，但替代效应的作用小于收入效应，结果总的购买量还是减少了，需求量与价格成正方向变化。这类商品是吉芬商品，吉芬商品一定是劣等商品，但劣等商品不一定是吉芬商品。如图 3 – 13 所示。

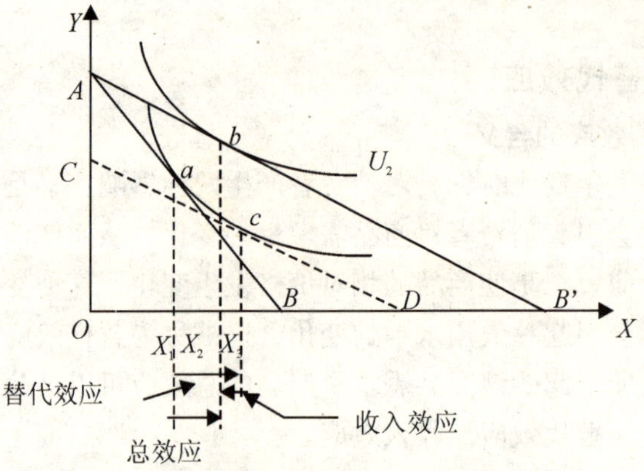

图 3－12　低档物品的替代效应和收入效应

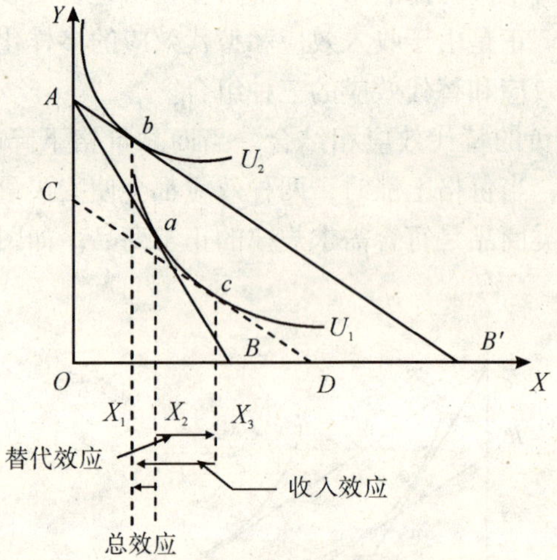

图 3－13　吉芬物品的替代效应和收入效应

3.4　消费政策及政府干预

消费者行为理论是以单个消费者为中心，其结论是，只要消费者具有完全的消费自由，通过市场交易行为就可以实现效用最大化。但事实上，人们的消费不仅有单个人的消费，还有公共消费，同时也不可能有完全的消费自由，因此不可能完全依赖市场机制来实现效用最大化，还需要有相关的政策来纠正市场机制的不足，以实现消费者效用的最大化。

3.4.1　消费者行为理论的应用

1. 消费者行为理论的假设

（1）消费者具有完全理性，也就是说消费者对自己消费的物品有完全的了解，自觉把效用最大化作为目标。

（2）存在消费者主权，消费者可以决定自己的消费，消费者的决策决定企业的生产。

（3）效用仅仅来源于物品的消费，如果消费者不消费物品，则得不到任何效用。

2. 消费者行为理论遇到挑战

以上述三个假设为前提的消费者行为理论遇到了挑战。一些经济学家认为，这三个假设的条件都是不现实的。

首先，在现实中，消费者并不具有完全的理性。完全理性仅仅是一种理论上的假设。在现实中，消费者由于受修养、文化、习俗、思想意识等的影响，并不可能具有完全的理性，也不能自觉地追求满足程度的最大化。他们的消费行为要受到许多因素的影响。

其次，消费者的需求会受到许多社会因素的影响，在现代社会中，特别会受广告宣传的影响。各大公司不惜花费巨资通过各种形式来宣传自己的产品，这种宣传在很大程度上左右了消费者的需求，使他们消费许多实际上自己并不需要的产品。这样，表面上看消费者是完全自由的，消费者主权是至高无上的，实际上消费者主权受到生产者的操纵。生产者从利润最大化的目的出发，生产出种种产品并通过广告“强迫”消费者接受。生产者主权实际上代替了消费者主权。生产者可以通过广告来影响消费者的嗜好，并创造出需求，这就是现代社会的消费特点。而传统的消费者行为理论却忽略了这一点。

最后，消费不仅仅是个人的事，它会给社会带来有利或不利的影响。人总是生活在一定的社会中，个人的消费有时会带来环境污染、自然资源受到破坏、社会风尚败坏等问题。这也会有损其他人的效用最大化。

总之，以个人为中心的消费者行为理论认为，只要确保消费者的个人自由，就可以实现满足程度的最大化。从整个社会来看，只要每个消费者都实现了满足程度最大化，社会福利也就实现了最大化。但事实上，消费者并不是真正自由的。消费者的行为需要社会的引导与保护。因此，需要有各种消费政策。

3. 保护消费者政策

由以上分析可以看出，在市场中，消费者是弱小的。尤其是面对厂商的不同程度垄断，消费者在竞争中往往是失败者，对于单个消费者来说，难以保护自己，更谈不上效用最大化。因此，为了指导消费者的消费行为，并保护消费者的利益，必须遵循以下政策：

第一，确保商品的质量。对于企业出售的商品，政府必须要求其符合相应的质量标准，并且要对出厂的产品进行相关检验，以确保商品的质量。

第二，进行正确的消费宣传。首先，要求商品广告和商品说明书必须诚实可靠，对广告要有一定的限制。其次，还要通过学校教育与其他宣传形式向公众进行有关商品效用的教育，指导消费者正确地消费。

第三，禁止一些不正确的消费。消费者的消费有时是不理性的，因此，需要政府在一定程度上对消费者的一些不正确的消费进行强制性的禁止。

第四，对某些特殊的消费给予强制。比如，对九年义务教育，必须由国家政府做出强制性的规定。

第五，对提供某些劳务的人的素质进行必要的限制。这主要是指某些特殊的职业对从业者的素质要求较高，只有通过考核，取得相应资格，才能从事这些职业。

第六，在价格管制政策中分析的限制价格政策，也是一种对消费者的保护政策。这种政策可以防止消费者受垄断厂商的剥削，并能保证社会上所有的人都得到基本生活品。

第七，建立“消费者协会”这类组织，保护消费者的利益。这种组织是非官方的，它可以接受消费者对产品与劳务质量、价格等方面的申诉，代表消费者向厂商提出诉讼，通过各种形式为保护消费者的利益而服务。

4. 消费外在化干预政策

消费外在化，就是指个人消费者对社会的种种影响。个人消费不仅是个人问题，而且是整个社会的问题。

首先，个人消费要影响社会资源的配置与利用，因此，为了保护社会资源，尤其是某些比较稀缺的资源，就要用法律或经济手段限制某些消费。

其次，个人的消费会给社会带来一些不利的影响，因此，需要进行正确的引导，对某些消费还需要加以必要的限制。

总之，既要尊重消费者的个人自由，又要维护整个社会的利益。

3.4.2 市场失灵与公共物品

1. 市场失灵

市场是买卖双方共同决定一项产品价格的场合。市场机制通过市场供需均衡，使资源配置达到最有效的方法。然而，完全竞争的市场机制的建立是由一系列的假设组成的，但实际上，经济运作在实际生活中是不可能完全符合市场竞争的假设的，因而就有了市场失灵。市场失灵包括两种情况：一是市场机制无法将社会资源予以有效配置；二是市场经济无法解决效率以外的非经济目标。概括起来，市场失灵的表现主要有：

（1）公共产品的提供。市场化的资源配置是以消费者的偏好为依据的，对于消费者偏好在市场上反映不出的商品和服务，市场则根本无法进行资源的分配。这种消费者偏好在市场上反映不出的商品与服务就是公共物品。完全依靠市场体系，消费者往往得不到合乎社会需求的供应量，为了保证合乎社会需求的供应量，应当在购买中尽量减少由消费者个人承担的部分，由政府来补助其中不足的部分。

（2）市场经济中的垄断。市场实现资源配置优化的前提条件之一是竞争存在与不存在垄断的现象。事实上，世界上根本没有出现过完全竞争的局面，相反，市场经济面临的是不完全的竞争，并且，市场竞争最终的结果也必然会导致垄断。实践证明，市场自身是解决不了垄断问题的。所以就需要政府针对因垄断或其他竞争性因素的存在所引起的竞争的不完全性采取有效措施，以保证竞争的有效性。

（3）市场经济的外部性。市场机制能够实现资源的合理配置，但市场经济也会造成资源配置的障碍。最为显著的障碍就是市场经济的外部性。所谓外部经济效应是指："个人或厂商没有承担其行为的全部成本（消极的外在性）或没有享有其全部利益（积极的外部性）时所出现的一种现象。"（斯蒂格利兹语）生产者的生产活动或消费者的消费活动所产生的外部经济效应都会对资源配置产生影响，导致市场不足或过剩。对此，政府有必要发挥作用。

（4）市场波动与经济的不稳定性。市场从来就含有不稳定性。它的发展始终是以周期性的增长形势进行的。通过市场经济进行自发性的交换过程，始终孕育着经济活动急剧并大幅度变动的可能性。这种变动危害到市场机制的有效性，往往给资源分配、收入分配带来不利影响。对此，市场自身无法实现自动调节，需要政府来发挥作用。

（5）市场经济下的收入不平等。以市场机制为前提的收入分配，是由市场上的力量关系、个人能力、继承财产的多少、利用教育机会的可能性以及在社会上的灵活性等方面决定的，因此便产生了各种不平等。这种不平等无论是从社会公正、社会稳定，还是从经济效率来看，都是不理想的，因而需要政府进行无损于资源最优分配和经济效率的收入再分配。

总之，市场的作用是自发的和滞后的，它是以资源的极大浪费为前提的，这就需要市场之外的主体进行调节，以克服市场自身的不足及充分发挥市场的优势。

既然市场机制本身不能保证在一切场合下导致资源有效配置的结果，那么，政府在这些场合进行某种干预就非常必要，即政府的作用就在于解决市场自身所不能解决的问题。

2. 公共物品

消费者的满足程度不仅取决于在市场上所购买的各种商品，即私人物品，还取决于不用直接购买的公共物品。例如，消费者从所购买的食品、衣服、房子、旅游等消费中获得了效用，同样也从不用直接购买的国防、立法、交通等公共物品的消费中获得了效用，而且如果没有公共物品，消费者也难以达到效用的最大化，因此就产生了公共物品的消费。

公共物品（public goods）是指私人不愿意或无能力生产而由政府提供的具有非排他性和非竞争性的物品。一国的国防、警务、公共卫生、道路、广播电视等都属于公共物品。公共物品具有非排他性和非竞争性的特征。

非排他性是指在技术上或经济上不可能把不支付费用而要消费的人排除在外。因此，公共物品就无法避免“免费搭车”或说“搭便车”的情况，不支付费用而参与消费。

非竞争性指无论增加多少消费者，都不会减少其他人的消费，由于有这种特性，公共物品的消费就不必通过交易，即不用花钱去购买。在这种情况下，提供公共物品就无利可图，以利润最大化为目的的私人企业一般就不愿去提供这类物品。

3.4.3 外部性与科斯定理

1. 外部性

外部性又称外部效应，指某种经济活动给予这项活动无关的主体带来的影响，也就是说，这些活动会产生一些不由生产者或消费者承担的成本（称为负外部性），或不由生产者或消费者获得的利益（称为正外部性）。例如，周围人吸烟会给你带来危害，但你却不能要求赔偿；当你欣赏到邻居家阳台的鲜花时，会有一种美的享受，却无须付费，这些都是外部性的表现。

根据外部性对他人福利造成的影响，可以将其分为正外部性和负外部性；根据外部性发生的领域，可以将其分为生产外部性和消费外部性。

（1）生产正外部性。当某个厂商的生产经营活动给其他厂商或其他人产生有利的影响，即带来收益时，生产正外部性就产生了。例如，在你公司接受过业务培训的职工跳槽到其他单位，此时，你公司的行为就给其他单位提供了技术更高的劳动力，有利于该单位的生产，但不能向该单位索要培训费用。

（2）消费正外部性。当某个消费者的行为给他人产生有利的影响，即带来收益时，产生消费正外部性。例如，某人进行了疫苗接种，不但可使自己不患疾病，并且由于减少了疾病传染源而使他人感染疾病的概率大大降低，从而有利于他人身体健康。

（3）生产负外部性。当某个厂商的生产经营活动给其他厂商或其他人产生不利的影响，即带来损失时，会产生生产负外部性。例如，上游化工厂排放的污水导致下游鱼苗死亡，渔民却无法追偿损失。

（4）消费负外部性。当某个消费者的行为给他人产生不利的影响，即给他人造成损失或不利影响时，产生消费负外部性。例如，私人轿车方便了个人的出行，但汽车尾气的排放会污染环境，损害他人的身体。

2. 科斯定理

科斯定理是由诺贝尔经济学奖得主罗纳德·哈里·科斯（Ronald H. Coase）命名的。他于1937年和1960年分别发表了《厂商的性质》和《社会成本问题》两篇论文，这两篇文章都做出了“科斯定理是产权经济学研究的基础，其核心内容是关于交易费用的论断”。

科斯定理较为通俗的解释是，“在交易费用为零和对产权充分界定并加以实施的条件下，外部性因素不会引起资源的不当配置。因为在此场合，当事人（外部性因素的生产者和消费者）将受一种市场力的驱使去就互惠互利的交易进行谈判，也就是说，是外部性因素内部化”。科斯定理由三组定理构成。

科斯第一定理的内容是：如果交易费用为零，不管产权初始如何安排，当事人之间的谈判都会导致那些财富最大化的安排，即市场机制会自动达到帕累托最优。

如果科斯第一定理成立，那么它所揭示的经济现象就是在大千世界中，任何经济活动的效益总是最好的，任何工作的效率都是最高的，任何原始形成的产权制度安排都是最有效的，因为任何交易的费用都是零，人们自然会在内在利益的驱动下，自动实现经济资源的最优配置，因而，产权制度没有必要存在，更谈不上产权制度的优劣。然而，这种情况在现实生活中几乎是不存在的，在经济社会的一切领域和一切活动中，交易费用总是以各种各样的方式存在，因而，科斯第一定理是建立在绝对虚构的世界中，但它的出现为科斯第二定理作了一个重要的铺垫。

科斯第二定理通常被称为科斯定理的反定理，其基本含义是：在交易费用大于零的世界里，不同的权利界定会带来不同效率的资源配置。也就是说，交易是有成本的，在不同的产权制度下，交易的成本可能是不同的，因而，资源配置的效率也可能不同，所以，为了优化资源配置，产权制度的选择是必要的。科斯第二定理中的交易成本就是指在不同的产权制度下的交易费用。在交易费用至上的科斯定理中，它必然成为选择或衡量产权制度效率高低的唯一标准。那么，如何根据交易费用选择产权制度呢？

科斯第三定理描述了这种产权制度的选择方法。第三定理主要包括四个方面：第一，如果不同产权制度下的交易成本相等，那么，产权制度的选择就取决于制度本身成本的高低；第二，某一种产权制度如果非建不可，而对这种制度不同的设计和实施方式及方法有着不同的成本，则这种成本也应该考虑进去；第三，如果设计和实施某项制度所花费的成本比实施该制度所获得的收益还大，则这项制度没有必要建立；第四，即便现存的制度不合理，然而，如果建立一项新制度的成本无穷大，或新制度的建立所带来的收益小于其成本，则这项制度的变革是没有必要的。

科斯定理说明市场可以消除外部性，前提是产权明确，而政府在经济中的作用是与市场相违背的。在现实生活中，产权是不容易确定的，或者说有些资源并不天然地归属于某个个体，因此容易引起纷争和分歧，这时就需要发挥政府的作用。政府可以通过制定规则和法令来确立产权的归属，或者通过强制命令的形式将资源分配给各类个体，所以，政府的作用是不可忽略的。

【阅读材料——一个恶性环保事件，如今皆大欢喜收场】

广东省江门市新会区崖南中学新校址的教学楼近日封顶了。看着新教学楼快要建成，崖南中学的600多名师生欢呼雀跃。因为，下学期他们就可以告别饱受附近工厂恶臭影响的旧校址，搬到新教学楼上课。而出资近300万元重建学校的江门旭日陶瓷厂的负责人也感到欣慰，因为厂里的治污设施刚通过环保部门、村民和学校师生的联合验收，学校搬走，厂里扩大生产有了更大的空间。

原本是一个群众、企业严重对立的恶性环保事件，如何演变成一个企业捐资助学，群众、企业皆大欢喜的大好事？事情要追溯到两年前。当时旭日陶瓷厂在崖南镇刚刚投产，环保部门就不断接到投诉。因为该厂排放的恶臭气味严重影响到附近崖南中学的师生，一些学生家长还联合到陶瓷厂堵住厂门禁止开工。环保部门监测发现，学校与该厂仅隔一条马路，一刮南风，工厂排出的废气就弥漫校园。在环保部门的要求下，旭日陶瓷厂投入300多万元完善治污设施，将原本经过烟囱外排的废气抽到密封的锅炉内重新燃烧，并加强喷淋，加高烟囱，消除恶臭气味。陶瓷厂完成恶臭气味治理后，为确保师生满意，新会区环保局组织了一次特殊的环保设施验收现场会，由师生、家长和人大代表等组成验收小组。验收会规定，任何一方不同意，环保设施均不能通过验收，工厂也不能投产。参与验收的学校师生、家长高兴地说："参与验收，我们的权益得到了真正的维护。"

即便如此，由于崖南中学位于镇上规划的工业区边缘，随着当地工业的快速发展，学校的原址已越来越不适合教学。经镇政府、环保部门与旭日陶瓷厂沟通，该厂也意识到学校搬迁对工厂发展有利，于是出资200万元买下了学校的地块，并捐资50万元建设学校新教学楼，承担学校建设所需的陶瓷和校园绿化费用。镇政府也把最好的地块拨给学校，并计划分两年投入110万元。听到这一消息，师生和家长十分欢迎。如今，在崖南中学新校址，一栋4层的新教学楼已经封顶，周围还有两栋正在加紧施工。新校址占地18亩，比原校区扩大了近一倍，教学设备更加完善，由一个村级中学一跃成为达到市一级标准的新学校。

此案例中，如果市场对于陶瓷厂的评价很低，让陶瓷厂拿出300万元，陶瓷厂就会倒闭停产。那怎么办？那就是它自己搬迁到别处。这说明，在那个时点，市场对于教育服务的评价高于对陶瓷厂的评价。

（资料来源：人民网——华南新闻第一版华南要闻）

3.4.4 信息不对称

完全竞争市场上能够实现帕累托最优状态的一个重要假定就是完全信息，即市场交易双方对交易产品拥有充分的信息。然而，在现实生活中，人们对信息的掌握是不完全的，而这种不完全又往往表现为信息的不对称。

1. 信息不对称的含义

信息不对称理论是指在市场经济活动中，各类人员对有关信息的了解是有差异的，掌握信息比较充分的人员，往往处于比较有利的地位，而信息贫乏的人员，则处于比较不利的地位。信息不对称理论是由三位美国经济学家——约瑟夫·斯蒂格利茨、乔治·阿克尔洛夫和迈克尔·斯彭斯提出的。该理论认为，市场中卖方比买方更了解有关商品的各种信息，掌握更多信息的一方可以通过向信息贫乏的一方传递可靠信息而在市场中获益，买卖双方中拥有信息较少的一方会努力从另一方获取信息，市场信号显示在一定程度上可以弥补信息不对称的问题。信息不对称是市场经济的弊病，要想减少信息不对称对经济产生的危害，政府应在市场体系中发挥强有力的作用。

2. 道德风险与逆向选择

道德风险是20世纪80年代西方经济学家提出的一个经济哲学范畴的概念，即"从事经济活动的人在最大限度地增进自身效用的同时做出不利于他人的行动"。或者说，当签约一方不完全承担风险后果时，所采取的自身效用最大化的自私行为。道德风险亦称道德危机。

在经济活动中，道德风险问题相当普遍。获2001年度诺贝尔经济学奖的斯蒂格利茨在研究保险市场时，发现了一个经典例子：美国一所大学学生自行车的被盗比率约为10%，有几个有经营头脑的学生发起了一个对自行车的保险，保费为保险标的的15%。按常理，这几个有经营头脑的学生应获得5%左右的利润。但该保险运作一段时间后，这几个学生发现自行车被盗比率迅速提高到15%以上。何以如此？这是因为自行车投保后学生们对自行车的安全防范措施明显减少。在这个例子中，投保的学生由于不完全承担自行车被盗的风险后果，因而采取了对自行车安全防范的不作为行为。而这种不作为行为就是道德风险。可以说，只要市场经济存在，道德风险就不可避免。

逆向选择是指由于交易双方信息不对称和市场价格下降产生劣质品驱逐优质品，进而出现市场交易产品平均质量下降的现象。

乔治·阿克尔洛夫在1970年的论文《柠檬市场：质量的不确定与市场机制》中提出了著名的旧车市场模型，开创了逆向选择理论的先河。在旧车市场上，买者和卖者有关汽车质量的信息是不对称的。卖者知道所售汽车的真实质量，但一般情况下，潜在的买者要想确切地辨认出旧车市场上汽车质量的好坏是困难的，他最多只能通过外观、介绍及简单的现场试验等来获取有关汽车质量的信息，而从这些信息中很难准确判断出汽车的质量，因为汽车的真实质量只有通过长时间的使用才能知道，但这在旧车市场上又是不可能的。所以我们说，旧车市场上的买者在购买汽车之前，并不知道哪辆汽车是高质量的，哪辆汽车是低质量的，他只知道旧车市场上汽车的平均质量。在这种情况下，典型的买者只愿意根据平均质量支付价格，这样一来，质量高于平均水平的卖者就会将他们的汽车撤出旧车市场，市场上只留下质量低的卖者。结果是，旧车市场上汽车的平均质量降低，买者愿意支付的价格进一步下降，更多较高质量的汽车退出市场。在均衡的情况下，只有低质量的汽车成交，极端情况下甚至没有交易。

在旧车市场上，高质量汽车被低质量汽车排挤到市场之外，市场上留下的只有低质量汽车。也就是说，高质量的汽车在竞争中失败，市场选择了低质量的汽车。这违背了市场竞争中优胜劣汰的选择法则。平常人们说选择都是选择好的，而这里选择的却都是差的，所以把这种现象叫做逆向选择。

3. 针对信息不对称的对策

针对信息不对称原因导致的市场失灵，政府干预的方式主要有以下两种：

（1）解决道德风险问题的措施。

解决道德风险问题的措施主要是一些制度安排：一是预付保证金；二是订立合同；三是树立品牌声誉；四是效率工资。

（2）解决逆向选择问题的措施。

一是由政府规定企业对自己出售的产品提供质量保证；二是由政府引导企业对自己出售的产品提供不同的产品包修年限；三是政府鼓励企业对自己的产品树立品牌，通过“声誉”来分辨优质产品与劣质产品；四是政府鼓励企业通过广告等宣传方式来区分优质产品与劣质产品；五是政府鼓励企业实现产品标准化。

由于消费者的消费是不理性的，且存在市场调节机制的缺陷和失灵，为政府干预经济活动让出了空间，因此，政府必须加强对经济的宏观调控，为消费者的消费提供更多的保证。

本章实训与练习模块

【实训目标】

通过对本章理论知识的实训练习，让学生对消费者行为理论有全面的认识，作为一个消费者，知道如何对自己手中的资源进行合理的配置，如何进行消费才能让自己获得最大的效用。

模块一：关键术语与概念

基数效用论　序数效用论　总效用　边际效用　边际效用递减规律　无差异曲线　边际替代率　预算线　消费者的均衡　替代效应　收入效应

模块二：心得体会

【实训要求】

通过本章的学习，请从自身消费的角度，对你平时的消费行为进行分析，自己有没有从效用最大化的角度对手中的资金进行合理配置？在学习了消费者行为理论后，将从哪些方面对自己的消费行为进行改进？

模块三：练习题

【实训要求】

通过完成下面的习题，加深对消费者行为理论的理解和记忆。

（一）选择题

1. 序数效用论认为，商品效用的大小（　　）。

A. 取决于它的有用性的大小　　B. 取决于它的价格

C. 可以比较　　D. A 和 C

2. 消费者对商品 X 的消费达到饱和点时，则边际效用为（　　）。

A. 正值　　B. 负值　　C. 零　　D. 不确定

3. 消费者购买每单位物品所支付的价格一定等于（　　）。

A. 消费者从消费第一单位的这种物品中获取的边际效用

B. 消费者从消费这种物品中获得的总效用

C. 消费者从平均每单位的消费中获得的效用

D. 消费者消费最后一单位物品中获得的边际效用

4. 如果消费者的预算收入为 50 元，商品 X 和 Y 的价格分别为 5 元和 4 元，消费者打算购买 6 单位 X 和 5 单位 Y，商品 X、Y 的边际效用分别为 25 和 20，那么，要达到效用最大化，他应该（　　）。

A. 按原计划购买　　B. 减少 X 和 Y 的购买量

C. 增加 X、Y 的购买量　　D. 增加 X 的购买量，同时减少 Y 的购买量

5. 消费者剩余是消费者的（　　）。

A. 实际所得　　B. 主观感受

C. 没有购买的部分　　D. 消费剩余部分

6. 某种商品的市场价格为10元，某人在购买第1到第5单位的该商品时分别愿意支付的价格为18、16、14、11、9，如果购买4单位商品，该消费者在消费该商品中所获得的消费者剩余为（　　）。

A. 18　　B. 19　　C. 68　　D. 50

7. 下列关于无差异曲线的说法不正确的是（　　）。

A. 无差异曲线上的每一点代表了两种商品不同数量的组合

B. 同一条无差异曲线上的任一点代表的偏好水平都相同

C. 消费者只能在一部分无差异曲线上选择商品组合

D. 以上说法都不正确

8. 无差异曲线的位置和形状取决于（　　）。

A. 消费者的偏好和收入　　B. 消费者的收入和商品价格

C. 消费者的偏好　　D. 消费者的偏好、收入、商品价格

9. 若某消费者的无差异曲线是垂直曲线，则表明该消费者对（　　）的消费已达饱和。（X有横轴度量，Y有纵轴度量）

A. 商品Y　　B. 商品X

C. 商品X和Y　　D. 以上都不正确

10. 在西安，荔枝的价格比苹果的价格贵5倍，而在广东，荔枝的价格只是苹果的1/2，那么两地的消费者都达到效用最大化时，（　　）。

A. 消费者的荔枝对苹果的边际替代率都相等

B. 荔枝对苹果的边际替代率，西安消费者要大于广东消费者

C. 苹果对荔枝的边际替代率，西安消费者要大于广东消费者

D. 无法确定

11. 下列哪一种说法最好地表述了消费者的预算线（　　）？

A. 消费者可以购买的每种物品量

B. 消费者消费选择的限制条件

C. 消费者合宜的消费水平

D. 消费者所做出的消费选择

12. 预算线向右上方平移的原因是（　　）。

A. 商品X的价格下降了

B. 消费者的收入下降了

C. 商品Y的价格下降了

D. 商品X和Y的价格按同一比率下降了

13. 商品价格变化引起的收入效应，表现为相应的消费者的均衡点（　　）。

A. 沿着原有的无差异曲线运动

B. 运动到另一条无差异曲线上

C. 运动到离原点更远的无差异曲线上

D. 无法确定

14. 当消费者的真实收入上升时，他将（　　）。

A. 购买更少的低档商品

B. 增加所有商品的消费

C. 移到更高的一条无差异曲线上

D. 以上说法都是

15. 当厂商的活动产生负外部效应时，它的社会成本（ ）私人成本。

A. 大于 B. 等于

C. 小于 D. 不确定

16. 当果园园主由于邻居养的蜜蜂而无偿地享受了额外收益时，称为（ ）。

A. 负外部效应 B. 信息不完全

C. 正外部效应 D. 垄断

（二）判断题

1. 效用是一种心理学的概念，某种物品或劳务是否有效用，以及效用的大小，没有一个客观标准，因而无法准确测定。（ ）

2. 只要商品的数量在增加，消费者得到的总效用就一定在增加。（ ）

3. 总效用决定产品的价格，而边际效用则决定了消费的数量。（ ）

4. 在同一条无差异曲线上，不同的消费者所得到的总效用是无差异的。（ ）

5. 无差异曲线越高（即离原点越远），所代表的满足程度越大。（ ）

6. 两条无差异曲线的交点所表示的商品组合，对于同一个消费者来说具有不同的效用。（ ）

7. 无差异曲线的形状越接近于直线，说明该消费者消费的两种商品之间替代性越大。（ ）

8. 在预算线的任何一点上，所有的收入全部支出了。（ ）

9. 两种商品的价格按相同的比例上升，而收入不变，则预算线不发生变动。（ ）

10. 在无差异曲线和预算线的交点上，消费者所得到的效用达到最大。（ ）

11. 当效用最大化原则针对消费一种商品时，它的条件是边际效用大于零。（ ）

12. 正常物品的收入效应和替代效应的共同作用，使总效用与价格成反方向变动关系。（ ）

13. 当某低档商品的价格下降而其他情况不变时，替代效应和收入效应相互加强导致该商品的需求量减少。（ ）

14. 如果农产品价格下降将导致农户对这些农产品消费的减少，那么，这些农产品就一定是劣等品。（ ）

15. 吉芬物品的收入效应的作用大于替代效应的作用，从而使总效用与价格成反方向变动关系。（ ）

16. 市场失灵的存在要求由政府来取代市场机制。（ ）

17. 垄断的存在会引起市场失灵。（ ）

模块四：案例分析题

案例一 钻石和木碗

一个穷人家徒四壁，只得头顶着一个旧木碗四处流浪。一天，穷人上一艘渔船上去帮工。不幸的是，渔船在航行中遇到了特大风浪，船上的人几乎都淹死了，穷人抱着一根大木头，才幸免于难。

穷人被海水冲到一个小岛上，岛上的酋长看见穷人头顶的木碗，感到非常新奇，便用一大口袋最好的珍珠宝石换走了木碗，派人把穷人送回了家。

一个富翁听到了穷人的奇遇，心中暗想，一个木碗都能换回这么多宝贝，如果我送去很多可口的食物，该换回多少宝贝？于是，富翁装了满满一船山珍海味和美酒，找到了穷人去过的小岛。

酋长接受了富人送来的礼物，品尝之后赞不绝口，声称要送给他最珍贵的东西。富人心中暗自得意。一抬头，富人猛然看见酋长双手捧着的“珍贵礼物”，不由得愣住了！

（资料来源：董典波、黄晓林：《一口气读懂经济学》）

【案例思考题】

1. 请根据该案例思考，酋长双手捧着的“珍贵礼物”会是什么呢？
2. 为什么酋长会认为这就是“最珍贵的礼物”？
3. 对你而言，你认为“最珍贵的礼物”是什么？

案例二　最佳购买量的决定

消费者的无差异说明不同偏好下的各种选择，而消费者的预算则说明在收入和价格一定的条件下，他能消费多少数量的商品。把两者结合在一起，可以确定消费者购买行为的最佳境界——消费者满足程度的最大化，这就是经济学家所说的消费者均衡。

例如：你带1 000元去溜商场，准备购买一件上衣和一条裤子，你看上了一套名牌服装，这套服装虽然你很喜欢，但价格超出了1 000元，也就是说给你带来的效用虽然大，但超出了你的支付能力，买不起；你说你就带了1 000元，卖服装的售货员又给你推荐了另外一套价格为1 000元的服装，但你觉得不值，经过货比三家，在充分选择后，你终于选到了喜欢的服装，也恰好是1 000元。女士们爱逛商场，无非就是要挑选自己最满意的服装，在对一种商品决定“买不买”时，你会把效用与价格进行比较。当你对自己购买的服装最满意时，就是花钱最少，得到的效用最大，也就是我们通常所说的“萝卜青菜，各有所爱”。

[资料来源：黄德林：《西方经济学（微观部分）》案例分析]

【案例思考题】

1. 什么是最佳购买量？学习了本章后，你认为最佳购买量是如何决定的？
2. “萝卜青菜，各有所爱”这句话反映了本章中所体现的什么原理？

模块五：应用实践

1. 钻石用处极小而价格昂贵，生命必不可少的水却非常便宜。请用边际效用的概念加以解释。

2. 某公司开发出了款式不同的各种手表，使手表销售量增加，而价格并没有下降，用消费者行为理论解释该公司成功的原因。

3. 某消费者原来每月煤气开支为50元，煤气的某些用途如煮水等可用电替代。现在煤气价格上涨100%，其他商品价格不变，政府给予消费者50元作价格补贴，试问该消费者处境改善了还是恶化了？为什么？

4. 请用“信息不对称”原理分析高校招聘市场中存在的问题。

第 4 章　生产者行为理论

导入案例

两季稻好还是三季稻好？

1958 年“大跃进”是一个不讲理性的年代，时髦的口号是“人有多大胆，地有多高产”。于是，一些地方把传统的两季稻改为三季稻，结果总产量反而减少了。从经济学的角度看，这是因为违背了一个最基本的经济规律：边际产量递减规律。

两季稻是农民长期生产经验的总结，它行之有效，说明在传统农业技术下，固定生产要素已经得到了充分利用。改为三季稻之后，土地过度利用引起肥力下降，设备、肥料、水利资源等由两次使用改为三次使用，每次使用的数量不足。这样，三季稻的总产量就低于两季稻了。群众总结的经验是“三三见九，不如二五一十”。

（资料来源：中华经济学习网）

思　考

该案例说明了什么问题？

在研究生产者行为时，我们假定生产者都是具有完全理性的经济人，他们生产的目的是实现利润最大化。为此，首先要研究两个方面的问题：一是在既定的成本下怎样达到产量最大，这涉及生产要素与产量的关系。二是在既定的产量之下如何实现成本最小，这涉及生产要素价格构成的成本问题。本章研究前一方面的问题，即生产理论，下一章研究后一方面的问题，即成本理论。

【学习要点】

通过本章的学习，使学生掌握企业的生产与生产函数，短期生产函数的几个基本概念和边际报酬递减规律；掌握长期生产函数、等产量曲线、边际技术替代率、等成本曲线、厂商的最优要素投入组合；理解规模报酬与规模经济。

【重点难点】

1. 长期与短期、短期生产函数与长期生产函数
2. 边际报酬递减，边际技术替代率递减
3. 等产量线、等成本线的含义和特征
4. 生产要素投入的最优组合

5. 规模报酬和规模经济的区别

4.1 生产和生产函数

4.1.1 厂商或企业的含义及类型

简单地说，厂商（firm）就是生产者，是为达到一定目的而从事商品生产或服务的单个经济决策单位，我们通常称之为企业。经济是由成千上万个生产我们每天享用的物品与劳务的企业组成，通用汽车公司生产汽车，通用电气公司生产电灯，而通用磨坊公司生产早餐麦片。一些企业是大型的，雇用了成千上万的工人，并有成千上万分享企业利润的股东；也有一些企业是比较小的，如本地的理发店或杂货店，只雇用几个工人。所以，企业以各种形式存在，简单地按所有者的多少和所负责任的大小，可以分为以下几种组织形式：

（1）个人企业：单个人独资经营的厂商组织。

（2）合伙制企业：两人以上合资经营的厂商。

（3）公司制企业：按公司法建立和经营的具有法人资格的厂商组织。

三种企业组织形式可以从表 4－1 中进行比较。

表 4－1 不同企业组织形式比较

企业类型	优 点	缺 点
单人业主制	容易建立 决策过程简单 只交个人所得税	决策不受约束 所有者承担无限责任 企业随所有者的死亡而结束
合伙制	容易建立 决策多样化 合伙人退出仍可存在 只交个人所得税	形成统一意见困难 所有者承担无限责任 合伙人退出引起资本短缺
公司制	所有者承担有限责任 筹资容易 管理不受所有者能力限制，永远存在	管理体系复杂、决策缓慢 要交公司所得税和个人所得税

4.1.2 企业该如何安排生产

用最小的成本获得最大的产量，这是企业在安排生产时首先会考虑的，也是厂商理论的基本命题。

它包括两部分的内容：

第一，从实物角度分析，生产要素投入量和产出量之间的物质技术关系称为生产理论。

第二，从价值及货币形态角度分析，对应产量变动所消耗的一定数量的生产要素的变动情况称为成本理论。

本章我们先来探讨生产理论，即研究生产要素与产量之间的物质技术关系。

1. **生产和生产要素**

一家糕点厂要生产糕点卖给消费者，以便获取利润。首先要购买面粉、糖、巧克力块和其他制作糕点的材料，还要购买和面机与烤箱，雇用操纵这些设备的工人。把糕点做出来的行为就是生产，生产需要的各种材料就是生产要素。

所谓生产，从经济学的角度看，就是能够创造或增加效用的人类活动，而效用，如前章所介绍的，就是消费者通过消费某种商品或劳务产生的满足程度。因此，所有能够给予人们创造或增加某种满足的活动都是生产活动。

利润 = 总收入（产出量与其价格之积）－总成本（使用的生产要素数量与其价格之积）

任何生产都需要投入各种不同的生产要素（factor of production)，从这个关系上看，生产也就是把投入变为产出的过程。西方经济学把生产要素分为三类：劳动、土地和资本。劳动是劳动者所提供的服务，它包括体力劳动和脑力劳动。土地是指生产中所使用的各种自然资源，是在自然界中存在的，如土地、水、自然状态的矿藏、森林等。资本是指生产中所使用的资金。它采取两种形式：无形的人力资本与有形的物质资本。前者指体现在劳动者身上的身体、文化、技术状态，后者指生产过程中使用的各种生产设备，如机器、厂房、工具、仓库等资本品。在生产理论中，是指后一种物质资本。以上三者是西方经济学传统的“生产三要素说”，后来又增加了一种生产要素——企业家才能，即企业家对整个生产过程的组织与管理。因此，“生产三要素说”便发展为“生产四要素说”。

2. **生产函数**（production function)

什么是生产函数?

就像刚才我们谈到的糕点厂，如果这个糕点厂没有一个工人来做糕点，显然不会有糕点产出，也就是此时产量为0；当有一个工人时，生产了50块糕点；有两个工人时生产了90块糕点，等等。如果我们不考虑其他要素，就可以发现工人的数量和产量之间存在一定的函数关系。这种生产一种物品的投入量与该物品产量之间的关系称为生产函数。即生产函数表示在一定时期内，在技术水平不变的情况下，生产中所用的各种生产要素的数量与所能生产的最大产量之间的关系。

以 Q 代表总产量，L、K、N、E 分别代表劳动、资本、土地、企业家的才能，则生产函数的一般形式为：

$$Q=f(L、K、N、E)$$

在分析生产要素与产量的关系时，一般来说，以土地为代表的自然资源是既定的，企业家难以估算。因此，生产函数又可以简化为：

$$Q=f(L、K)$$

它表明，在一定技术水平下，生产 Q 的产量，需要一定数量劳动与资本的组合。同样，当劳动与资本的数量组合已知时，也就可以推算出最大的产量。

当代最著名的生产函数是柯布·道格拉斯生产函数，又称 C—D 生产函数。它是由数学家柯布和经济学家道格拉斯在20世纪30年代初一起提出来的。这个函数的一般化形式是：

$$Q = a\ L^{\alpha}K^{\beta} \quad \alpha + \beta = 1$$

式中 Q 是产出，L 和 K 分别表示劳动和资本投入量，a 表示技术进步率，α 表示劳动对产出的贡献，β 表示资本对产出的贡献。a、α 和 β 都为参数。设 $\alpha = 0.75$，$\beta = 0.25$，那么，总产出中四分之三是由劳动生产的，四分之一是由资本生产的。设 $a = 1.01$，那么，百分之一的总产出是由技术进步产生的。

在这一生产函数中，当劳动量与资本量增加 λ 倍时，产量也增加 λ 倍，则为：

$$A\ (\lambda L)^{\alpha} \cdot\ (\lambda K)^{\beta} = \lambda AL^{\alpha}K^{\beta} = \lambda Q$$

所以，柯布·道格拉斯生产函数为线性齐次生产函数。

4.2 短期生产函数

4.2.1 短期和长期

短期（short run）指生产者来不及调整全部生产要素的投入数量，至少有一种生产要素的投入数量是固定不变的时间周期。

长期（long run）指生产者可以根据环境的变化调整全部生产要素的投入数量，对生产进行调整的时间周期。

在短期和长期划分的基础上，相应地把投入要素分为不变投入和可变投入。不变投入又称为固定投入，是指在所考察的时期内其数量不能改变的投入要素。不管产量如何变动，不变投入的数量都是固定的，例如厂房、机器设备、土地等。

可变投入是指在所考察的时期内其数量可以改变的投入要素。如当产量变化时，工业生产过程中的直接生产工人、原材料、燃料等。

所以，在经济学中，短期和长期的划分并非按照具体的时间长短，而是以生产者能否变动全部生产要素的投入数量作为标准。例如，本田公司要扩大或缩小轿车生产规模可能需要一年的时间，对它来说一年以上才能算是长期；而要改变一个水果摊的规模可能仅需要一两天的时间，对它来说一两天就算长期。

4.2.2 短期生产函数

任何一个生产者为追求利润最大化都要考虑如何以最低成本的生产要素组合即最优生产要素组合来进行生产。那么，怎样的生产要素组合是最优的呢？我们从简单的短期生产函数开始分析。为了研究方便，一般只考察劳动和资本两种生产要素。在短期内，假设资本数量不变，只有劳动可以随产量变化，则生产函数可表示为 $Q = f\ (L)$。这种生产函数称为短期生产函数。

1. 总产量、平均产量和边际产量

（1）总产量（total product，TP）：是指与一定的可变要素劳动的投入量相对应的最大产量。

$TP_L = f(L)$

（2）平均产量（average product，AP）：是指平均每一单位可变要素劳动投入量所生产的产量。

$AP_L = TP_L / L$

（3）边际产量（marginal product，MP）：是指增加一单位可变要素投入量所增加的总产量。

$MP_L = \Delta TP_L / \Delta L$

根据以上的定义和公式可以看出，总产量、平均产量和边际产量都是随劳动要素投入量的变动而变动的。

在短期生产函数中，产量与可变要素投入量之间的这种关系，可以用下面的案例及表来说明。

用三台机床加工转盘，开始只用一名工人，由于既要操作机床，又要做必要的辅助工作，使机床效率没有得到充分的发挥，日产量只有6件。当增加一个工人后，有一人做辅助工作，另外一人能够把大部分时间放在操作机床上，日产量增加至17件，人均8.5件，边际产量为11件。再增加一个工人后，就能够两人操作两台机床，另外一人做辅助工作，日产量增加到31件，人均10.3件，边际产量为14件。再增加一个工人，就能够三人操作三台机床，充分发挥了三台设备的效率，日产量增加到46件，人均11.5件，边际产量15件。总产量以递增的速度增加。当增加到五人时，由于第五人没有具体的分工，看哪个环节紧张就到哪儿帮忙，总产量虽然增加至60件，但边际产量却下降了。当增加到第六个人时，边际产量和平均产量相等，平均产量达到最大，总产量继续上升。此后，随着劳动力不断增加，不但剩余时间越来越多，而且因为工人互相干扰，废品率也上升，结果平均产量不断下降，边际产量下降更快。直到总劳动力为九人时，总产量达到最大，边际产量降为0，总产量以递减的速度增加。当继续增加劳动力，便出现人浮于事、互相扯皮的现象，废品率进一步增加，导致边际产量为负，平均产量继续下降，总产量也开始下降。

对于总产量、平均产量和边际产量的关系，我们用表4-2来分析。

表4-2　总产量、平均产量和边际产量表

资本投入量（K）	劳动投入量（L）	总产量（TP）	边际产量（MP）	平均产量（AP）
10	1	6	6	6
10	2	17	11	8.5
10	3	31	14	10.3
10	4	46	15	11.5
10	5	60	14	12
10	6	72	12	12
10	7	81	9	11.5
10	8	86	5	10.8
10	9	86	0	9.6
10	10	80	-6	8

从上表中我们可以看出边际产量递减的规律。

2. 总产量、平均产量和边际产量相互之间的关系

表4－2中总产量、平均产量和边际产量之间的关系如图4－1所示：

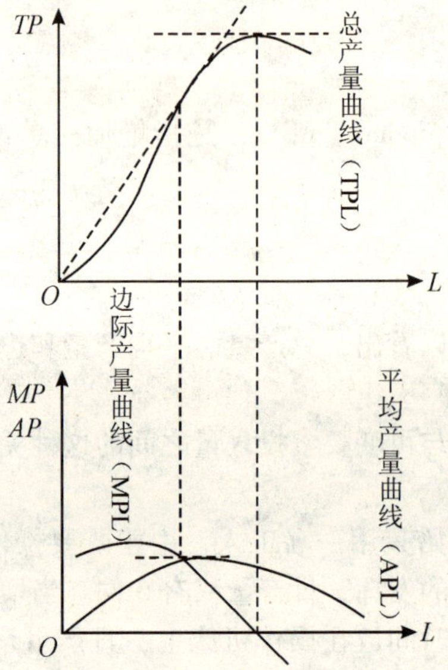

图4－1 总产量、平均产量和边际产量之间的关系

从图4－1中我们可以看到平均产量曲线 *APL* 是从原点出发与总产量曲线 *TPL* 相切的切线斜率；边际产量曲线 *MPL* 就是总产量曲线 *TPL* 的斜率。边际产量与总产量的关系：边际产量是正的，总产量总是增加的；边际产量是负的，总产量总是减少的；当边际产量为零时，总产量达到最大值。平均产量和总产量的关系：边际总产量曲线上任何一点和坐标原点的线段的斜率，就是相应的平均产量值。边际产量和平均产量的关系：只要边际产量大于平均产量，边际量就把平均量拉上；只要边际量小于平均量，边际量就把平均量拉下。

3. 边际报酬递减规律

在技术水平不变的情况下，当把一种可变的生产要素投入到一种或几种不变的生产要素中时，最初这种生产要素的增加会使产量增加，当它的增加超过一定的限度时，增加的产量将要递减，最终还会使产量绝对减少。这一规律我们叫做边际报酬递减规律（law of diminishing marginal returns）。它是前述消费选择理论中边际效用递减法则在生产理论中的应用，或其转化形态。

边际报酬出现递减主要是由于以下原因造成的：在递减生产中，可变要素与不变要素之间在数量上都存在一个最佳配合比例。开始时，由于可变要素投入量小于最佳配合比例所需数量，随着可变要素投入量的逐渐增加，越来越接近最佳配合比例。边际产量是呈递增的趋势。当达到最佳配合比例后，再增加可变要素的投入，可变生产要素的边际产量就呈递减趋势。

在理解边际报酬递减规律时，我们要注意以下几个问题：

（1）边际报酬递减规律是以技术不变为前提的。若技术水平发生变化，这个规律就不存在。

（2）它是以其他生产要素固定不变，只有一种生产要素的变动为前提的。

（3）它是在可变投入增加到一定程度之后才出现的。随着可变要素的连续增加，边际产品变化要经历递增、递减，最后变为负数的全过程。递增是因为固定要素在可变要素很少时潜在效率未充分发挥出来。一旦固定要素潜在效率全部发挥出来了，边际产品就开始出现递减。但是，边际产品递增并不与报酬递减律相矛盾。因为这个规律的意义在于：当一种要素连续增加时，迟早会出现边际产品递减的趋势，而不是规定它一开始就递减。

（4）它假定所有的可变投入要素是同质的，即所有劳动者在操作技术、劳动积极性等方面都是没有差异的。

边际报酬递减规律和边际效用递减规律一样无须提出理论证明，它是从生产实践中得来的基本生产规律，边际产量是可以计量的。与之相比，边际效用递减规律是从消费者心理感受中得来的，边际效用是不可计量的。边际报酬递减规律是我们研究一种生产要素是否合理投入的出发点。

边际收益递减规律的三阶段与边际报酬递减规律的三阶段有点儿区别：*MP* 和 *AP* 最高点。一种生产要素增加所引起的产量变动分为三个阶段：

第一阶段：边际产量递增，总产量增加。

第二阶段：边际产量递减，总产量增加。

第三阶段：边际产量为负，总产量开始减少。

4. 一种可变生产要素的合理投入区域

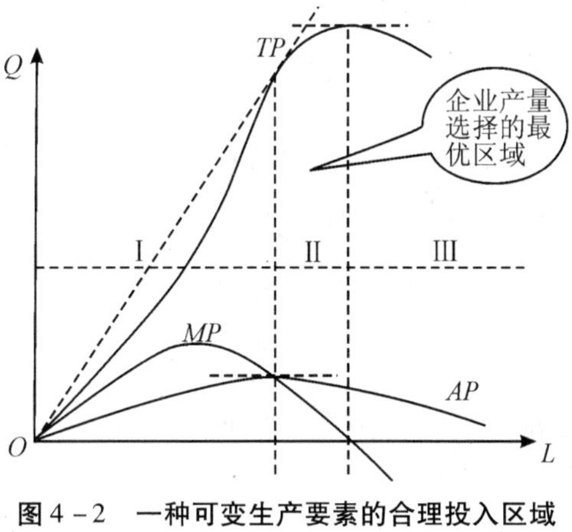

图 4－2　一种可变生产要素的合理投入区域

生产的三个阶段及生产的合理区域在图 4－2 中，以 *AP* 曲线的最高点为界，及以 $MP=0$ 为界，将要素投入量 *L* 的范围划分为三个阶段：

第一阶段：$MP>AP$，即 *AP* 呈递增的阶段。总产量增加。

第二阶段：$AP>MP>0$，即 *AP* 呈递减的阶段。总产量增加。

第三阶段：$MP<0$ 时，*TP* 呈递减的阶段。

第一阶段产量曲线的特征为：劳动的平均产量始终是上升的，且达到最大值；劳动的边际产量上升达最大值，然后开始下降，且劳动的边际产量始终大于劳动的平均产量；劳动的总产量始终是增加的。

这说明在这一阶段，不变要素资本的投入量相对过多，生产者增加可变要素劳动的投入量是有利的。或者说生产者只要增加可变要素劳动的投入量，就可以较大幅度地增加总产量。因此，任何理性的生产者都不会在这一阶段停止生产，而是连续增加可变要素劳动的投入量，以增加总产量，并将生产扩大到第二阶段。

第二阶段：可变生产要素的平均产量下降，当边际产量呈下降至零之时，仍为正值；总产量仍在增加，并达到最大值。此时生产者增加可变要素的投入量还是有利的。

第三阶段：可变要素的边际产量转为负值，总产量随着劳动投入的增加而下降。从图形中可以看出，生产者减少可变要素的投入量才是有利的。

由此可见，任何理性的生产者既不会将生产停留在第一阶段，也不会将生产扩张到第三阶段，生产只能在第二阶段进行。

在生产的第二阶段，生产者可以得到由第一阶段增加可变要素投入所带来的全部好处，又可以避免将可变要素投入增加到第三阶段所带来的不利影响。因此，第二阶段是生产者进行短期生产的决策区。

在第二阶段的起点处，劳动的平均产量曲线和劳动的边际产量曲线相交，即劳动的平均产量达到最高点。在第二阶段的终点处，劳动的边际产量曲线与水平轴相交，即劳动的边际产量等于零。

4.3 长期生产函数

长期生产函数是分析两种可变生产要素的最适组合，使其生产规模达到产量最大和成本最低。两种可变投入的长期生产函数可以表示为：

$Q = f$（L、K）

长期中，所有的要素都是可变的。通常以两种可变要素的生产函数来研究长期生产问题。要理解长期生产函数，我们首先要知道两条线，即等产量线和等成本线。

4.3.1 等产量线

1. 等产量线的含义

等产量线是指在技术水准不变的条件下生产同一产量的两种生产要素投入量的所有不同组合的轨迹，即两种生产要素的不同数量组合可以带来相等产量的一条曲线。

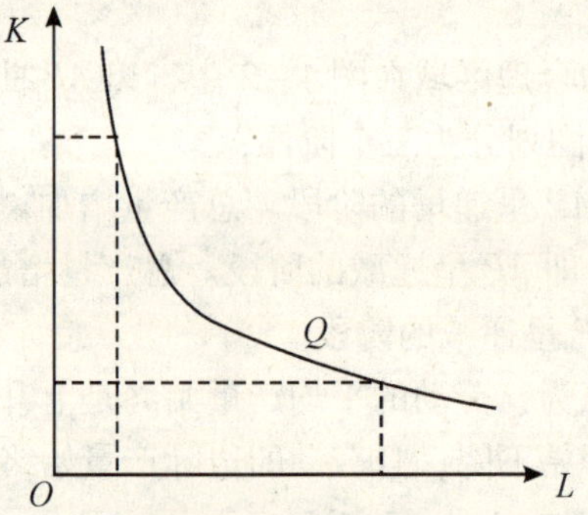

图 4－3　等产量线

2. 等产量线的特征

第一，等产量线是一条向右下方倾斜且凸向原点的曲线，斜率为负值。这表明：实现同样产量，增加一种要素，必须减少另一种要素。

第二，在同一平面图上，可以有无数条等产量线，同一条等产量线代表相同的产量，不同的等产量线代表不同的产量水平。

第三，在同一平面图上，任意两条等产量线不相交。

由于等产量线的几何特点与无差异曲线相似，它又被称为生产无差异曲线。但两者又有区别，等产量曲线表示产量，无差异曲线表示效用；等产量线是客观的，无差异曲线是主观的。

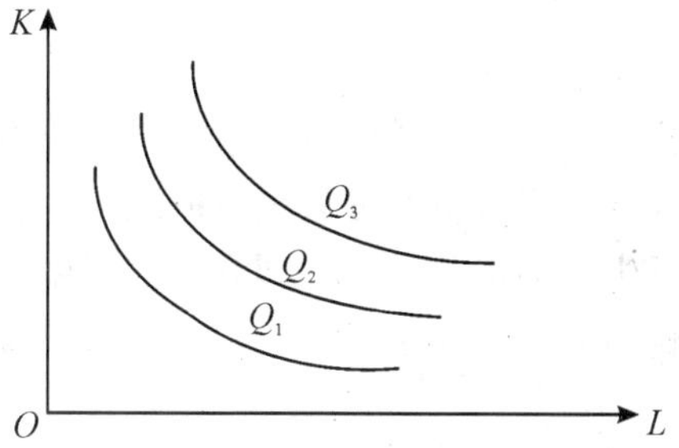

图 4－4　等产量线群

4.3.2　边际技术替代率

1. 边际技术替代率的含义

经济学家把在维持产量水平不变的条件下，增加一个单位的某种生产要素投入量时所减少的另一种要素的投入数量称为两种生产要素的边际技术替代率（Marginal Rate of Technical Substitution），用 $MRTS_{L,K}$ 表示。

$$MRTS_{L,K} = \Delta K / \Delta L$$

由于：$MP_L \cdot \Delta L = MP_K \cdot \Delta K$

即：$\Delta K / \Delta L = MP_L / MP_K$

所以：$MRTS_{L,K} = MP_L / MP_K$

等产量曲线上某一点的边际替代率就是等产量曲线上斜率的绝对值。边际技术替代率可以表示为两要素的边际产量之比。

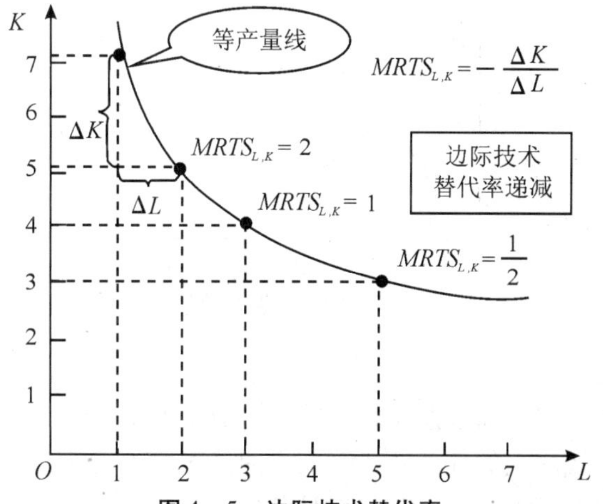

图 4－5　边际技术替代率

2. 边际技术替代率递减规律

在维持产量不变的前提下，当一种生产要素的投入量不断增加时，每一单位的这种生产要素所能替代的另一种生产要素的数量是递减的。

任何一种产品的生产都要求各要素投入之间的替代是有限的。等产量曲线的斜率的绝对值是递减的。

4.3.3 等成本线

1. 等成本线的含义

等成本线，又称企业预算线，它是一条表明在生产者的成本与生产要素价格既定的条件下，生产者所能购买的两种生产要素数量的最大组合的线。

等成本线表明了厂商进行生产的限制条件，即它所购买生产要素所花的钱不能大于或小于所拥有的货币成本。大于货币成本是无法实现的，小于货币成本则无法实现产量最大化。等成本线可以写为：

$$C = P_L \cdot Q_L + P_K \cdot Q_K$$

上式也可写为：

$$Q_K = C/P_K - P_L/P_K \cdot Q_L$$

这是一条直线方程式，其斜率为 $-P_L/P_K$。

因为 C、P_L、P_K 为既定的常数，所以给出 Q_L 的值，就可以解出 Q_K，当然给出 Q_K 的值，也可以解出 Q_L。

如果 $Q_L=0$，则 $Q_K=C/P_K$。

如果 $Q_K=0$，则 $Q_L=C/P_L$。

其中 C 表示生产者的成本，P_L 为购买劳动力的价格，P_K为购买资本的价格，Q_L 为劳动这一生产要素所带来的产量，Q_K 为资本这一生产要素所带来的产量。

将等成本线在图上表示出来，如图 4－6 所示。

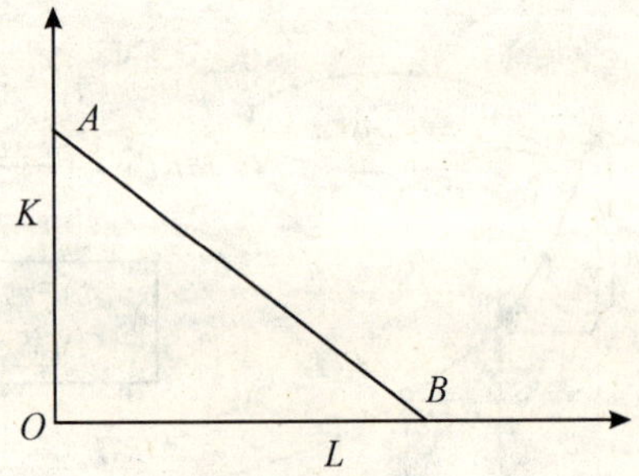

图 4－6 等成本线

2. 等成本线的特征

（1）离原点较远的等成本曲线总是代表较高的成本水平。

（2）同一等成本曲线图上的任意两条等成本曲线之间不能相交。

（3）等成本曲线向右下方倾斜，其斜率是负的。

（4）在要素价格给定的条件下，等成本曲线是一条直线，其斜率是一个常数，即等于两种投入要素的价格之比。

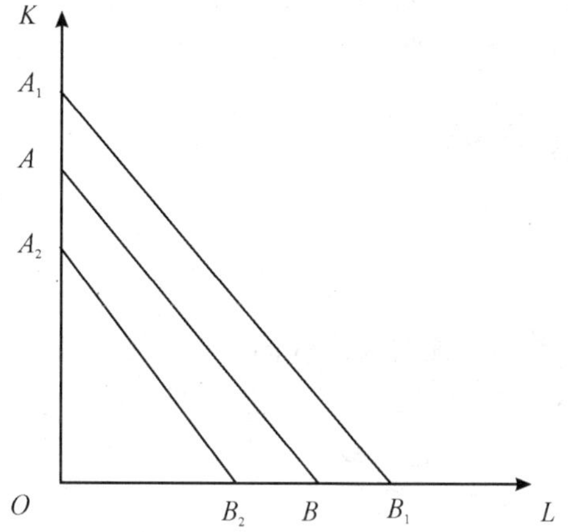

图4－7　等成本线群

4.3.4　最优要素组合

假定技术条件和两种要素的价格都不变：如果总产量已定，成本最低的组合方式利润最大；如果总成本已定，产量最高的组合方式利润最大。要素最佳投入组合点就是等产量曲线与等成本线相切的切点。

为什么只有在这个切点时才能实现生产要素的最适组合呢？从图4－8上可以看出，只有在这一点上所表示的劳动与资本的组合才达到在货币成本和生产要素价格既定的条件下，产量最大。在比它离原点远的无差异曲线 Q_3 所代表的产量水平大于 Q_2，但等成本线 AB 同它既不相交又不相切，这说明达到 Q_3 产量水平的劳动与资本的数量组合在货币与生产要素价格既定的条件下是无法实现的。而在比它离原点近的等产量线 Q_1，虽然 AB 线同它有两个交点 a 和 b，说明在 a 和 b 点上所购买的劳动与资本的数量也是货币成本与生产要素价格既定的条件下最大的组合，但 $Q_1 < Q_2$。a 和 b 点劳动与资本的组合并不能达到利润的最大化。此外，Q_2 除 E 之外的其他各点也在 AB 线之外，即所要求的劳动与劳动资本的数量组合也在收入与价格既定的条件下是无法实现的。

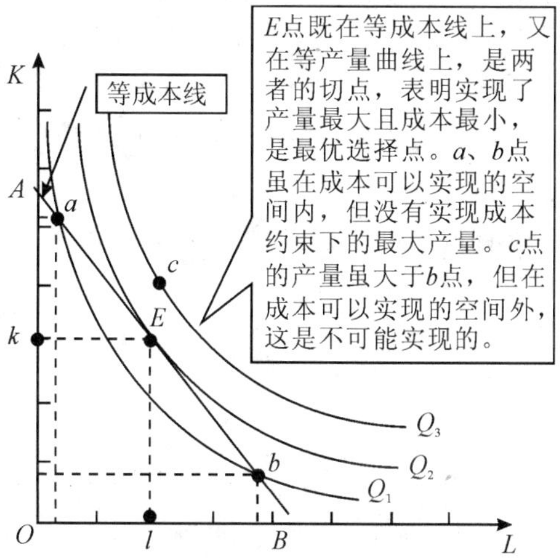

图4－8　成本既定条件下产量最大的要素投入组合

在等产量线与等成本线的相切之点上，等产量线的斜率正好等于等成本线的斜率。等产量曲线的斜率的经济含义是两种生产要素的边际产量之比，而等成本线斜率的经济含义是两种生产要素的价格之比，所以为了实现既定产量条件下的最小成本，厂商应该通过对两要素投入量的不断调整，使得花费在每一种要素上的最后一单位的成本支出所带来的边际产量相等。

4.4 规模经济与适度规模

4.4.1 生产扩张线

如果生产者的货币成本增加，则等成本线向右上方平行移动，不同的等成本线与不同的等产量线相切，形成不同的生产要素最适组合点，将这些点连接在一起，就得出生产扩张线，如图 4－9 所示。当生产者沿着这条线扩大生产时，可以始终实现生产要素的最适组合，从而使生产规模沿着最有利的方向扩大。

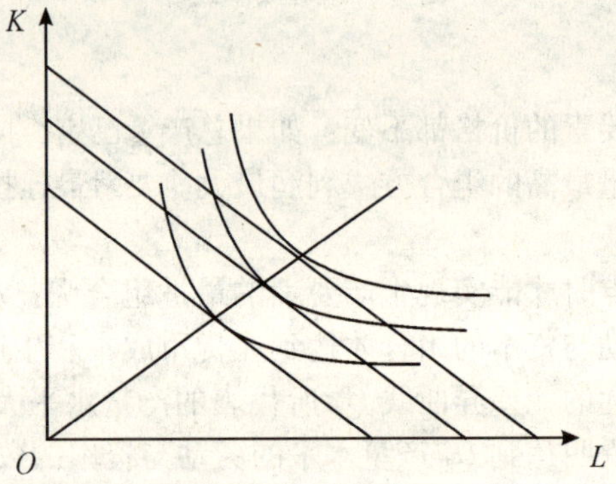

图 4－9 生产扩张线

4.4.2 规模报酬

规模报酬是在一定的技术条件下，所有的各种生产要素投入量同时同比例增加与由此带来的产量增加之间的比例关系。这种变动情况一般可分为以下三种：

第一，规模报酬不变：表示所有投入的增加导致产出同样比例的增加。如果投入增加一倍，产出也增加一倍。

第二，规模报酬递增：所有投入的增加导致产出水平以更大比例增加。如果投入增加一倍，产出增加超过一倍。

第三，规模报酬递减：所有投入的增加导致总产出以较小比例增加。如果投入增加一倍，产出增加少于一倍。

这三个阶段的变化如图 4－10 所示。

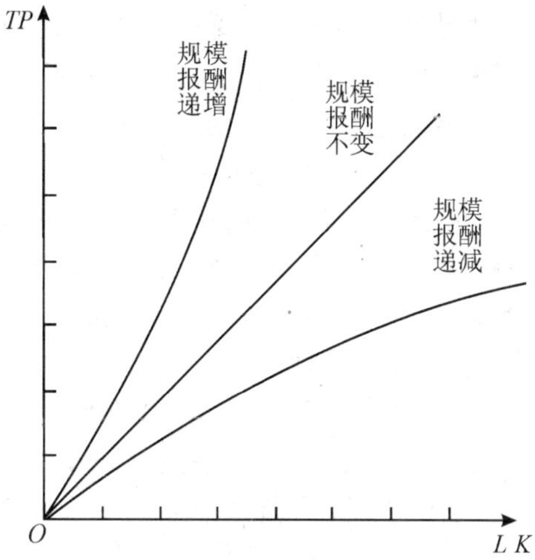

图 4 - 10　规模报酬的三种情形

4.4.3　规模经济

1. **规模经济的含义**

所谓规模经济（income to scale）是指厂商采用一定的生产规模所能获得的经济利益。即在生产技术不变的条件下，企业生产规模的变动（各种生产要素按同样的比例变动）引起生产单位产量或收益变动的情况。

随着生产规模从小到大，生产一般会先后经历规模报酬递增、不变、递减三个阶段。由于大规模生产带来生产效率和收益的提高，称为规模经济；由于规模太大引起生产效率和收益的下降，称为规模不经济；可以使收益达到最大值的规模，称为经济规模。如一汽与丰田同为 15 万职工，一汽的产量是 40 万辆，而丰田则是 500 万辆，规模差距决定了成本的差距。随着产出的增加，单位产品的成本会逐步降低。如轿车在年产 10 万辆的基础上，产量每增加 10%，单位成本可以降低 15%左右。这种生产成本随产品产量增加而降低的现象就是规模经济，或称递增的规模效益。

规模经济与一般规模报酬递增的区别：规模经济在扩大生产规模引起产量递增时往往伴随着生产技术条件的变化，而一般的规模报酬递增是在技术条件不变的情况下扩大生产规模所引起的产量递增。

规模报酬在不同的企业和行业间有很大的差异。企业在什么时候能实现适度规模呢？

2. **适度规模**

适度规模就是两种要素的增加，即生产规模的扩大，正好使报酬递增达到最大。在确定适度规模时应考虑以下两个因素：

（1）本行业的技术特点。需要投资量大的行业，适度规模也大。

（2）市场条件。生产市场需求量大，而且标准化程度高的产品的厂商，适度规模也应该大。

在确定适度规模时，要考虑的因素还很多。各国、各地由于经济发展水平、资源、市场等条件的差异，即使同一行业，规模经济的大小也不完全相同。但对一些重要行业，国际有通行的规模经济标准。我国大多数企业都没有达到规模经济要求。而随着技术进步，许多行业规模经济的生产规模尚有扩大趋势。因此，对我国来说，适当扩大企业规模是我国许多企业提高规模经济效益的客观需要。

【阅读材料——移动梦网短信】

移动梦网是中国移动2001年推出的移动互联业务全国统一品牌。中国移动集团推出梦网计划以来，手机短信以其特有的技术和业务优势，很快打破电话声讯业务在信息平台的垄断，形成竞争格局。据中国移动统计，2001年手机短信发送量为150亿条，2002年迅速飙升到793亿条，2003年继续保持迅猛增长的势头。短信已经被人们称为继网络之后的“第五媒体”。2000年只有10亿元人民币的市场规模，2001年移动增值业务的市场规模为19.8亿元人民币，2002年增加最快，增长了373%，达到93.6亿元人民币的市场规模。2003年移动增值业务的市场规模达到233.2亿元人民币，2006年预计达到640.5亿元人民币。我们可以从规模经济的角度来分析这一市场快速发展的原因。

为实现向用户提供更有价值的服务这一最终目标，中国移动将走出运营商的传统定位，转与众多应用提供商合作，实现开放和公平接入，并以客户聚集者的身份架起服务商与用户之间的桥梁。现有的WAP平台、短信息平台都可向社会不同合作伙伴开放，并以“一点接入、全网服务”为原则，通过不断升级和完善计费系统，给合作伙伴充分施展才能提供条件。

中国移动之所以能够提供网络平台和网络服务，关键在于这类网络信息产品具有很强的规模经济效应。移动电话系统包括遍布全国的交换和传输系统以及成千上万的基站，但它传输的是信息产品，传递每个呼叫或短信的边际成本很小。由于边际成本小，运营商的话务量越大，其平均成本就越低。移动梦网“一点接入、全网服务”，进一步降低了运营商的边际成本。反观固定电话声讯系统，由于以本地网为单位建立，每增加一个节目源，或者不能全网服务，或者每个本地网都要修改和增加相应数据（涉及流程装载、计费和结算等内容），因而需要耗费大量额外的人力和物力，难以提供真正意义上的全网服务功能。从供给方面看，移动梦网竞争力的基础是强大的规模经济效应。

[资料来源：①卢峰：《商业世界的经济学观察》；②《2004年中国移动增值服务研究报告》（http：//www.okokok.com.cn）]

本章实训与练习模块

【实训目标】

通过对本章理论知识的实训练习，让学生掌握企业生产函数在实际生活中的应用，掌握现实中厂商的最优要素投入组合，理解规模报酬和规模经济在实际生活中的体现。

模块一：关键术语与概念

生产　生产要素　短期生产函数　长期生产函数　总产量　边际产量　边际报酬递减规律　等产量线　等成本线　边际技术替代率　规模报酬　规模经济　适度规模

模块二：心得体会

【实训要求】

学习完本章后，你对厂商的生产函数有什么样的认识？它在厂商产量上起到什么样的作用？请谈谈你的看法。

模块三：练习题

【实训要求】

按题目要求完成下列习题。

一、选择题

1. 边际收益递减规律的适用条件是（　　）。
   A. 生产技术没有发生重大变化　　B. 不考虑生产技术是否变化
   C. 生产技术发生变化　　D. 以上均不正确
2. 边际收益递减规律所研究的问题是（　　）。
   A. 各种生产要素同时变动对产量的影响
   B. 其他生产要素不变，一种生产要素变动对产量的影响
   C. 一种生产要素不变，其他几种生产要素变动对产量的影响
   D. 资本和劳动生产要素不变，其他几种生产要素对产量的影响
3. 当其他生产要素不变，而一种生产要素增加时，（　　）。
   A. 总产量会一直增加　　B. 总产量会一直减少
   C. 总产量先增加而后减少　　D. 总产量先减少而后增加
4. 当边际产量大于平均产量时，（　　）。
   A. 平均产量递增　　B. 平均产量递减
   C. 平均产量不变　　D. 以上都不正确
5. 边际产量曲线与平均产量相交之点是在（　　）处。
   A. 边际产量大于平均产量　　B. 边际产量小于平均产量
   C. 边际产量等于平均产量　　D. 以上都有可能
6. 当总产量达到最大时，（　　）。
   A. 边际产量为正　　B. 边际产量为负
   C. 边际产量为零　　D. 边际产量递增
7. 如果要使总产量达到最大，则一种生产要素的投入应该使（　　）。
   A. 边际产量为零　　B. 边际产量等于平均产量
   C. 边际产量为正数　　D. 边际产量为负数
8. 下列说法中错误的一项是（　　）。
   A. 只要总产量减少，边际产量一定是负数
   B. 只要边际产量减少，总产量也一定减少
   C. 边际产量曲线一定在平均产量曲线的最高点与之相交
   D. 边际产量大于零时，总产量处于递增阶段
9. 规模经济所研究的问题是（　　）。

A. 两种生产要素不变而另一种增加时对产量的影响

B. 两种生产要素同时变动时对产量的影响

C. 另一种生产要素配合的比例对产量的影响

D. 单一生产要素的边际产量递减规律

10. 在下列行业中，企业规模应该最大的是（　　）。

A. 服装业　　B. 钢铁业　　C. 娱乐业　　D. 饮食业

二、判断题

1. 边际产量递减规律和规模收益原理的前提条件都是技术水平一定。（　　）
2. 当其他生产要素不变时，一种生产要素投入量越多，产量越高。（　　）
3. 在同一平面上，可以有三条等产量线。（　　）
4. 边际产量递减规律和规模收益原理所研究的是同一个问题，其结论也相同。（　　）
5. 在农业生产中，土地越密植越好，施肥越多越好。（　　）
6. 边际产量曲线与平均产量曲线相交于平均产量曲线的最高点。（　　）
7. 生产一定量产品时，投入要素的配合比例既可以变化，又可以固定。（　　）
8. 一条等产量线的上部表示的产量大于该等产量线的下部表示的产量。（　　）

三、计算题

1. 已知生产函数为 $Q = KL - 0.5L^2 - 0.32K^2$，$Q$ 表示产量，K 代表资本，L 代表劳动，若 $K = 10$，求：

（1）写出劳动的平均产量函数和边际产量函数。

（2）分别计算出当总产量、平均产量达到极大值时，厂商雇用的劳动量。

（3）证明当 AP_L 达到极大值时，$AP_L = MP_L = 2$。

2. 已知某企业的生产函数为 $Q = LK$，K 代表资本，L 代表劳动，劳动的价格为 $W = 2$，资本的价格为 $R = 1$，求：

（1）当 $C = 3\,000$ 成本，企业实现最大产量时的 L、K 和 Q。

（2）当 $Q = 800$ 产量，企业实现最小成本时的 L、K 和 C。

模块四：案例分析题

案例一　旅行社在旅游淡季如何经营

某旅行社在旅游淡季打出从天津到北京世界公园1日游38元（包括汽车和门票）。我的一位朋友说不信，认为是旅行社的促销手段。一日他跟我提起这事，问我是真的会这么便宜吗？38元连世界公园的门票都不够。我给他分析，这是真的，因为旅行社在淡季游客不足，而旅行社的大客车、旅行社的工作人员这些生产要素是不变的，一个游客都没有，汽车的折旧费、工作人员的工资等固定费用也要支出。任何一个企业的生产经营都有长期与短期之分，从长期看，如果收益大于成本就可以生产。更何况就是38元票价旅行社也还是有钱赚的，我们给他算一笔账：一个旅行社的大客车载客50人，共1 900元，高速公路费和汽油费假定是500元，门票价格10元共500元，旅行社净赚900元。在短期不经营也要损失固定成本的支出，因此只要收益弥补可变成本，就可以维持下去，换种说法，每位乘客支付费用等于平均可变成本，就可以经营。另外，公园在淡季门票也打折，团体票打折也是这个道理。

（资料来源：摘自 www. lntvu. com）

【案例思考题】

1. 什么是短期成本？什么是长期成本？

2. 什么是固定成本？什么是可变成本？什么是平均的可变成本？

3. 旅行社在什么情况下就可以经营？

案例二　大商场平时为什么不延长营业时间

节假日期间许多大型商场都延长营业时间，为什么平时不延长？现在我们用这一章学习到的边际分析理论来解释这个问题。从理论上说延长时间一小时，就要支付一小时所耗费的成本，这种成本既包括直接的物耗，如水、电等，也包括由于延时而需要的售货员的加班费，这种增加的成本就是我们这一章所学习的边际成本。假如延长一小时增加的成本是 1 万元（注意这里讲的成本是西方成本概念，包括成本和正常利润），那么在延时的一小时里他们由于卖出商品而增加的收益大于 1 万元，作为一个精明的企业家，他还应该再将营业时间在此基础上再延长，因为这时还有一部分该赚的钱还没赚到手。相反，如果他在延长一小时里增加的成本是 1 万元，增加的收益是不足 1 万元，在不考虑其他因素的情况下就应该取消延时的经营决定，因为延长一小时的成本大于收益。

（资料来源：摘自 blog. sina. com. cn）

【案例思考题】

1. 什么是边际收益？什么是边际成本？

2. 为什么边际收益等于边际成本时利润最大？

模块五：应用实践

1. 1958 年的大跃进中，有些地方盲目推行密植，结果引起减产，如何解释这种现象？

2. 一位前通用公司的总裁对通用公司的雪佛莱分公司作了如下评论：雪佛莱是如此的一个庞然大物，以至于你拧一下它的尾巴，另一头几个月也毫无动静。它实在太大了，根本无法真正管理它。可见，通用公司的巨大规模成了一种负担。这个企业比福特大三分之一，比克莱斯勒大四倍，比丰田和尼桑加起来还大。与这些国内竞争对手相比，通用公司的成本劣势相当大，长期市场份额不断下降。尽管在现代化设备上投资了上百亿美元，但生产率仍是行业中最低的，单位成本则是最高的。为减少规模不经济，通用公司采取了许多措施。它与国外较小的竞争对手，如丰田公司建立起合资企业，组建独立的 Saturn 公司，并给予其五个汽车产品部门（雪佛莱、别克、Pontia C. Oldsmobile、卡迪拉克）在款式、发动机和营销上的更大自主权，以减少决策过程中的管理审批程序。最后，它通过重组成立了小型车集团、中型车集团和高档车集团，试图以此削减成本并更快将新车型引入市场。你是如何理解的？

第5章　成本理论

导入案例

青岛的饭店冬天为什么不关门

青岛市是中国著名的旅游城市，但是每年的10月到次年的4月，长达半年多的时间里，海滨的高级饭店和旅游景点生意很清淡，但是他们仍然在惨淡经营，这是为什么呢？既然生意清淡，肯定已经亏本，为什么还不关门呢？你也许会说，等到夏季旺季他们又可以赚回来啊。是的，这是一个支持他们的希望。但是，如果淡季实在难以维系，他们也会关门的，关键在于他们还没有到那个必须关门的程度。

（资料来源：辛宪：《经济学的第一堂课》）

思　考

他们什么时候就必须关门呢？

【学习要点】

通过本章的教学，旨在使学生熟悉成本、显性成本、隐性成本、机会成本、短期成本、经济利润、正常利润、固定成本和可变成本的含义，掌握短期边际成本的变动规律，了解长期总成本、长期平均成本和长期边际成本。

【重点难点】

1. 显性成本和隐性成本、会计成本与经济成本、短期成本与长期成本
2. 总成本、平均成本、边际成本的概念和关系
3. 不同类型成本曲线的变化规律与关系
4. 企业收益、平均收益、边际收益的要领和企业利润最大化原则

5.1　成本的基本概念与成本函数

5.1.1　成本的基本概念

成本也称为生产费用，是厂商为生产一定数量的商品或提供一定的劳务所付出的代价，即厂商所耗费的生产要素的价值，如工资、利息、地租等。在分析成本时，实际上是分析生产要素的货币形态。其在数值上等于投入的生产要素的数量×要素的单位价格之和。为了更

好地理解成本函数，下面介绍几个重要的成本概念。

1. 显性成本与隐性成本

企业的生产成本可以分为显性成本和隐性成本两个部分。

（1）显性成本：企业生产的显性成本是指厂商在生产要素市场上购买或租用所需要的生产要素的实际支出。例如，某厂商雇用了一定数量的工人，从银行取得了一定数量的贷款，并租用了一定数量的土地，为此，这个厂商就需要向工人支付工资，向银行支付利息，向土地出租者支付地租，这些支出便构成了该厂商的生产的显性成本。

显性成本具有两个特征：生产要素来自外部；涉及直接的货币支付。

（2）隐性成本：企业生产的隐性成本是指厂商本身自己所拥有的且被用于该企业生产过程的那些生产要素的总价格。例如，为了进行生产，一个厂商除了雇用一定数量的工人、从银行取得一定数量的贷款和租用一定数量的土地之外（这些均属显性成本支出），还动用了自己的资金和土地，并亲自管理企业。西方经济学家指出，既然借用了他人的资本，就需付利息，租用了他人的土地，就需付地租，聘用他人来管理企业，就需付薪金。同样道理，在这个例子中，当厂商使用了自有生产要素时，也应该得到报酬。所不同的是，现在厂商是自己向自己支付利息、地租和薪金。所以，这笔价值就应该记入成本之中。由于这笔成本支出不如显性成本那么明显，故被称为隐性成本。隐性成本也必须从机会成本的角度按照企业自有生产要素在其他最佳用途中所能得到的收入来支付，否则，厂商会把自有生产要素转移出本企业，以获得更高的报酬。

隐性成本具有两个特征：厂商自有生产要素；不涉及直接的货币支付，代表厂商放弃的收益。

从经济学的角度看，厂商从事一项经济活动不仅要能够弥补显性成本，而且还要能够弥补隐性成本。

2. 经济成本与会计成本

（1）会计成本是指在购买生产要素时实际发生的且高度可见的成本。它包括：使用他人劳动力所支付的工资和奖金，从其他企业购买的原材料和半成品价值、租用他人拥有的厂房的租金、支付他人资本的利息等，这些成本被概括为显性成本。

（2）经济成本不仅包括显性成本，还包括隐性成本。后者是指在生产过程中使用的，但又未被支持报酬的那一部分费用。从以上讨论可知：

会计成本 = 显性成本

经济成本 = 显性成本 + 隐性成本

= 会计成本 + 隐性成本

= 会计成本 + 正常利润

如果有隐性成本的话，经济成本大于会计成本。

相应地，根据经济成本与会计成本，经济利润与会计利润也不相等。

会计利润 = 总收益 − 会计成本

经济利润 = 总收益 − 经济成本

= 总收益 − （显性成本 + 隐性成本）

= 会计利润 − 隐性成本

= 会计利润 − 正常利润

会计利润是指企业的总收益减去所有显性成本或会计成本后的余额。正常利润是指一个企业继续留在原产业继续生产经营所必需的最低报酬，是企业投入自身生产要素的机会成本，也即隐性成本（也有观点认为正常利润是指企业对自己所提供的企业家才能的报酬支付）。如果一个企业不能获得正常利润，则意味着该企业的会计利润还不能抵偿企业投入的自身生产要素的隐性成本，那么，该企业将会把投入的自有生产要素转为他用，以获得好的收益。

在经济学中，会计利润与经济利润有着显著的差异。会计利润没有考虑企业没有直接支付使用自有资源的代价，因此在会计核算中经常会高估利润。但在经济分析中，就必须考虑隐性成本。经济利润是指企业的总收益减去经济成本（所有显性与隐性成本之和）后的余额，也称超额利润。经济利润可以是正值，也可以是负值，也可以是零。微观经济学认为，经济利润是资源配置和重新配置的信号，如果某一行业经济利润为正，则意味着该行业的企业总收益超过总成本（所有显性与隐性成本之和），这将吸引生产资源的所有者将资源从其他行业转入这个行业，因为进入这个行业获得的收益将超过把该资源用于其他用途的收益；相反，如果某一行业的经济利润为负，则将导致生产资源的所有者将资源从该行业撤出，进入其他行业；只有当经济利润为零时，企业才没有进入或撤出某一行业的动机。值得一提的是，当一个企业经济利润为零时，它仍然得到了全部的正常利润。也就是说，经济利润中不包括正常利润，当企业的经济利润为零时，企业仍得到了全部正常利润。

【阅读材料——两张报表有什么区别?】

某机关一对夫妻，在“下海”浪潮中，用自己的20万元资金办了一个服装厂，一年下来，会计拿来会计报表。当夫妻俩在看报表时，他们的一经济学家朋友小李也来了，小李看了报表后，也列出了另一张报表。具体如下：

会计报表	
销售收益	100万元
设备折旧	3万元
厂房租金	3万元
原材料	60万元
电力等	3万元
工人工资	10万元
贷款利息	15万元
总成本	94万元
利润	6万元

经济学家的报表	
销售收益	100万元
设备折旧	3万元
厂房租金	3万元
原材料	60万元
电力等	3万元
工人工资	10万元
贷款利息	15万元
夫妻俩应得的工资	5万元
自有资金利息	2万元
总成本	101万元
利润	-1万元

（资料来源：编者李锦锋根据网络资料整理）

分析：显性成本和隐性成本之间的区别说明了经济学家与会计师分析经营活动的不同。经济学家关心和研究企业如何做出生产和定价决策，因此当他们衡量成本时就包括了隐性成本。而会计师的工作是记录流入和流出企业的货币，因此他们只衡量显性成本，而忽略了隐性成本 。

3. 短期成本和长期成本

长期和短期并不是指时间长短，而是根据生产要素是否可以调整来划分的。

短期是指部分生产要素可以调整的时期。短期内，某些生产要素的投入量是固定的，企业只能调整其他生产要素投入量来增加或减少产量。可以调整的生产要素主要是原材料、工人人数、燃料等，而不可以调整的生产要素主要是机器设备、厂房、管理人员等。比如在短期内，企业只能在既定的厂房设备的生产能力内，通过增减工人和原材料的方法来改变产量。因此，短期成本就是指企业只调整某些生产要素量时发生的成本。

长期是指所有生产要素均可以调整的时期。在长期内，企业有足够的时间增购在短期内固定不变的生产要素，即在这个阶段任何生产要素的投入量都是可变的。因此，长期成本是指调整所有生产要素量时所发生的成本。

在短期中，有变动成本（*TVC*）和固定成本（*TFC*）之分，而长期就没有固定成本和可变成本之分了，一切成本都是可变的。

4. 总成本、平均成本与边际成本

总成本（*TC*）是指企业生产某一特定数量产品所需要付出的成本总额。

短期总成本（*STC*）是指在短期中投入的所有生产要素的成本，其包括两个部分：固定成本（*TFC*）和变动成本（*TVC*）。

固定成本是指厂商在短期内必须支付的不能调整的生产要素的费用。这种成本不随产量的变动而变动，是固定不变的。其中主要包括厂房和设备的折旧，以及管理人员的工资等。

变动成本是指企业在短期内必须支付的、可以调整的生产要素的费用。这种成本随产量的变动而变动，是可变的，其中主要包括原材料、燃料的支出以及生产工人的工资等。

在短期内：$STC = TFC + TVC$

短期平均成本（*SAC*）是指平均每单位产品所分摊的短期总成本。如果用 Q 表示产量，即 $SAC = \frac{STC}{Q}$。因为短期总成本等于总固定成本与总变动成本之和。所以，$SAC = AVC + AFC$，即短期平均成本等于平均固定成本（*AFC*）与平均变动成本（*AVC*）之和。

边际成本（*MC*）是指厂商每增一单位产量所引起的总成本增量。如果以 *SMC* 代表短期边际成本，以 ΔQ 代表增加的产量，则有：

$$MC = \frac{\Delta TC(Q)}{\Delta Q} \text{或者 } MC = \frac{dTC}{dQ},$$

$$SMC = \frac{\Delta STC}{\Delta Q} = \frac{\Delta STVC}{\Delta Q} \text{或者 } SMC = \frac{dSTC}{dQ} = \frac{dSTVC}{dQ}$$

由于在短期内产品的数量与固定成本无关，因此在产量变化时，只有变动成本跟着变动，边际成本只和变动成本有关。如果多生产一个单位产品，它所引起的总成本增量即边际成本，实际上就是多生产一个单位产品所引起的变动成本的增量。

5.1.2 成本函数

成本函数是指成本是产量的函数（假定要素价格与技术水平不变）。成本的高低取决于投入的要素量、要素价格和技术水平三个因素。要素价格的上升必然提高成本，企业的技术进步则使得同样的产出消耗更少的要素而降低成本。假定要素价格与技术水平不变，成本高低就取决于要素投入量的多少。根据生产函数，要素投入量的多少取决于产量：在既定的生产函数中，更多的产量需要更多的要素投入量。因此，成本最终随产量的变动而变动，成本是产量的函数。

根据时期不同，成本函数分为短期成本函数和长期成本函数。

在短期内，总成本等于固定成本（*TFC*）与变动成本（*TVC*）之和。以 *A* 代表固定成本，以 $f(Q)$ 代表变动成本，则短期成本函数的函数关系可表示为：

$$STC = A + f(Q)$$

在长期中，由于企业不存在固定成本，一切成本都是可变的，则长期成本函数的函数关系可表示为：

$$LTC = f(Q)$$

5.2 短期成本函数

5.2.1 总成本、固定成本、变动成本的变动规律及关系

总成本、固定成本、变动成本的变动规律及关系如图 5－1 所示：

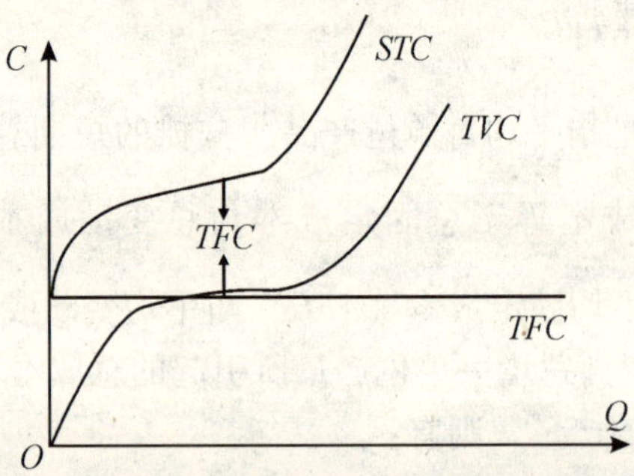

图 5－1　总成本、固定成本、变动成本曲线

在图 5－1 中，横轴 *OQ* 代表产量。纵轴 *OC* 代表成本。

（1）固定成本（*TFC*）是一常数，是一条与横轴平行的直线，表示不随产量的变动而变动。即使产量为零，也存在固定成本。

（2）变动成本（*TVC*）曲线是一条从原点出发且向右上方倾斜的曲线。表示随产量的增加而增加，但先以递减的速率增加，后以递增的速率增加。它变动的规律是，最初在产量开始增加时，由于固定生产要素与可变生产要素的效率未得到充分发挥，因此，可变成本的

增加率要大于产量的增长率。以后随着产量的增加，固定生产要素与可变生产要素的效率得到充分发挥，可变成本的增加率小于产量的增加率。最后边际产量递减规律可变成本的增加率又大于产量增加率。

（3）短期总成本（*STC*）曲线不是从原点出发，而是从固定成本的值出发，表示即使没有产量，总成本最小也等于固定成本。总成本曲线向右上方倾斜，它的形状与 *TVC* 曲线相同，说明总成本与变动成本的变动规律相同。它与 *TVC* 曲线之间的距离是 *TFC*。

5.2.2 平均成本、平均固定成本、平均变动成本的变动规律及关系

平均成本（*AC*）、平均固定成本（*AFC*）与平均变动成本（*AVC*）的变动规律如图 5－2 所示。

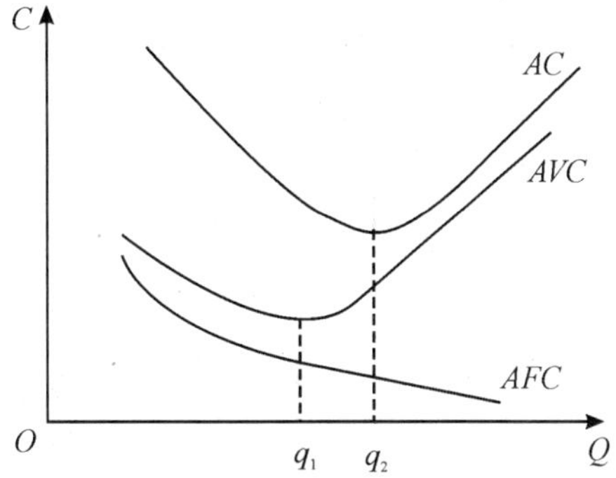

图 5－2 平均成本曲线

（1）平均固定成本等于总固定成本除以产量。平均固定成本的曲线向右下方倾斜。这表明在短期内，固定成本总值保持不变，随着产量的增加，每单位产量分摊的固定成本持续减少，即平均固定成本趋于下降。

（2）平均变动成本是短期内每单位产品平均所需要的变动。平均变动成本是 U 形曲线。起初随着产量的增加，平均可变成本减少；但产量增加到一定程度后，平均可变成本由于边际产量递减而增加。因此，平均可变成本曲线是一条先下降后上升的 U 形曲线，表明随着产量增加先下降而后上升的变动规律。

（3）平均成本等于平均固定成本与平均变动成本之和，因此，平均成本的变动规律是由平均固定成本与平均变动成本决定的。平均成本曲线是 U 形曲线。当企业产量很低时，随着产量增加，平均固定成本和平均变动成本均呈下降趋势，导致平均成本下降。但当产量继续增加时，虽然平均固定成本仍下降，但由于变动生产要素的使用量越来越大，平均变动成本与平均固定成本相比，在平均成本中所占比重越来越大，而平均变动成本到达一定点后将趋于上升，它迟早将抵消固定成本下降的影响而导致平均成本上升。如图 5－2 所示，当产量小于 q_1 时，固定成本和平均变动成本均下降，平均成本下降。到产量 q_1 时，平均变动成本达到最低点，然后转为上升，但由于平均固定成本仍在下降，而且下降的速度快于平均变动成本上升的速度，致使平均成本继续下降。到产量 q_2 时，平均变动成本曲线上升的速度恰好等于平均固定成本下降的速度，平均成本曲线达到它的最低水平。当产量超过 q_2，由于平均变动成本的增长速度超过平均固定成本的下降速度，导致平均成本曲线上升。因此，平均成本曲线呈 U 形，并且始终位于平均变动成本曲线上方，与平均变动成本曲线的

垂直距离等于平均固定成本。随着产量增加，平均变动成本率先达到最小值，而后平均成本才达到最小值。也就是说平均变动成本曲线达到最小值的产量水平（q_2）高于平均变动成本曲线达到最小值的产量水平（q_1）。

5.2.3　边际成本与平均成本、平均变动成本的关系

边际成本与平均成本、平均变动成本的关系如图 5－3 所示。

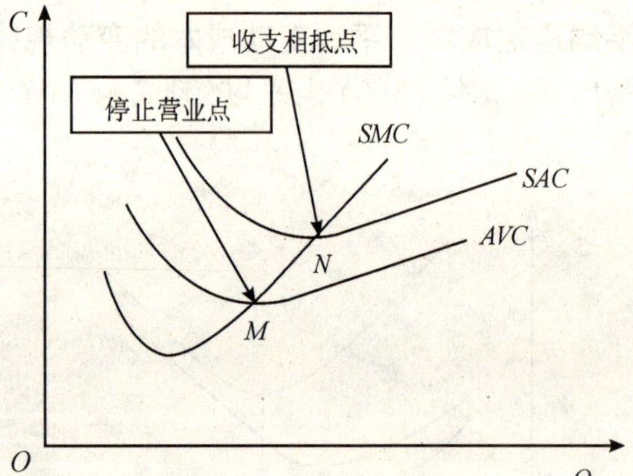

图 5－3　边际成本曲线

1. 边际成本曲线也是 U 形

短期边际成本是指工厂规模既定的条件下，每增加一单位产量所增加的总成本。由于短期内固定成本不变，因此增加一单位产量所增加的是总变动成本。即

$$SMC = \frac{\Delta STC}{\Delta Q} = \frac{\Delta STVC}{\Delta Q}$$

短期边际成本的变动规律是：最初在产量开始增加时，由于各种生产要素的效率未得到充分发挥，因此，产量很小。随着生产的进行，生产要素利用率增大，产量的增长速度大于成本的增长速度，所以边际成本随产量的增加而递减。减少到一定程度后，由于边际产量递减规律，又随着产量的增加而增加。所以短期边际成本 *SMC* 曲线也是一条先下降而后上升的 U 形曲线。

2. 边际成本曲线一定相交于平均成本曲线与平均变动成本曲线的最低点

从图 5－3 可以看出，边际成本曲线与平均成本曲线的关系有以下三种情况：

（1）边际成本小于平均成本，即边际成本曲线位于平均成本曲线的下方。

（2）边际成本大于平均成本，即边际成本曲线位于平均成本曲线的上方。

（3）边际成本等于平均成本，即边际成本曲线与平均成本曲线相交。

在第一种情况下，增加一个单位产量所增加的成本小于这时的平均成本，即$\frac{\Delta TC}{\Delta Q} < \frac{TC}{Q}$，边际成本量就会把平均成本量拉下，所以增加这个单位产量后的平均成本$\frac{TC'}{Q'} = \frac{TC + \Delta TC}{Q + \Delta Q}$一定小于原来的平均成本$\frac{TC}{Q}$。例如：假设原有产量为 9，总成本为 90，即平均成本为 10。增

加一个单位产量所增加的成本为5，增加这个单位产量后的平均成本则为9.5，小于原平均成本10。这就意味着，只要边际成本曲线位于平均成本曲线的下方，平均成本曲线一定是下降的。

在第二种情况下，增加一个单位产量所增加的成本大于这时的平均成本，即$\frac{\Delta TC}{\Delta Q} > \frac{TC}{Q}$，边际量就会把平均量提高，所以增加这个单位产量后的平均成本$\frac{TC'}{Q'} = \frac{TC + \Delta TC}{Q + \Delta Q}$一定大于原来的平均成本$\frac{TC}{Q}$。这就意味着，只要边际成本曲线位于平均成本曲线的上方，平均成本曲线一定是上升的。

为了更好地说明其原因，我们打一个比方。平均成本就像你的平均成绩，边际成本就像你下一门课将得到的成绩。如果你下一门课的成绩小于你的平均成绩，你的平均成绩就下降；如果你下一门课的成绩高于你的平均成绩，你的平均成绩就上升。平均成本和边际成本的关系与平均成绩和边际成绩的关系完全相同。

当边际成本曲线在平均成本曲线下方时，平均成本曲线一定下降；边际成本曲线位于平均成本曲线的上方时，平均成本曲线一定上升，而平均成本曲线又是U形曲线。那么边际成本曲线与平均成本曲线唯一可能的相交点只能是平均成本曲线的最低点。

短期边际成本与固定成本无关，每增加一个单位产量所增加的成本是变动成本。所以边际成本曲线也一定在平均变动成本曲线的最低点相交。

边际成本曲线与平均成本曲线的相交点，如图5－3中N点被称为收支相抵点，在N点上$MC = AC$，如果此时价格等于平均成本，即$P = AC = MC$，则企业的成本与收益相等。企业仍愿意进行生产，这是因为可以获取正常利润。其原因在于经济学中将正常利润作为成本的一个组成部分。

边际成本曲线与平均成本曲线的相交点，如图5－3中的M点被称为停止营业点，在M点上$MC = AVC$，如果此时的价格等于平均变动成本，企业仍有可能进行生产，因为即便不生产，也要支付平均固定成本。如果价格低于平均变动成本，企业就不会进行生产，因为此时不停止营业，企业不仅要蒙受固定成本的损失，还要蒙受变动成本的损失。

【阅读材料——固定与可变成本的区别】

1. 一家餐馆生意不好，中午没有几个人，你会问为什么这种餐馆还要开门呢？

分析：在做出是否经营的决策时，餐馆老板必须记住固定成本与可变成本的区分。餐馆的许多成本包括租金、厨房设备、桌子、盘子、餐具等等，停止营业并不能减少这些成本。可变成本包括增加的食物价格和额外的服务员工资。只有在午餐时从顾客得到的收入少到不能弥补餐馆的可变成本时，老板才在午餐时间关门。

2. 杜拉拉女士是某航空公司的股东，本公司的飞机有一段时间，120座的机舱内也就40人左右。她对公司的前途颇感忧虑，很想把该公司的股票抛出，她请教了一位经济学家。经济学家给了她如何的答复呢？

分析：飞机、折旧费等都是固定成本。而汽油及其他支出是可变成本。

短期中航空公司能维持下去的条件是什么？只要收益能弥补可变成本就可以。比如飞行一次的成本为2万美元，其中固定成本为1万美元，可变成本为1万美元，只要机票为250

美元，乘客大于或等于40人，就可维持经营。这一点也称为停止营业点。当然对于长期来说，总收益大于总成本才有利润，也没有固定成本与可变成本之分。

［资料来源：黄德林：《西方经济学（微观部分）》案例分析］

5.2.4 各类短期成本的变动规律及相互关系

用公式可表达成本函数之间的关系，例如：

某企业的总成本函数 $TC = Q^3 - 12Q^2 + 60Q + 40$

则有：$AC = \frac{TC}{Q} = Q^2 - 12Q^2 + 60 + \frac{40}{Q}$

$$MC = \frac{\mathrm{d}TC}{\mathrm{d}Q} = 3Q^2 - 24Q + 60$$

$$AVC = \frac{VC}{Q} = Q^2 - 12Q + 60$$

$$AFC = \frac{FC}{Q} = \frac{40}{Q}$$

为了更好地理解各类短期成本的变动规律及其相互关系，以某企业的短期成本表为例来说明各种成本的计算和相互关系。如表5－1所示。

表5－1 各类短期成本的变动规律及其相互关系

产量 Q	总成本			平均成本			边际成本 MC
	固定成本 TFC	变动成本 TVC	总成本 TC	平均固定成本 AFC	平均变动成本 AVC	平均成本 AC	
0	20	0	20	—	—	—	—
1	20	30	50	20.00	30	50.00	30
2	20	56	76	10.00	28	38.00	26
3	20	75	95	6.67	25	31.67	9
4	20	80	100	5.00	20	25.00	5
5	20	105	125	4.00	21	25.00	25
6	20	132	152	3.33	22	25.33	27
7	20	182	202	2.86	26	28.86	50
8	20	320	340	2.50	40	42.50	138
9	20	720	740	2.22	80	82.22	400

5.3 长期成本函数

长期指企业在长时间内可以调整一切生产要素。或者说，在诸种投入要素中，无论哪一种要素的投入量都是可变的。因此，有可能在各种产量水平上，选择最优的投入要素结合比例。在这种条件下所形成的产量与成本之间的关系，就是长期成本函数，其几何表现就是长期成本曲线。

5.3.1 长期总成本

厂商在长期内对全部生产要素投入量的调整意味着对企业的生产规模的调整。也就是说，从长期来看，厂商总是可以在每一个产量水平上选择最优的生产规模进行生产。长期总成本（*LTC*）是指厂商在长期中，在各种产量水平上通过改变生产规模所能达到的最低总成本。其特征主要包括如下两点：

（1）长期总成本 *LTC* 曲线是从原点出发向右上方倾斜的。当产量为零时，长期总成本为零，以后随着产量的增加，长期总成本是增加的。长期总成本 *LTC* 曲线的斜率先以递增速度增加；进而以递减速度增加，经拐点之后，又变为以递增的速度增加。*LTC* 曲线的形状主要是由规模经济因素决定的。在开始生产时，要投入大量生产要素，而当产量少时，这些生产要素无法得到充分利用，因此，*LTC* 曲线很陡。随着产量的增加，生产要素开始得到充分利用，这时成本增加的比率小于产量增加的比率，表现为规模报酬递增。最后，由于规模报酬递减，成本的增加比率又大于产量增加的比率。可见，*LTC* 曲线的特征是由规模报酬的变化所决定的。长期总成本曲线如图 5－4 所示。

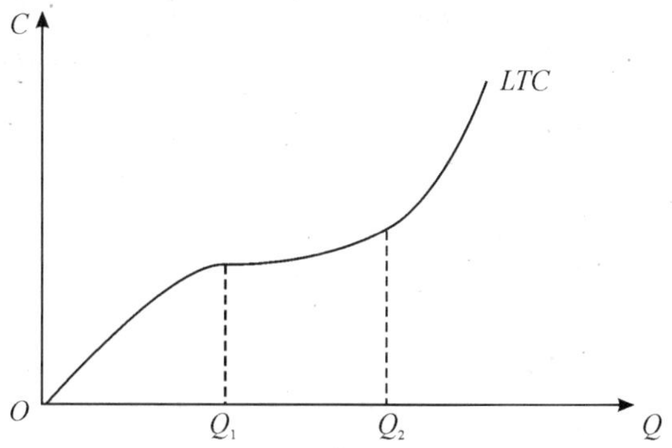

图 5－4　长期总成本曲线

（2）长期总成本曲线是由短期总成本曲线的最低点组成，即长期总成本曲线是每条短期总成本曲线最低点的集合。

如图 5－5 所示，有三条短期总成本曲线 STC_1、STC_2、STC_3，它们分别代表三个不同的生产规模。短期总成本曲线在纵轴上的截距表示固定成本，由图可知，STC_1 曲线所代表的总固定成本最小，STC_3 曲线所代表的总固定成本最大。总不变成本的多少（如厂房、机器设备等）往往可以代表生产规模的大小，所以，STC_1 生产规模最小，STC_3 生产规模最大。

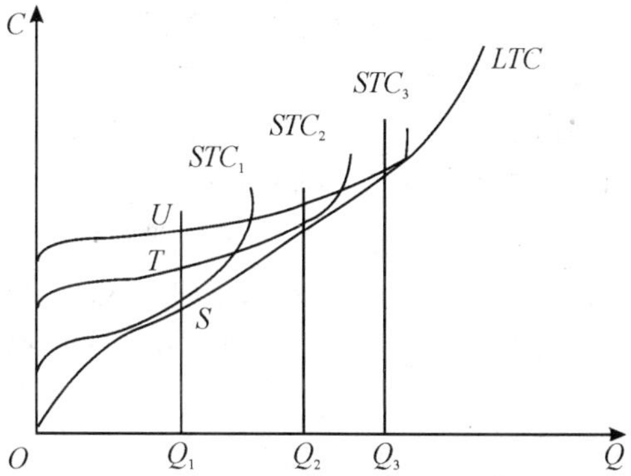

图 5－5　短期总成本曲线

假定厂商可以在三种不同的工厂规模中选择产量为 OQ_1 的规模，如工厂规模为 STC_1，厂商的总成本（注意，一旦确定了工厂规模，此处的总成本就是短期总成本）为 SQ_1，如工厂规模为 STC_2，厂商的总成本为 TQ_1，如工厂规模为 STC_3，则总成本为 UQ_1。厂商可用三种不同规模来生产同一产量 Q_1，但选择规模 STC_1 时总成本最低，S 点位于 LTC 曲线上，是短期总成本曲线和长期总成本曲线的切点。由图可知，若产量为 Q_2，则应选择 STC_2 的生产规模；若产量为 Q_3，则应选择 STC_3 的生产规模，所以，长期总成本曲线是一系列最低成本点的轨迹，它是由无数条短期成本曲线的切线连接而成的，即长期总成本曲线是短期总成本曲线的包络线。

长期总成本曲线是由无数条短期成本曲线的切线相连而成的。这是因为，若厂商可任意选择生产规模，那么，对于某个事先确定的产量水平，厂商要计算各种可供选择的工厂规模上的生产总成本，并选择总成本最小的那个规模。

5.3.2 长期平均成本

企业为了获得最大利润，无论短期还是长期，总是力求以最少的单位成本即平均总成本进行生产。表示不同产量条件下的最小平均成本的曲线就是长期平均成本曲线，如图 5－6 所示。

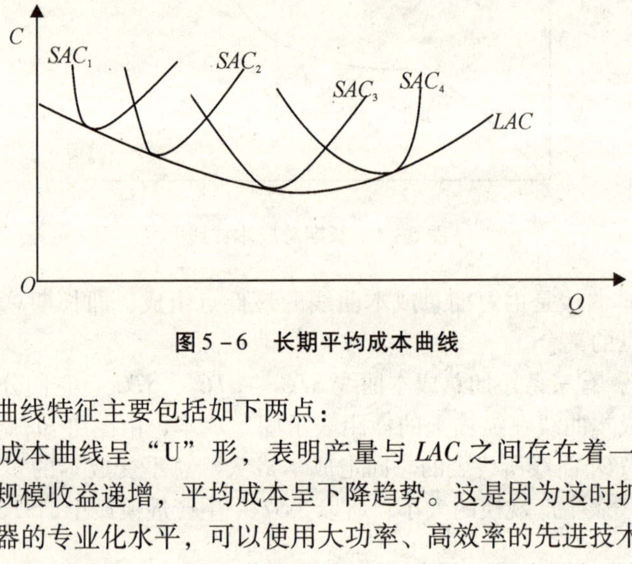

图 5－6 长期平均成本曲线

长期平均成本曲线特征主要包括如下两点：

（1）长期平均成本曲线呈“U”形，表明产量与 LAC 之间存在着一种一般规律。当规模很小时，一般是规模收益递增，平均成本呈下降趋势。这是因为这时扩大规模可以提高企业劳动生产率和机器的专业化水平，可以使用大功率、高效率的先进技术。但当规模继续增大时，由于专业化的效果受到一定限制，技术水平的提高也会受到当前技术的限制，此时，规模收益近乎不变，平均成本趋于稳定。

如果规模再扩大，往往会造成管理上的困难，这时规模收益处于递减阶段，AC 曲线又开始上升。长期平均成本曲线的最低点就是企业的最优规模。

（2）长期平均成本曲线（LAC）是无数条短期平均成本曲线（SAC）的包络线。在这条包络线上，连续变化的每一个产量水平，都存在 LAC 曲线和一条 SAC 曲线的相切点，该切点所对应的平均成本就是相应的最低平均成本。LAC 曲线表示厂商长期内在每一产量水平上可以实现的最小的平均成本。

5.3.3 长期边际成本

长期边际成本是指工厂规模变动条件下，厂商每增加一单位产量所增加的长期总成本，是在长期中增加一个单位产量所引起的成本的增加量。它是一条先下降而后上升的变动较平缓的“U”形曲线。长期边际成本曲线可以从众多条短期边际成本曲线中推导出来。然而曲线不是短期边际成本曲线的包络线。曲线可以定义为与每一产量上的最优工厂规模相对应的短期边际成本的轨迹，如图5－7所示。

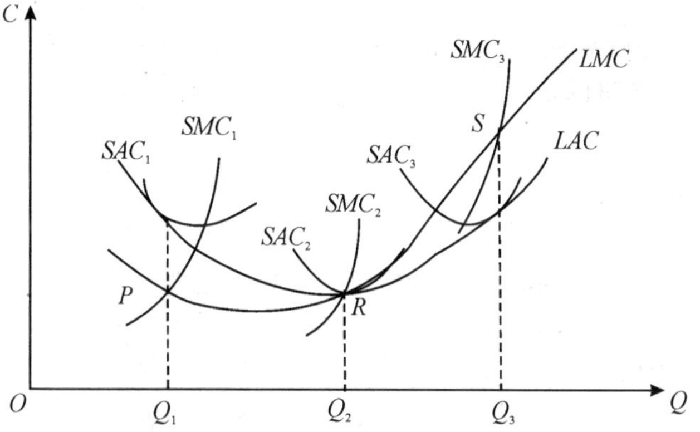

图5－7 长期边际成本曲线

长期边际成本与长期平均成本的关系和短期边际成本与短期平均成本的关系一样，即在长期平均成本下降时，长期边际成本小于长期平均成本；在长期平均成本上升时，长期边际成本大于长期平均成本；在长期平均成本的最低点，长期边际成本等于长期平均成本。如图5－8所示，*LMC*曲线与*LAC*曲线相交于*LAC*曲线的最低点。相交前，*LAC*在*LMC*的上方，表明长期边际成本小于长期平均成本。在相交后，*LAC*在*LMC*的下方，表明长期边际成本大于长期平均成本。

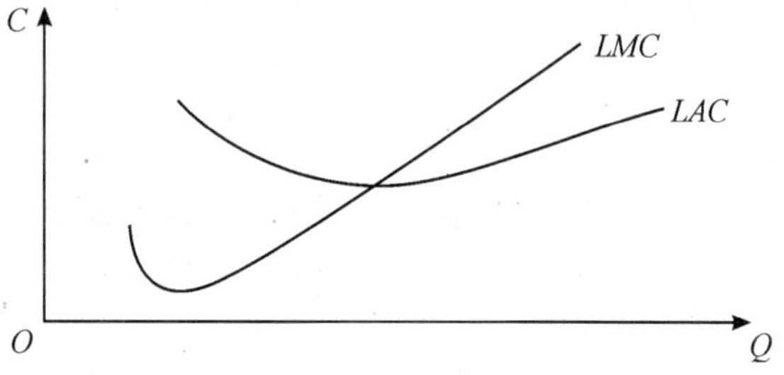

图5－8 长期边际成本与长期平均成本

5.4 企业收益与利润最大化

5.4.1 企业收益

收益指企业出卖产品得到的收入。收益可划分为总收益、平均收益和边际收益。

总收益（*TR*）是企业出售产品得到的全部收入。如果用 P 表示产品价格，Q 表示产量。

$$TR = P \times Q = AR \times Q$$

平均收益（*AR*）是企业销售每一单位产品平均所得到的收入。平均收益就是产品价格（注明：这种情况发生在完全竞争市场中）。

$$AR = \frac{TR}{Q} = \frac{P \times Q}{Q} = P$$

边际收益（*MR*）是指企业每增加销售一单位产品所增加的收入。如果用 ΔTR 表示总收益的增量，用 ΔQ 表示产量的增量，则：

$$MR = \frac{\Delta TR}{\Delta Q}$$

在完全竞争的条件下，商品的市场价格对企业来说是既定的，企业不能改变市场价格，只能接受市场价格。例如，如果某企业提高商品价格，消费者将不买它的产品而购买其他企业的产品。所以企业增加一单位产量所增加的收益只能是这个单位产量的价格即平均收益。也就是说，平均收益和边际收益总是相等且保持不变的，如表 5－2 所示。

表 5－2　平均收益与边际收益

产　量	价　格	总收益	平均收益	边际收益
1	100	100	100	100
2	100	200	100	100
3	100	300	100	100
4	100	400	100	100
5	100	500	100	100

5.4.2　利润最大化原则

利润是企业活动中一个重要的价值概念，是指生产经营中获得的总收益与投入的总成本之间的差额。如果以 *TR* 代表总收益，*TC* 代表总成本，π 代表利润，则有：

$$\pi = TR - TC$$

企业生产经营的目标是追求利润最大化，在不同的价格水平下，企业愿意并能够提供的产品数量，应该在既定的价格下能给它带来最大利润或最小亏损的产品数量。经济学给出的利润最大化的标准是边际收益等于边际成本，即 $MR = MC$。当两者相等时，这种产量就实现了利润最大化。这是根据企业实践总结出来的规律，可以用一个简单的例子来理解这个规律。假设一个企业生产一单位产品增加的收益（*MR*）为 10 元，边际成本（*MC*）为 8 元，每多生产一单位产品就赚了 2 元。这时，企业一定会增加生产，它增加生产就表明原来的产量没有实现利润最大化。反之，如果边际收益为 8 元，边际成本为 10 元，每多生产一单位产品就赔2元。这时，企业一定要减少生产。它减少生产就表明原来的产量也没有实现利润最大化。当边际收益与边际成本相等（比如都是9元）时，企业既不增加产量，也不减少产量，这说明对于这种产量实现了利润最大化。

利润最大化的标准是边际收益等于边际成本，即 $MR=MC$，也可以用数学方法证明；对 $MR=MC$ 这一利润最大化原则，可用数学推导加以证明。

设 π 为利润，Q 为厂商产量，TR 为厂商总收益，TC 为厂商总成本，则：

$$\pi(Q)=TR(Q)-TC(Q)$$

利润极大化的必要条件是 π 对 Q 的一阶导数为零。

$$\frac{d\pi(Q)}{dQ}=\frac{dTR(Q)}{dQ}-\frac{dTC(Q)}{dQ}=0$$

$$\frac{dTR(Q)}{dQ}=\frac{dTC(Q)}{dQ}$$

而 TR 对 Q 的一阶导数 $\frac{dTR(Q)}{dQ}$ 就是边际收益 MR，同样，$\frac{dTC(Q)}{dQ}$ 就是边际成本 MC。所以，当 $MR=MC$，即边际收益等于边际成本时，利润极大。

利润最大化的充分条件还要求 π 的二阶导数为负数，即

$$\frac{d^2TR(Q)}{dQ^2}-\frac{d^2TC(Q)}{dQ^2}<0$$

$$\frac{d^2TR(Q)}{dQ^2}<\frac{d^2TC(Q)}{dQ^2}$$

它表示，利润最大化要求边际成本函数的斜率要大于边际收益函数的斜率。一般来说，在不同的市场结构中，边际成本函数的斜率为正值，而边际收益函数的斜率在完全竞争市场中为零，在不完全竞争市场中为负值。因此，为实现利润最大，厂商应把产量调整到 $MR=MC$，这一原则适用于所有市场结构中的厂商。而当企业生产一定量的产品时，如果出现 $MR>MC$，表明厂商每多生产一单位产品所增加的收益大于生产这一单位产品所增加的成本。这时，对该厂商来说，还有潜在的利润没有得到，厂商增加生产是有利的。当企业生产一定量的产品时，如果 $MR<MC$，表明厂商每多生产一单位产品所增加的收益小于生产这一单位产品所增加的成本。这对该厂商来说就会造成亏损，厂商必然要减少产量。

在生产经营中，企业总要使自己产量的平均成本最低。平均成本最低时，平均成本与边际成本相等。如果市场是完全竞争的，企业每增加一单位产品不影响价格，平均收益也等于边际收益。由此可以得出，在完全竞争市场上，边际收益等于边际成本，也就是平均收益等于平均成本。这时，企业不就没有利润了吗？的确，竞争的结果是利润最大化时利润为零。但是要记住，这里所说的利润是经济利润。经济利润为零，会计利润不为零。在完全竞争时企业所赚到的是补偿隐性成本的会计利润。但是，市场并不都是完全竞争的，如果有的企业规模相当大，它的产量变动足以引起价格的变动；或者有的企业利用政府赋予的权利获得了垄断地位；或者有的企业创造出了某种有特色的产品，等等，价格就会高于完全竞争时。在这些情况下，企业就可以获得经济利润。在现实中，完全竞争并不多见，普遍的情况是竞争

与垄断的不同程度的结合，在这些不完全竞争的市场里，企业可以通过市场控制或创新等来使价格高于平均成本，从而获得经济利润。

本章实训与练习模块

【实训目标】

通过对本章理论知识的实训练习，让学生对成本理论有更深入的了解，熟悉企业面对的各类不同的成本类型，能对不同的成本类型进行区分，了解在现实经济生活中企业应如何利用成本理论对生产行为进行分析。

模块一：关键术语与概念

显性成本　隐性成本　经济成本　会计成本　短期成本　长期成本　总成本　边际成本　利润最大化原则

模块二：心得体会

【实训要求】

通过本章的学习，请实地到某些企业去进行走访、了解，从企业生产的角度，分析企业在生产过程中会出现哪些不同类型的成本？对这些成本应如何进行处理？企业如何才能实现利润的最大化？

模块三：练习题

【实训要求】

通过完成下面的习题，加深对成本理论的理解和记忆。

（一）选择题

1. 生产成本是由（　　）。

A. 显性成本加隐性成本构成　　B. 显性成本加可变成本构成

C. 固定成本加可变成本构成　　D. 固定成本加隐性成本构成

2. 当产出增加时，*LAC* 曲线下降，这是由于（　　）。

A. 规模的不经济性　　B. 规模的经济性

C. 收益递减规律的作用　　D. 上述都正确

3. 已知产量为 19 单位时，总成本为 195 元，产量增加到 20 单位时，平均成本为 10 元，由此可知边际成本为（　　）。

A. 5 元　　B. 10 元　　C. 15 元　　D. 20 元

4. *LAC* 曲线（　　）。

A. $LMC < LAC$ 时下降，而当 $LMC > LAC$ 时上升

B. 通过 *LMC* 曲线的最低点

C. 随 *LMC* 曲线下降而下降

D. 随 *LMC* 曲线上升而上升

5. *MC* 曲线与 *AC* 曲线相交于（　　）。

A. AC 曲线的最低点　　B. MC 曲线的最低点

C. AC 曲线上的任一点　　D. MC 曲线上的任一点

6. 长期总成本曲线是各种产量（　　）。

A. 最低成本点的轨迹　　B. 最低平均成本点的轨迹

C. 最低边际成本点的轨迹　　D. 平均成本变动的轨迹

7. 经济学中短期和长期划分取决于（　　）。

A. 时间长短　　B. 可否调整产量

C. 可否调整产品价格　　D. 可否调整所有生产要素

8. 当生产要素增加 10% 时，产量的增加小于 10% 的情况是（　　）。

A. 边际成本递减　　B. 长期平均成本曲线向右下方倾斜

C. 存在规模收益递增　　D. 存在规模收益递减

9. 你的某亲戚考虑开一家五金商店。她计算，每年的总费用是 50 万元。她一年可以卖出 53 万元的营业额。但是，如果做这件事，她就不得不辞去每年 5 万元的工作，她开店每年获得的经济利润是（　　）万元。

A. 3　　B. −2　　C. 0　　D. 2

10. 假设某企业总成本函数为 $TC = Q^3 - 10Q^2 + 17Q + 66$，其平均可变成本函数为(　　)。

A. $Q^3 - 10Q^2 + 17$　　B. 66　　C. $Q^2 - 10Q + 17$　　D. $3Q^2 - 20Q + 17Q$

（二）判断题

1. 某厂商每年从企业的总收入中取出一部分作为自己所提供生产要素的报酬，这部分资金被视为固定成本。（　　）

2. 长期成本分为长期固定成本和长期可变成本。（　　）

3. 厂商增加一单位产量时，所增加的总成本是边际成本。（　　）

4. 随着产量的增加，平均固定成本在开始时下降，然后趋于上升。（　　）

5. 边际成本低于平均成本时，平均成本上升。（　　）

6. 短期边际成本曲线与平均可变成本曲线的交点是收支相抵点。（　　）

7. 对应于边际产量的递增阶段，短期总成本曲线以递减的速率上升。（　　）

8. 长期边际成本曲线呈 U 形的原因是边际效用递减规律。（　　）

（三）计算题

1. 假定一家企业接受的任务处于这样的水平：增加一个单位产量，可增加销售收入 100 元，但同时增加总成本 150 元。问此企业应增产还是减产？

2. 设完全竞争市场中的代表性厂商的短期成本函数是 $STC = 20 + 240Q - 20Q^2 + Q^3$，若该产品的市场价格是 315 元，试问该厂商的停止营业点是多少？

3. 已知某厂商的需求函数为：$Q = 6\,750 - 50P$，总成本函数为：$TC = 12\,000 + 0.025Q^2$。求：利润最大化时的产量和价格。

模块四：案例分析题

案例一　歌星演唱会的利润最大化

某年秋季，上海某演出公司策划一场歌星演唱会，演唱会拟定在上海万人体育馆内举行。演唱会一旦举行，成本开支几乎是完全可以预算的：歌星及乐队的出场费、招待费

（包括餐饮、住宿、交通等开支）、场地租借费、安保费、工作人员加班费等。

演出公司估计，尽管到时市里有韩国电影周等活动，但凭所请几位歌星的影响力，出票数有望达到6 000张。当然，场内位置不同，票价也不同，但按平均票价计算，出票数达到4 800张便正好与演唱会的成本持平。因此，演唱会盈利是很有把握的。

刚到演出公司实习的经济系大学生周星看了演出策划书后有些困惑：每增加一个观众的票价收入是公司的边际收益，这时的边际成本是多少呢？按照 $MR=MC$ 的原则，理想的观众人数是多少呢？周星回校向微观经济学的教师求教，教师的一番话解开了周星的困惑。

（资料来源：叶德磊：《微观经济学》）

【案例思考题】

1. 请分析，该演出公司策划一场明星演唱会的成本包括哪些？这些成本中哪些是固定成本？哪些是变动成本？

2. 在阅读了本案例后，请分析：为演出公司带来最大利润的理想观众数是多少？

案例二　福特公司产量的安排

对于许多企业来说，总成本分为固定成本还是可变成本，取决于时间框架。例如，一个全机车公司，比如福特汽车公司。在只有几个月的时期内，福特公司不能调整汽车工厂的数量与规模。它可以额外生产一辆汽车，其唯一的方法是，在已有的工厂中多雇用工人。因此，这些工厂的成本在短期中是固定成本。与此相比，在几年的时期中，福特公司可以扩大其工厂规模，建立新工厂和关闭旧工厂。因此，其工厂的成本在长期中是可变成本。

由于许多成本在短期中是固定的，但在长期中是可变的，因此，企业的长期成本曲线不同于其短期成本曲线。长期平均总成本曲线是比短期平均总成本曲线平坦得多的U形曲线。此外，所有短期成本曲线在长期成本曲线上或以上。这些特点的产生，是因为企业在长期中有更大的灵活性。实际上，在长期中，企业可以选择它想用的那一条短期成本曲线。但在短期中，它不得不用它过去选择的任何一条短期成本曲线。

当福特公司想把每天的汽车产量从1 000辆增加到1 200辆时，在短期中除了在现有的中等规模工厂中多雇工人之外别无选择。由于边际产量递减，每辆汽车的平均总成本从1万美元增加到1.2万美元。但是，在长期中，福特公司可以扩大工厂和车间的规模，而平均总成本则保持在1万美元的水平上。

对一个企业来说，进入长期要多长时间呢？回答取决于企业。对一个大型制造企业，例如汽车公司，可能需要一年或更长。与此相比，一个经营柠檬水的小店可以在一小时甚至更短的时间内去买一个水罐。

［资料来源：黄德林：《西方经济学（微观部分）》案例分析］

【案例思考题】

1. 生产中的成本包括哪些？请从企业的角度分析：哪些是固定成本？哪些是可变成本？

2. 对于一个经营柠檬水的小店和福特公司而言，多长时间算是一个长期？两个企业的长期是一样的吗？

模块五：应用实践

1. 在我国，许多大商场和超市晚上仍开门营业，给白天工作繁忙的市民购物带来了极大的方便。但是，我们很少见到银行把工作时间延长到晚上。对此，有市民在报纸上刊文批评，但仍没有见到情况有所改善。为什么银行晚上不营业呢？请用边际分析理论解释这一问题。

2. 你的朋友有一个大花园，种植了水果和蔬菜，以便在当地市场出卖。你的朋友说："夏天，我雇了一个放暑假的大学生帮我，我的生产翻了一番还多。明年夏天，我将雇用两三个帮手，这样，我的产量将增加三四倍还多。"

（1）如果所有生产过程最后都表现出可变投入的边际产量递减，你的朋友雇用的帮手第二年夏天翻一番，他的产量也翻一番吗？

（2）他雇用的工人越多，所得到的收获就大于生产增加的比例，这可能吗？为什么？

3. 开往某地的长途车即将出发。无论哪个公司的车，票价均为50元。一个匆匆赶来的乘客见一家国有公司的车上尚有空位，要求以30元上车，被拒绝了。他又找到一家也有空位的私人公司的车，售票员二话没说，收了30元允许他上车了（假设缺乏市场监管）。哪家公司的行为更理性呢？

第6章 市场结构与企业决策

导入案例

QQ与360之争引出的垄断问题

2010年11月3日晚，腾讯公司通过全国IM弹窗形式，向网友表达其刚刚做出的"艰难决定"：在360公司停止对QQ进行外挂侵犯和恶意诋毁之前，腾讯将在装有360软件的电脑上停止运行QQ。覆盖率达到90%互联网用户的QQ，与产品覆盖率同样接近90%的360产品只能留存一个，不仅给所有互联网用户出了难题，也引起了整个互联网行业内外的高度关注。在两个互联网产品中只能选一个，这给网民出了一个难题。作为IM界当仁不让的大哥，90%网民的基本网络社交关系是通过QQ建立的，而奇虎360产品也因其免费服务吸引了大批用户。腾讯主席马化腾在接受采访时表示腾讯的反应是形势所逼、无奈之举。但网民对此并不买账，特别是QQ付费用户甚至已经向法院提起了对腾讯的法律诉讼。

（资料来源：编者卢盛羽根据网络资料整理）

思 考

1. 腾讯为何能做出如此决定？难道腾讯不怕QQ用户数量的巨大流失吗？
2. 从本案例中，请分析我国即时通信服务的市场格局。

【学习要点】

通过本章的教学，要求学生熟悉市场结构的分类及其特征；掌握完全竞争市场的短期均衡和长期均衡的条件；掌握完全垄断市场、垄断竞争市场的短期均衡和长期均衡的条件；掌握寡头垄断市场的产量及价格决定。

【重点难点】

1. 四种市场结构类型的特征
2. 完全竞争厂商的短期与长期均衡
3. 完全垄断厂商的短期与长期均衡
4. 完全垄断市场的价格歧视

6.1 市场势力与市场结构

6.1.1 市场结构划分

厂商生产产品的目的在于获取最大的利润，而要获取利润则必须通过市场实现。微观经济学中市场是指从事某一种商品买卖的交易场所，它是由对产品有需求的消费者和提供产品供给的生产者构成的。市场可以是有形的买卖场所，也可以是无形的电子交易场所。任何一种商品都可以形成一个市场，如大米市场、棉花市场、饮料市场等。

市场势力是指买卖双方在市场定价过程中对价格形成的影响力。市场是由买卖双方组成的，如果在一个完全竞争的市场中，一种商品的卖方和买方都足够多，以至于单独一个卖方和买方都无法影响该商品的价格，我们就认为买卖双方都是没有垄断势力的，这个市场是充分竞争的。如果在一个市场中，卖方很少，但有很多买方，这就是垄断；反过来，如果市场中有很多卖方，但买方很少，就形成买方垄断。在本章中，对垄断势力的分析是指卖方即厂商在价格形成过程中的决定力量。

根据对垄断势力强弱的划分，可以将市场结构区分为以下四种：

表 6－1 市场结构类型表

市场结构	垄断势力	市场集中度	厂商数目	产品差别程度	行业进入	案　例
完全竞争	无	零	很多	完全无差别	无	农产品
垄断竞争	较弱	较低	较多	有差别	小	服装、糖果
寡头垄断	较强	高	几个	有差别或无差别	困难	石油、电信
垄断	很强	最高	一个	唯一产品	几乎不可能	自来水、电力

6.1.2 区分市场结构的两大因素

行业的进入门槛越高，限制越多，其他企业就越难进入，从而导致生产厂商很少，因此垄断程度就越高；反之，一个行业的进入门槛越低，限制越少，企业就越容易进入，竞争程度就越高。

行业进入限制的原因有两个：自然原因和行政强制。自然原因是指有些行业因为与生俱来的原因导致从事这个行业的企业很少。在排他性特别强和对规模经济要求较高的行业，如电信、电力、供水、供电等行业，其进入就很困难。如电信服务需要庞大的网络建设，因此投资额度很高，这样自然阻挡了一些小资本的进入。又如，供水供电等公用事业行业的排他性较强，用户使用了一个企业的服务也就排斥了其他企业，因此其他企业想进入这个行业也是很困难的。行政强制是指法律限制某些行业进入，包括特许经营、许可制度和专利保护。如邮政由国家邮政局系统独家特许经营，烟草实行专卖，微软公司的视窗操作系统销售等。

6.2 完全竞争市场

如果一个市场上买卖双方都是既定价格的接受者，这样的市场被称为完全竞争市场（perfect competition）。

6.2.1 完全竞争市场的特征

（1）市场上有大量的买方和卖方，单个买方与卖方对商品的价格没有任何影响，他们都是既定价格的接受者。

（2）卖方销售的产品可以完全替代，没有任何差别。

（3）产品生产难度较低，行业进入限制很少，资本可以自由进入该行业。

（4）买卖双方信息完备，不存在信息不对称的情况。

从以上特征可以看出，现实生活中很难有如此完美的市场，一般认为完全竞争市场只存在于假设之中。经济学家认为农产品市场可以近似看作完全竞争市场，但是现实情况也是不可能的，因为同一种农产品的质量也是千差万别的。

6.2.2 完全竞争厂商的需求曲线和收益曲线

处在完全竞争市场中的单个厂商，无法影响和支配价格，市场均衡价格是由市场竞争决定的。所以，在完全竞争条件下，单个厂商面临的需求曲线为水平线，如图 6－1（b）。由于在任何需求量下，价格都无法变化，因此厂商面临的需求曲线、平均收益曲线以及边际收益曲线是重合的，即 $d_1 = P_1 = AR_1 = MR_1$。而从大的范围来看，整个行业的供给需求曲线如图 6－1（a）。

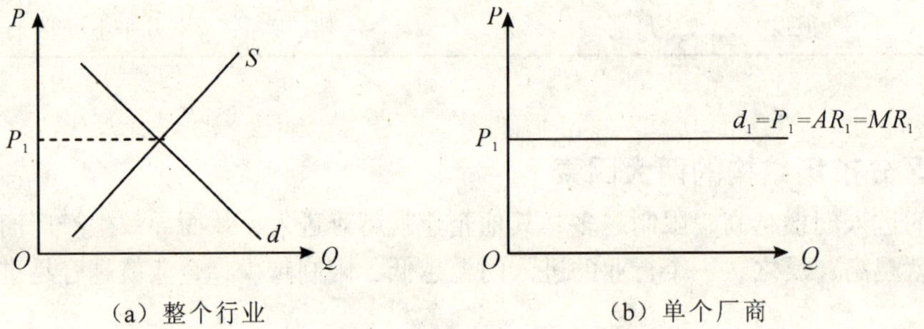

图 6－1　行业供求曲线和单个厂商需求曲线

6.2.3 完全竞争厂商的短期均衡

生产者的目的是实现利润最大化，在完全竞争市场上，当价格为既定时，生产者如何实现利润最大化呢？在短期内，厂商没有足够的时间改变其生产规模，也来不及进出行业，所以厂商只有根据产量的调整来实现 $MR = MC$ 的利润最大化条件。根据利润最大化原则决定的产量将给他带来三种可能的结果：

（1）当单个厂商接受的价格高于其平均成本最低点时，将获取超额利润。

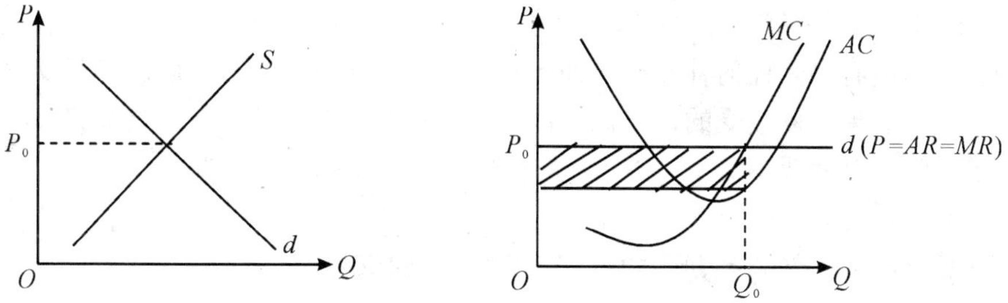

（a）行业　　（b）厂商

图 6－2　完全竞争厂商的短期均衡（盈利）

图 6－2（a）表示行业的供求曲线，由行业供求曲线决定的均衡价格 P_0 即为所有厂商既定接受的价格，图 6－2（b）中的 *AC* 代表短期内单个厂商既定的规模所代表的平均成本，*MC* 是边际成本。由利润最大化原则得出 $P_0 = MR = MC$，由以上条件可得出实现利润最大化的产量为 Q_0。因此，图 6－2（b）中的阴影部分面积即为厂商获取的超额利润。

（2）当厂商接受的价格等于其平均成本最低点时，将获取正常利润。

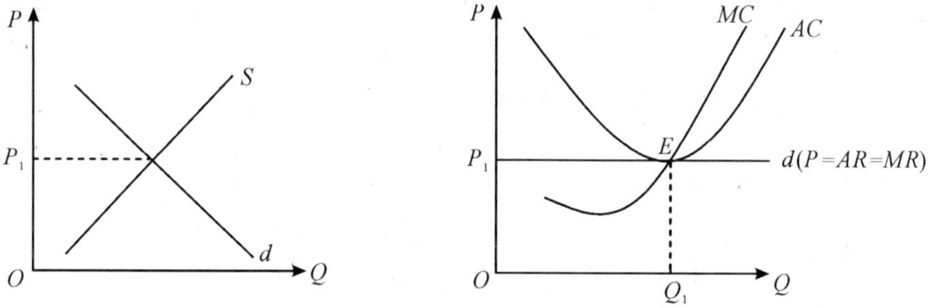

（a）行业　　（b）厂商

图 6－3　完全竞争厂商的短期均衡（正常利润）

据上图，由于厂商既定接受的价格 P_1 与平均成本 *AC* 相等，因此厂商获得了正常利润。而 *AC* 曲线的最低点 *E* 成为收支均衡点，此时，收入支出相等，厂商获取正常利润，不亏也不赚。

（3）当厂商接受的价格低于其平均成本最低点时，将发生亏损。

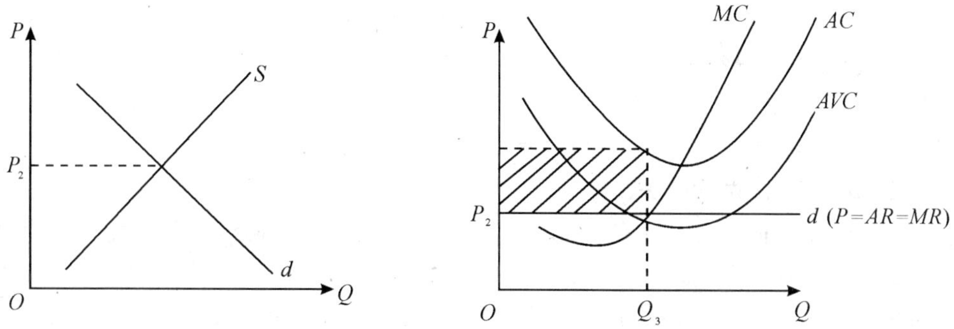

（a）行业　　（b）厂商

图 6－4　完全竞争厂商的短期均衡（亏损）

图 6－4（b）中阴影部分面积为厂商的亏损额。当厂商获取的收益正好抵补全部可变成本，而固定成本没有得到任何补偿时，即图 6－4（b）中 P_2 与 AVC 最低点相交时，交点称为停止营业点，如果厂商接受的价格低于该点，则厂商必须停产，因为每生产多一单位，其收益还不足以弥补可变成本。

6.2.4 完全竞争厂商的长期均衡：获取正常利润的均衡

在长期中，所有的成本都是可变的，厂商可自由进出该行业，可调整规模的大小，因此在长期中充分竞争之后的结果就是平均成本等于价格，企业获得了正常利润。完全竞争厂商的长期均衡条件是：

$$MR = LMC = LAC = SMC = SAC$$

$$P = AR = MR$$

企业在长期生产决策中，需要考虑两个问题，即生产多少产量，是否退出该行业。当产品供给小于需求、价格高涨时，行业中的厂商就会扩大生产、增加供给，抑或会有新的厂商进入这个行业，从而导致供给增加，价格下降。当产品供给大于需求、价格较低、厂商面临亏损时，厂商就会降低产量，抑或部分厂商会退出生产，从而提高价格水平。最终，市场的均衡状态就是既无超额利润又无亏损的状态。如图 6－5 所示。

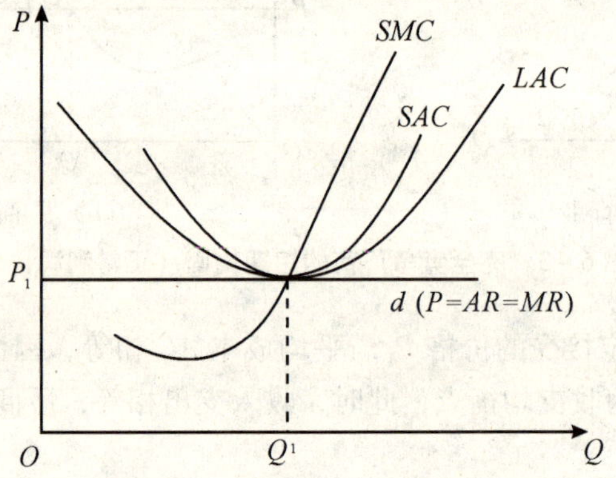

图 6－5　完全竞争厂商的长期均衡

6.3 垄断竞争市场

6.3.1 垄断竞争市场的特点

在市场经济中，同一类产品在质量、构造、外观、销售服务条件、商标、广告等方面存在差别，由于存在这些差别，导致消费者对某种商品有特别的偏好，从而产生了对这种商品的价格粘性，而这种商品也具有了不同程度的垄断势力，因此就形成了垄断竞争市场。垄断竞争市场的特点表现在如下三个方面：

（1）市场上厂商数量非常多，各厂商处在较为充分的竞争格局中。

（2）各厂商生产有差别的同种产品。一方面，由于产品存在着差别，因此，每个厂商对自己产品的定价拥有一定的垄断势力，从而使得市场中带有垄断的因素。另一方面，由于有差别的产品相互之间又是很相似的替代品，因此，市场中又存在竞争因素。

（3）厂商的生产规模比较小，进入和退出该行业比较容易。

6.3.2 垄断竞争厂商的短期均衡

垄断竞争市场中的厂商需求曲线与完全竞争市场的厂商需求曲线不同。垄断竞争厂商的需求曲线有两条：一条是厂商认为自己的产品价格变动时其他厂商不会跟着变动，厂商的销售量随产品价格变动而变动的需求曲线，可称为主观需求曲线，以 *MR* 表示；另一条是厂商变动产品价格时其他厂商也对价格作同样的变动，从而实际上会有的需求曲线，可称为实际需求曲线，用 *AR* 表示。

在短期内，垄断竞争厂商来不及调整生产规模或考虑进入这一行业，每个厂商都只能在原有条件下为追求利润最大化而生产，因而厂商的短期均衡由 $MR = MC$ 来决定。据图 6－6 分析，由 $MC = MR$ 得出厂商的均衡产量为 Q_0，再由图 6－6 可分析得出厂商的利润为阴影部分的面积。而图 6－7 的阴影部分面积则表示亏损的情况。总结起来，垄断竞争的短期均衡也有三种情况：超额利润、正常利润或亏损。

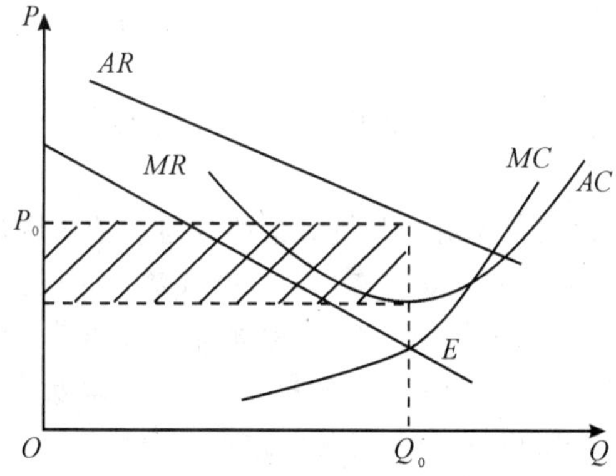

图 6－6 垄断竞争厂商的短期均衡（盈利）

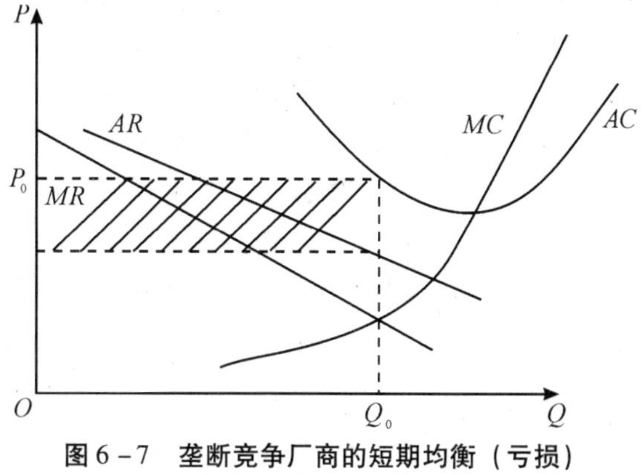

图 6－7 垄断竞争厂商的短期均衡（亏损）

6.3.3 垄断竞争厂商的长期均衡

在长期内，垄断竞争厂商既可以调整生产规模，也可能进入或是退出该行业。由于存在充分调整的情况，因此当垄断竞争厂商达到长期均衡时，只能获得正常利润，而超额利润为零，即在垄断竞争厂商的长期均衡点上，d 需求曲线必定与 LAC 曲线相切。简单地看，这些情况与完全竞争厂商是相似的。但由于垄断竞争厂商所面临的是两条向右下方倾斜的需求曲线，因此，垄断竞争厂商的长期均衡的实现过程及其状态具有自身的特点。

垄断竞争厂商的长期均衡条件为：

$$MR = LMC = SMC$$
$$AR = LAC = SAC$$

【阅读材料——垄断竞争市场与广告】

在现实生活中，广告的狂轰滥炸对我们每个人来说已经是习以为常的事情。如果在黄金时间段打开电视，你就会观察到什么类型的产品广告做得较多：饮料、化妆品、零食……这些快速消费品行业一般把其收入的10% ~20%投放于广告。我们注意到这些行业都是典型的垄断竞争结构，同时，我们很难想象生产玉米或者火箭发动机的企业会把大把的金钱花在请明星作产品代言人上，因为这些产品要么是标准化的，要么是被一两家企业完全垄断，他们没必要做广告。广告的规模有多大呢？有人估计大概有2 000 亿美元。也许这个数字难以想象，那么你就想想仅仅凭着在线广告作为收入的互联网企业就可以动辄拥有几十亿美元的市值吧。

如何从经济学角度来看待广告的作用呢？我们可以从眼镜行业的广告与价格中领悟出一些道理。

贝纳姆（Benham）通过比较限制广告情况下的价格和不限制广告情况下的价格，研究了广告对眼镜价格的影响。贝纳姆发现，在广告完全被禁止的那些州内，眼镜的平均价格为37.48 美元；在不存在广告限制的那些州内，眼镜的平均价格是17.98 美元。贝纳姆的解释如下："总之，大量低价销售的卖者依赖于将顾客从某个广阔领域里吸引过来，因而就需要告知他们的潜在顾客关于购买他们商品的好处。如果广告被禁止，他们就不能生产必要的销售量来维持低价格。……同时，少量高价销售的零售商存在于市场的可能性将会增加。"

贝纳姆提出，广告包容更多的现存厂商之间的竞争，降低利润边际。他还提出，广告为进入市场提供便利，因此，禁止广告是进入市场的壁垒。似乎令人感到惊讶的是，贝纳姆发现，广告所包含的价格并不是导致眼镜价格下降的一个重要因素。他把禁止价格出现在广告上面的那些州与非限制性广告存在的那些州区分开来，发现在那些价格不能够包括在广告中的州里，平均价格只比没有限制的那些州略微高些。换句话说，存在、地点和产品花色品种方面的信息似乎引起消费者对竞争企业足够的兴趣，这种兴趣又会导致更大程度上的竞争。

（资料来源：张元鹏：《中级微观经济学案例教学》）

6.4 寡头垄断市场

6.4.1 寡头垄断市场的特点

寡头垄断是指市场中只有为数不多的几个厂商提供产品供给，每个厂家的产量占市场总量相当大的份额，对市场价格和产量具有举足轻重的影响。在现实中，寡头垄断的例子很多，如汽车制造、电信、石油加工、飞机制造等。

寡头垄断的基本特征有两个：进入限制和相互影响。①寡头垄断存在着较高的行业进入门槛，原因可能是规模、资金、法律等限制；②在寡头垄断市场，每个厂商的收益和利润不仅取决于自己的产量和定价，更多的是受其他厂商决策的影响。每个厂商既不是价格和产量的主动制定者，也不是价格和产量的被动接受者，二者之间相互影响、相互制约。

6.4.2 竞争与合谋

由寡头垄断市场的特征可得出，市场中的厂商存在着竞争或是合谋两种选择。

一方面，由于不是完全垄断，市场中各方为了争取更大的市场份额或争夺更多的行业利润而相互竞争；另一方面，寡头各方控制了市场供给，因此各方也可能通过合谋共同制定对各方有利的产量和价格水平，避免竞争导致的利润下降。但是合谋对消费者肯定是不利的。

6.4.3 囚徒困境

现代经济学主要运用博弈论对寡头理论进行研究。博弈论中最著名的莫过于“囚徒困境”。

囚徒困境是说甲、乙两人由于偷盗而被捕。警方怀疑他们还参与其他的案件，于是将他们分别关押，并且告诉两人：坦白从宽，抗拒从严。如果两人都交代，各判 4 年；如果一方交代另一方不交代，交代方判 1 年，不交代方判 6 年；如果双方都不交代，只能按照偷盗一次判 2 年。现在，对于甲、乙两人来讲，他们只有两种选择：交代或不交代。由于是分别关押，因此无法合谋，双方各自的选择结果取决于自己的考虑。具体情况如表 6－2 所示。

表 6－2 囚徒困境分析

	甲交代	甲不交代
乙交代	双方各判 4 年	乙判 1 年，甲判 6 年
乙不交代	甲判 1 年，乙判 6 年	双方各判 2 年

最后结果是怎样的呢？甲、乙都从个人利益最大化出发做出决定。

对于甲来讲，如果乙不交代，就有两种选择：交代判 1 年，不交代判 2 年，两者权衡，最有利的选择就是交代。如果乙交代，也有两种选择：交代判 4 年，不交代判 6 年，两者权衡，最有利的选择也是交代。因此，不论乙交代与否，甲从个人角度来讲，最后选择了交代。而乙的选择分析过程与甲的相同。由前面的分析可知，双方共同的最好选择是都不交代，由于没法合谋，因此，最后结果是都选择交代，这就陷入了“囚徒困境”。

6.5 完全垄断市场

6.5.1 完全垄断市场的特点

完全垄断，又称垄断或独占，是指整个行业中只有唯一一家厂商的市场类型。它主要具有以下几方面的特点：第一，完全垄断市场中唯一一家厂商控制整个行业的产品供给。第二，该厂商生产的商品没有替代品，因此不存在竞争的因素。第三，行业进入因为各种原因而受严格限制，基本不会有新的厂商进入。第四，厂商定价就是市场定价，厂商对产品有完全的定价权。

厂商要成为行业的完全垄断者，必须提高行业的进入壁垒，正是这些壁垒因素阻止了其他厂商进入该行业。一般认为，规模经济、专利许可等是造成垄断的主要原因。

6.5.2 完全垄断市场的需求曲线、平均收益和边际收益

在完全垄断市场上，行业中仅有一家厂商，垄断厂商控制了整个市场的供给，他面对的需求也就是整个市场的需求。完全垄断厂商有完全的定价权，但这并不意味着厂商就可以漫天要价，因为消费者的需求本身还是严格遵循价格规律的。如果产品价格较高，需求量必然下降，价格较低，需求量必然增加，因此完全垄断市场厂商的需求曲线跟垄断竞争市场厂商面临的需求曲线是一致的，即向右下方倾斜的曲线。

由于在完全垄断市场上，厂商是价格的制定者，厂商每出售一单位商品所获得的收益等于商品的价格，即平均收益等于商品的价格，因此平均收益曲线与需求曲线重合。厂商的平均收益随着产品销售量的增加而减少。在完全垄断市场上，边际收益也是随着商品销售量的增加而递减的。但由于在平均收益递减的条件下，边际收益肯定总是小于平均收益，因而边际收益曲线位于平均收益曲线的下方。厂商的总收益则是先增加后减少。如表 6-3 和图 6-8 所示。

表 6-3 垄断厂商的收益表

销售量（Q）	价格（P）	总收益（TR）	平均收益（AR）	边际收益（MR）
1	8	8	8	8
2	7	14	7	6
3	6	18	6	4
4	5	20	5	2
5	4	20	4	0
6	3	18	3	-2
7	2	14	2	-4

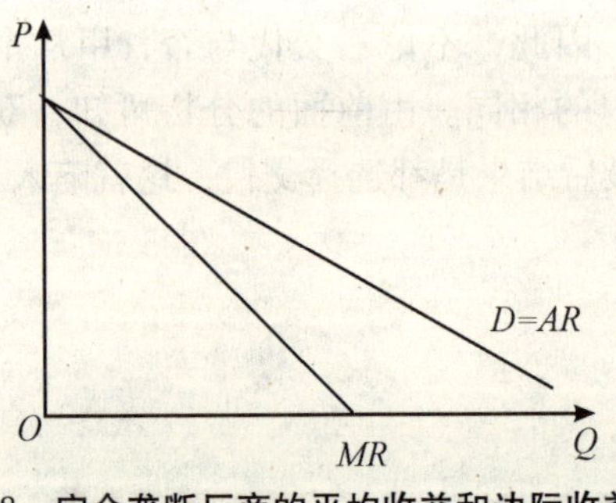

图 6-8 完全垄断厂商的平均收益和边际收益曲线

6.5.3 完全垄断厂商的短期均衡

完全垄断厂商为了获得最大的利润，同样也遵循 $MR=MC$ 的原则。在短期内，垄断厂商由于无法改变生产规模，因此只能在既定条件下通过对产量和价格进行调整来实现 $MR=MC$ 的利润最大化原则。当垄断厂商实现短期均衡时，根据价格与平均成本的对比关系，结果存在三种情况：超额利润、正常利润或存在亏损。如图 6－9 所示，当 $P>AC$ 时，厂商获得超额利润，阴影部分就是所获利润额。

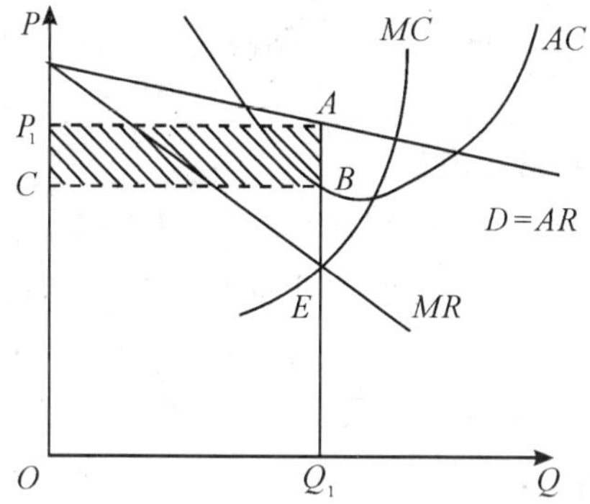

图6－9　完全垄断厂商的短期均衡（盈利）

6.5.4 完全垄断厂商的长期均衡

在短期中，完全垄断厂商可能存在亏损，但是在长期中，由于不存在新厂商的进入，完全垄断厂商可以自由决策，通过调整生产规模来获得超额利润或是消除亏损。因此，长期中获得利润可以称为垄断利润。企业均衡的条件是：

$$MR=LMC=SMC$$

即边际收益与长期边际成本和短期边际成本相等。

6.5.5 垄断厂商的价格歧视

1. **实行价格歧视的条件**

作为价格制定者的垄断厂商，可以向不同的消费者索取不同的价格，如供电企业向工业用户收取高价，向居民用户收取低价，同样的产品有两种不同价格，这叫价格歧视或者差别定价。

垄断厂商实行价格歧视，必须具备以下条件：第一，市场的消费者具有不同的偏好，且这些不同的偏好可以被区分开。这样，厂商才有可能对不同的消费者或消费群体收取不同的价格。第二，不同的消费群体或不同的销售市场是相互隔离的。第三，在相互隔离的市场上，商品的价格需求弹性是不同的。这样就排除了中间商由低价处买进商品，转手又在高价处出售商品而从中获利的情况。

2. **价格歧视类型**

（1）一级价格歧视。一级价格歧视是指垄断厂商在出卖商品时，对每个消费者征收不同的费用。它假设厂商确切地知道每个消费者购买单位商品所愿付出的最高价格，并据此确定销售价格。例如，医生对不同的患者收取不同的费用，同一个手术，对富人征收高额费用，因为其有能力承担；而对穷人征收较低费用，因为其愿意付出的费用较低，如果征收过高，其可能就没钱进行手术了。在这种情况下，垄断厂商完全攫取了消费者剩余。

（2）二级价格歧视。二级价格歧视是指垄断厂商将产品按消费者购买量分成两个以上的组别，按组分别定价。例如，我国正在讨论的对居民用电采取阶梯电价征收方法。用电量较低时单价较低，用电量较高时单价较高。在这种情况下，垄断厂商部分攫取了消费者剩余。

（3）三级价格歧视。垄断厂商对同一种产品在不同的市场上，或对不同的消费群收取不同的价格，叫三级价格歧视。例如，供电部门对工业用电和居民用电实行不同的价格。工业用电价格较高，居民用电价格较低。通过价格歧视，垄断厂商增加了自己的利润。

【阅读材料——麦当劳连锁店的折扣券】

麦当劳连锁店一直采取向消费者发放折扣券的促销策略。他们对来麦当劳就餐的顾客发放麦当劳产品的宣传品，并在宣传品上印制折扣券。为什么麦当劳不直接将产品的价格降低呢？

回答是折扣券使麦当劳公司实行了三级差别价格。麦当劳公司知道并不是所有的顾客都愿意花时间将折扣券剪下来保存，并在下次就餐时带来。此外，剪折扣券意愿与顾客对物品支付意愿和他们对价格的敏感度相关。富裕而繁忙的高收入阶层到麦当劳用餐弹性低，对折扣券的价格优惠不敏感，不可能花时间剪下折扣券并随时带在身上，以备下次就餐时用，而且折扣券所省下的钱他也不在乎。但低收入的家庭到麦当劳用餐弹性高，他们更可能剪下折扣券，因为他的支付意愿低，对折扣券的价格优惠比较敏感。

麦当劳连锁店通过只对这些剪下折扣券的顾客收取较低价格，吸引了一部分低收入家庭到麦当劳用餐，成功地实行了价格歧视，采取了三级差别价格，并从中多赚了钱。如果直接将产品价格降低，就会违背不带折扣券的高收入阶层的高消费意愿，而多得的收入就会流失。

［资料来源：黄德林：《西方经济学（微观部分）》案例分析］

本章实训与练习模块

【实训目标】

通过对本章理论知识的实训练习，让学生了解四种不同的市场结构，掌握各种不同的市场结构中的短期均衡和长期均衡。通过实训，掌握在现实市场经济中存在的市场结构类型，能对现实经济中的价格歧视问题进行解释和分析。

模块一：关键术语与概念

市场结构　完全竞争　垄断竞争　寡头垄断　完全垄断　产品差别　价格歧视

模块二：心得体会

【实训要求】

通过本章的学习，请从现实市场经济的角度，分析市场中存在最多的是哪一种市场结构，并举例说明。你在平时的消费中有没有遇到过价格歧视的问题呢？请举例说明。你如何看待垄断行业的价格歧视？

模块三：练习题

【实训要求】

通过完成下面的习题，加深对市场结构理论的理解和记忆。

（一）选择题

1. 根据完全竞争市场的条件，下列行业中最接近完全竞争行业的是（　　）。

A. 自行车行业　　B. 玉米行业　　C. 糖果行业　　D. 服装行业

2. 完全竞争厂商所面临的需求曲线是一条水平线，它表示（　　）。

A. 完全竞争厂商可以通过改变销售量来影响商品价格

B. 完全竞争厂商只能接受市场价格

C. 完全竞争厂商可以自己决定价格

D. 完全竞争厂商的需求曲线不是水平的

3. 在 $MR=MC$ 的均衡产量上，企业（　　）。

A. 必然得到最大的利润

B. 不可能亏损

C. 必然得到最小的亏损

D. 若获利润，则利润最大；若亏损，则亏损最小

4. 如果在厂商的短期均衡产量上，AR 小于 SAC，但大于 AVC，则厂商（　　）。

A. 亏损，立即停产　　B. 亏损，但继续生产

C. 亏损，生产或不生产都可以　　D. 获得正常利润，继续生产

5. 在厂商的停止营业点上，应该有（　　）。

A. $AR=AVC$　　B. 总亏损等于 TFC

C. $P=AVC$　　D. 以上说法都对

6. 当一个完全竞争行业实现长期均衡时，每个企业（　　）。

A. 都实现了正常利润　　B. 利润都为零

C. 行业中没有任何厂商再进出　　D. 以上说法都对

7. 当垄断厂商实现短期均衡时，垄断厂商将（　　）。

A. 亏损　　B. 获得正常利润

C. 获得利润　　D. 上述情况都可能存在

8. 在垄断厂商的长期均衡产量上可以有（　　）。

A. P 大于 LAC　　B. P 小于 LAC

C. P 等于最小的 LAC　　D. 以上情况都可能存在

（二）判断题

1. 只有在纯粹竞争的条件下，才存在行业产出的供给曲线。（　　）

2. 一个处于完全竞争的厂商，由于他所面临的需求曲线是完全弹性的，因此他不能够自行定价；而一个垄断者，由于面临的需求曲线的弹性比完全弹性小，因此他可依利润最大化原则而自行定价。因此，如果可能，垄断者总是选择在需求曲线缺乏弹性的地方经营。（　　）

3. 在垄断条件下，总存在着某个产出范围，在这个范围内，边际收益小于平均收益，而边际成本大于平均成本。如果一个厂商在此范围内经营，并使 $MC=MR$，他就可以获得纯利润。因此，一个垄断者只要选择合适的价格和产量，他总能获得纯利润。（　　）

4. 如果在市场上一种商品的需求价格弹性为 -0.75，则边际收益是其价格的 3/4。如果市场

是垄断的，垄断者的平均成本曲线是一条水平直线，则他的纯利润将是其总成本的1/3。（　　）

5. 如果垄断者经营一个企业，该企业规模使得垄断者在取得利润最大化产出时具有最低的平均成本，则这个企业达到了长期垄断均衡。（　　）

6. 完全竞争厂商的短期均衡状态有五种情况，所以当 $P < AVC$ 时，厂商仍能达到均衡状态。（　　）

7. 在短期内，完全竞争行业的供给曲线上的每一点都表示在相应价格水平下，能够使全体厂商获得最大利润（或最小亏损）的行业短期供给量。（　　）

8. 在长期情况下，当完全竞争行业的长期总供给曲线从左下方向右上方倾斜时，是为了吸引厂商扩大产量或者是吸引新厂商进入。（　　）

9. 在完全竞争市场上，之所以会出现向右下方倾斜的长期供给曲线，是由于成本递减造成的。成本递减的原因是由于行业（产业）的规模经济。（　　）

10. 在市场经济条件下，消费者统治的说法不论在什么条件下都能够成立。（　　）

（三）计算题

1. 假设完全竞争市场的需求函数与供给函数分别为 $Q_D = 50\,000 - 2\,000P$ 和 $Q_S = 40\,000 + 3\,000P$。求：

（1）市场均衡价格和均衡产量。

（2）厂商的需求函数。

2. 完全竞争行业中某厂商的成本函数为 $STC = Q^3 - 6Q^2 + 30Q + 40$，成本用美元计算，假设产品价格为66美元。

（1）求利润极大时的产量及利润总额。

（2）由于竞争市场供求发生变化，由此决定的新的价格为30美元，在新的价格下，厂商是否会发生亏损？如果会，最小的亏损额为多少？

（3）当价格下降为多少时，厂商会停止营业？

3. 假设某完全竞争厂商生产的某产品的边际成本函数为 $MC = 0.4Q - 12$（元/件），总收益函数为 $TR = 20Q$，且已知生产10件产品时的总成本为100元，试求生产多少件时利润最大，其利润为多少？

模块四：案例分析题

案例一　石油输出国组织欧佩克（OPEC）

1960年成立的石油输出国组织简称欧佩克（OPEC），它由沙特阿拉伯、伊朗、委内瑞拉、利比亚、尼日利亚等12个主要产油国组成。作为一个整体，欧佩克无论在已探明石油储量还是在对国际石油市场的供应方面都具有举足轻重的地位。它们联合起来限制石油产量、确定石油价格，曾在20世纪70年代大获成功。但在20世纪80年代以后，欧佩克尽管依然每两年开一次会，但作为一个各怀想法的利益聚合体，欧佩克很难再通过达成或实施协议来控制产量和价格了。

［资料来源：黄德林：《西方经济学（微观部分）》案例分析］

【案例思考题】

1. 案例中所讲的是哪种市场类型？该种市场有什么特点？

2. 案例中所涉及的问题在经济学中被叫做什么？这类现象的最终结果通常是怎样的？

3. 用博弈论的理论解释上述现象，并提出解决问题的策略。

案例二　保暖内衣市场的变化

从1996年开始，“保暖内衣”成为服装领域的新宠，一时间成为人们谈论冬季保暖话题的流行词。这一新生行业在1999年时只有几十家厂商，到现在已有几万家企业在生产保暖内衣，知名品牌不断出现，如婷美、纤丝鸟、爱慕、红豆、北极绒等。作为“温暖产业”的保暖内衣市场，在经历了2000年的价格大战以后，众多知名品牌商家纷纷转向其他行业发展，不少企业都转向了羽绒服市场；而一些小型保暖内衣企业因无法承受市场的浩劫，产品积压严重、资金周转困难，有的企业已无法进行正常运转。据相关资料显示，原有的保暖内衣厂商已有40%退出历史舞台，50%的厂家积压大量库存，等待喘息或吐血抛售，有的企业甚至破产、倒闭。

为了能在激烈的竞争中占据一席之地，各企业的行销手段更是层出不穷。各种广告宣传充斥大街小巷、报端电视。色拉姆、outlast空调纤维、36.4度恒温面料、依克丝、竹炭、莫代尔等一系列光怪陆离的名称令人目不暇接。

“色拉姆暖阳系列是我们今年的新品，这款内衣本身就会发热储热，有远红外线功能，又美容又保健，科技含量特别高。”

“我们的内衣添加了大豆蛋白纤维，不仅美肤，还抗菌、抑菌。款型设计还有隆胸收腹的作用……”在一些保暖内衣专柜，导购热情地向消费者介绍着。

保暖内衣的“科技之战”甚至延伸到了网络。记者发现近日某团购网站一款正在热销的保暖内衣，宣称其面料融入羊毛、莱卡、莫代尔、竹炭纤维、磁能纤维等多种新型材料，使产品不仅具有吸湿排汗、抗静电、抗起球等卓越品质，更增加了护肤、吸收异味、远红外线等功能，可谓渲染至极。

然而记者随机采访了几名正在选购保暖内衣的消费者后发现，半数以上的消费者对商家所宣传的新材质一头雾水，在选购时无所适从，往往被动听信商家的单方面宣传。而此前媒体曾多次曝光了一些厂商在利益驱使下运用“概念宣传”的手段玩促销噱头，甚至导致消费者因选用劣质功能性保暖内衣出现皮肤过敏、风寒感冒等症状。最新质量检查结果表明，市场上打出的所谓新材料、新技术、新工艺和多功能的内衣，其实大多存在技术含量低、重概念轻质量、盲目仿造等问题。

（资料来源：据《科技日报》中的“保暖内衣搭车‘高科技’，功效鉴定还需行业标准”整理而成）

【案例思考题】

（1）本案例中，保暖内衣的生产厂商有哪些行为特征？属于哪种市场结构类型？

（2）在保暖内衣市场上，一方面厂商想薄利多销，一方面却表现为市场萎缩，为什么？

（3）应怎样评价产品差别？行业管理对于垄断竞争市场重不重要？

模块五：应用实践

1. 为什么居民用水用电价格的调整需要国家价格部门批准？

2. 为什么寡头垄断厂商能避免价格战？

3. “虽然很高的固定成本会是厂商亏损的原因，但永远不会是厂商关门的原因”，试分析其原因。

第7章 国民收入决定理论

导入案例

蜜蜂的寓言启发了凯恩斯—总需求决定理论

18世纪初，一个名叫孟迪维尔的英国医生写了一首题为“蜜蜂的寓言”的讽喻诗。这首诗叙述了一个蜂群的兴衰史。最初，蜜蜂们追求奢侈的生活，大肆挥霍浪费，整个蜂群兴旺发达。后来它们改变了原有的习惯，崇尚节俭，结果蜂群凋敝，终于被敌手打败而逃散。

这首诗所宣扬的“浪费有功”在当时受到指责。英国埃塞克斯郡大陪审团委员们就曾宣判它为“有碍公众视听的败类作品”。但在两百多年之后，这部当时声名狼藉的作品却启发凯恩斯发动了一场经济学上的“凯恩斯革命”，建立了现代宏观经济学和总需求决定理论。

在20世纪30年代之前，经济学家信奉的是萨伊定理，萨伊是18世纪的经济学家。他提出供给决定需求，有供给就必然创造出需求，所以，不会存在生产过剩性经济危机。这种观点被称为萨伊定理。但20世纪20年代英国经济的停滞以及30年代全世界普遍的生产过剩和严重失业打破了萨伊定理的神话，凯恩斯在批判萨伊定理中建立了以总需求分析为中心的宏观经济学。

凯恩斯认为，在短期中决定经济状况的是总需求而不是总供给，这就是说，由劳动、资本和技术所决定的总供给在短期中是既定的，这样，决定经济的就是总需求。总需求决定了短期中国民收入的水平。总需求增加，国民收入增加，总需求减少，国民收入减少。引起20世纪30年代大危机的正是总需求的不足，或者用凯恩斯的话来说是有效需求不足。凯恩斯把有效需求不足归咎于边际消费倾向下降引起的消费需求不足和资本边际效率（预期利润率）下降与利率下降有限度引起的投资需求不足，解决方法是政府用经济政策刺激总需求，包括增加政府支出的财政政策和降低利率的货币政策，凯恩斯强调的是财政政策。

在凯恩斯主义经济学中，总需求分析是中心。总需求包括消费、投资、政府购买和净出口（出口减进口）。在短期中，国民收入水平由总需求决定，通货膨胀、失业、经济周期都是由总需求的变动而引起的。当总需求不足时就出现失业与衰退，当总需求过大时就出现通货膨胀与扩张。从这种理论中得出的政策主张称为需求管理，其政策工具是财政政策与货币政策。当总需求不足时，可采用扩张性财政政策（增加政府各种支出和减税）与货币政策（增加货币供给量、降低利率）来刺激总需求。当总需求过大时，则可采用紧缩性财政政策（减少政府各种支出和增税）与货币政策（减少货币量、提高利率）来抑制总需求，这样就可以实现既无通货膨胀又无失业的经济稳定。

总需求理论的提出在经济学中被称为一场“革命”（凯恩斯革命），他改变了人们的传统观念。例如，如何看待节俭，在传统观念中，节俭是一种美德。但根据总需求理论，节俭就是减少消费。消费是总需求的一个重要组成部分，消费减少就是总需求减少。总需求减少则使国民收入减少、经济衰退。由此看来，对个人而言是美德的节俭，对社会却是恶行。这就是经济学家经常说的“节约的悖论”，“蜜蜂的寓言”所讲的也是这个道理。

凯恩斯重视消费的增加。1933 年当英国经济处于萧条时，凯恩斯曾在英国 BBC 电台号召家庭主妇多购物，称她们此举是在“拯救英国”。在《通论》中他甚至还开玩笑地建议，如果实在没有支出的方法，可以把钱埋入废弃的矿井中，然后让人去挖出来。已故的北京大学经济系教授陈岱孙曾说过，凯恩斯只是用幽默的方式鼓励人们多消费，并非真的让你这样做。但增加需求性支出以刺激经济则是凯恩斯本人和凯恩斯主义者的一贯思想。

那么，这种对传统节俭思想的否定正确与否呢？还是要具体问题具体分析。生产的目的是消费，消费对生产有促进作用，这是人人都承认的。凯恩斯主义的总需求分析是针对短期内总需求不足情况的。在这种情况下刺激总需求当然是正确的。但如果一味提倡节俭，穿衣服都要“新三年，旧三年，缝缝补补又三年”，纺织工业还有活路吗？这些年当我国经济面临需求不足时，政府也在努力寻求新的消费热点，说明这种理论不无道理。

当然，这种刺激总需求的理论与政策并不是普遍真理。起码在两种情况下，这种理论并不适用。其一是短期中当总供给已等于甚至大于总需求时再增加总需求会引发需求拉动的通货膨胀。其二是在长期中，资本积累是经济增长的基本条件，资本来自储蓄，要储蓄还要减少消费，并把储蓄变为另一种需求——投资需求。这时提倡节俭就有意义了。

凯恩斯主义总需求理论的另一个意义是打破了市场机制调节完善的神话，肯定了政府干预在稳定经济中的重要作用。战后各国政府在对经济的宏观调控中尽管犯过一些错误，但总体上还是起到了稳定经济的作用。战后经济周期性波动程度比战前小，而且没有出现 20 世纪 30 年代那样的大萧条就充分证明了这一点。世界上没有什么放之四海而皆准的真理。一切真理都是具体的、相对的、有条件的。只有从这个角度去认识凯恩斯主义的总需求理论，才能得出正确的结论。其实就连“蜜蜂的寓言”这样看似荒唐的故事中不也包含了真理的成分吗？

（资料来源：华中农业大学《宏观经济学》精品课程网站资料）

? 思　考

1. 蜜蜂的寓言说明了什么样的经济学道理？请用自己的语言加以描述。

2. 凯恩斯用蜜蜂的寓言来说明消费的重要性，这与我们国家提出的“拉动内需”的政策有什么关系？

【学习要点】

本章主要介绍国民收入核算的基本理论，通过本章的学习，要求学生掌握国民收入的核算原理，国内生产总值的含义，支出法与收入法的比较，国民收入核算中总量之间的关系，从而理解国民经济各种流量模型的恒等关系。

【重点难点】

1. 国民收入的概念
2. 国内生产总值（GDP）的含义
3. 国内生产总值（GDP）的计算方法

凯恩斯国民收入决定理论的产生具有重大的现实意义，它为政策制定者提供了刺激经济的工具。同时，一个国家经济整体运行状况如何，在一定时期内一个国家的经济总量是增长了还是减缩了，等等，诸如此类的问题都是宏观经济学研究的对象。国民收入决定理论作为宏观经济学的核心，它为分析各种宏观经济问题提供了一种重要的分析工具，指明宏观经济学中的失业、通货膨胀、经济周期和经济增长等问题均可以运用国民收入决定理论进行分析。

7.1 国民收入核算

国民收入指一个国家在一定时期（通常为一年）内物质资料生产部门的劳动者新创造的价值的总和，即社会总产品的价值扣除用于补偿消耗掉的生产资料价值的余额。在使用价值上，国民收入是由体现新创造价值的生产资料和消费资料所构成的。它是反映整体经济活动的重要指标，因此常被使用于宏观经济学的研究中，亦是国际投资者非常关注的国际统计项目。

7.1.1 国民收入的总量指标

国民收入指标综合地反映一国的经济实力和社会生产力的发展水平，特别是一国按人口平均计算的国民收入额，是反映该国经济发展水平和人民生活水平的一项重要的综合指标。

国民收入指标还可以综合地反映社会再生产中各种错综复杂的经济关系。在不同的生产方式下国民收入具有不同的社会性质，反映着不同的经济关系。例如，在社会主义制度下，国民收入用于消费和积累的比例反映人民的目前利益和长远利益之间的经济关系；在资本主义制度下，劳动者的消费部分与资产阶级的消费和资本积累部分之间的比例，则从一个侧面反映无产阶级和资产阶级之间经济利益对抗的关系。

国民收入是反映宏观经济效益的综合指标，例如，将国民收入的增长额同积累额进行比较以考察积累的经济效益等。由于国民收入扣除了物质消耗的因素，避免了社会总产品中生产资料所消耗的价值的重复计算造成的虚假现象，因而能够比较准确地反映社会新增的物质财富。基于国民收入指标所具有的经济意义，世界各国都在进行国民收入的计算和分析。

1. 国内生产总值（GDP）

国内生产总值是指在一定时期内（一个季度或一年），一个国家或地区所有常住单位生产出的全部最终产品和劳务价值，常被公认为是衡量国家经济状况的最佳指标。它不但可以反映一个国家的经济表现，更可以反映一国的国力与财富。

国内生产总值是反映常住单位生产活动成果的指标。因为常住单位的概念严格地规定了一个国家的经济主体范围，所以其对于确定国内生产总值的计算口径，明确国内与国外的核算界限以及各种交易量的范围都具有重要意义。

对这一概念的理解，应该注意以下几个问题：

第一，国内生产总值是用最终产品来计量的，即最终产品在该时期的最终出售价值。

一般根据产品的实际用途，可以把产品分为中间产品和最终产品。所谓最终产品，是指在一定时期内生产的可供人们直接消费或者使用的物品和服务。这部分产品已经到达生产的最后阶段，不能再作为原料或半成品投入其他产品和劳务的生产过程中去，如消费品、资本品等。中间产品是指为了再加工或者转卖用于供别种产品生产使用的物品和劳务，如原材料、燃料等。国内生产总值必须按当期最终产品计算，中间产品不能计入，否则会造成重复计算。

第二，国内生产总值是一个市场价值的概念，必须以货币来衡量。各种最终产品的市场价值是在市场上达成交换的价值，都是用货币来加以衡量的，通过市场交换体现出来。一种产品的市场价值就是使用这种最终产品的单价乘以其产量而获得的。

第三，国内生产总值一般仅指市场活动导致的价值。那些非生产性活动以及地下交易、黑市交易等不计入国内生产总值中，如家务劳动、自给自足性生产、赌博和毒品的非法交易等均不计入国内生产总值中。

第四，国内生产总值是计算期内生产的最终产品价值，因而是流量而不是存量。

第五，国内生产总值不是实实在在流通的财富，它只是用标准的货币平均值来表示财富的多少。但是生产出来的东西能不能完全转化成流通的财富，是不一定的。

◆名义国内生产总值与实际国内生产总值

国内生产总值是最终产品市场价值的总和。因此，国内生产总值还要受价格水平的影响。同样的最终产品量按不同的价格会计算出不同的国内生产总值。

名义国内生产总值是指按当年价格计算的国内生产总值。

实际国内生产总值是指按不变价格计算的某一年的国内生产总值。

不变价格是指统计时确定的某一年（称为基年）的价格。

假设某国的最终产品以苹果和猪肉为代表，两种商品在 2010 年（现期）和 2000 年（基期）的价格和产量分别如表 7－1 所示。

表 7－1　名义国内生产总值和实际国内生产总值

	2000 年名义国内生产总值	2010 年名义国内生产总值	2010 年实际国内生产总值
苹果	10 万吨 ×1 美元 =10 万美元	20 万吨 ×1.2 美元 =24 万美元	20 万吨 ×1 美元 =20 万美元
猪肉	5 万吨 ×10 美元 =50 万美元	10 万吨 ×15 美元 =150 万美元	10 万吨 ×10 美元 =100 万美元
合计	60 万美元	174 万美元	120 万美元

可见，在同一时期生产销售同样数量的商品分别用现期价格和基期价格计算会得出不同的总产值，只有当现期价格与基期价格相等时，总产值才能相同，即名义国内生产总值才能等于实际国内生产总值。

名义国内生产总值与实际国内生产总值之比，称为国内生产总值折算指数。国内生产总值折算指数是重要的物价指数之一，它能反映通货膨胀的程度。在进行经济分析时，要注意区分名义国内生产总值与实际国内生产总值。这是因为实际国内生产总值既反映了实际产量的变动，又反映了价格的变动情况。名义国内生产总值只反映产量的变动情况。只有根据实际国内生产总值，才能准确地反映国民经济的实际增长情况。

2. **国民生产总值**（GNP）

国民生产总值是一个国家（地区）所有常住机构单位在一定时期内（年或季）收入初次分配的最终成果。国民生产总值是与所谓的国民原则联系在一起的。

一个国家常住机构单位从事生产活动所创造的增加值（国内生产总值）在初次分配过程中主要分配给这个国家的常住机构单位，但也有一部分以劳动者报酬和财产收入等形式分配给该国的非常住机构单位。同时，国外生产单位所创造的增加值也有一部分以劳动者报酬和财产收入等形式分配给该国的常住机构单位，从而产生了国民生产总值概念。

国民生产总值 = 国内生产总值 + 来自国外的劳外的劳动报酬和财产收入 - 支付给国外的劳动者报酬和财产收入

◆国民生产总值与国内生产总值的关系

国内生产总值和国民生产总值作为国民收入核算的两个指标，反映了统计上的两种原则。

国民生产总值是与所谓国民原则联系在一起的。按照这一原则，凡是本国国民（包括本国公民以及常驻外国但未加入外国国籍的居民）所创造的收入，不管生产要素是否在国内，都被计入本国的国民生产总值，而外国公司在该国子公司的利润收入则不应被计入该国的国民生产总值。

国内生产总值是与所谓国土原则联系在一起的。按照这一原则，凡是在本国领土上创造的收入，不管是不是本国国民所创造的，都被计入本国的国内生产总值。特别是外国公司在某一国资公司的利润都应计入该国的国内生产总值，而该国企业在外国公司的利润不应被计入。

根据以上说明，以对外要素收入净额来表示本国生产要素在世界其他国家获得的收入减去本国付给外国生产要素在本国获得的收入，则国民生产总值与国内生产总值的关系式为：

国民生产总值 = 国内生产总值 + 对外要素收入净额

3. 国民收入的其他总量指标

（1）国民收入（*NI*）基本上是从收入方面来衡量国内生产总值。国民收入等于劳动、土地、资本和企业家才能这四种生产要素分别得到的工资、地租、利息和利润的总和。但是，由于使用生产要素的厂家要从销售收益中向政府缴纳间接税（营业税、消费税），从而相应地减少了支付给生产要素的收入，因此，从国内生产净值中减去间接税就是生产要素所挣到的全部国民收入，即：

国民收入 = 国内净产值 - 间接税

国民收入是一国的所有个人应得，但不管它是不是真正拿到手的收入总和。

（2）个人收入（*PI*）是一个国家所有个人实际得到的，也就是真正拿到手的个人总收入。因此，从国民收入计算出个人收入时，要从其中减去三个挣到的但实际并未得到的项目。首先是减去社会保险金（由雇主和工人各自支付的部分都要减去）。其次，由于国民收入包括了全部公司利润，而股票持有者只以股息形式分得其中的一部分，因此必须从公司利润项下减去公司所得税和未分配利润两个项目才是实际支付给个人的收入。此外，人们得到的转移支付并不是他们在本期挣得的，因此没有包括在本期的国民收入中，但是它又是在本期实际得到的，因此必须加到个人收入中，才能得出个人收入总额，即：

个人收入 = 国民收入 − 未分配利润 − 公司所得税 + 转移支付

（3）个人可支配的收入（*PDI*），简称可支配收入，是个人收入减去个人所得税以后，个人能够自己支配的收入，即：

个人可支配的收入 = 个人收入 − 个人所得税

五种国民收入总量指标的关系可以用以下等式表示：

国民生产总值 = 国内生产总值 − 外国人在本国的收入 + 本国人在外国的收入
国内生产总值 − 折旧 = *NDP*
NDP − 间接税 = *NI*
PI = *NI* − 公司所得税和未分配利润 − 社会保险金 + 转移支付 + 其他利息收入
PDI = *PI* − 个人纳税

7.1.2 国民收入的核算方法

国内生产总值的核算方法是国民收入核算体系中的重要内容。世界各国采用的核算方法不尽相同，有支出法（最终产品法）、收入法（生产要素法）和生产法，下面对其分别加以介绍。

1. 支出法

支出法：又称最终产品法，这种方法是以购买产品和劳务的支出来计算的，是从最终产品的用途出发，把一年中购买各种最终产品的货币支出加总，计算该年生产的最终产品流量货币价值总和。从宏观经济学来说是一种最有用的计算国民生产总值的方法。

如果用 Q_1、Q_2、$Q_3 \cdots Q_N$ 来表示各种产品与劳务的产量，用 P_1、P_2、$P_3 \cdots P_N$ 表示各种产品与劳务的价格，其计算公式是：

$$\text{国内生产总值（GDP）} = P_1 \cdot Q_1 + P_2 \cdot Q_2 + P_3 \cdot Q_3 + \cdots + P_N \cdot Q_N$$

运用这种方法计算国内生产总值时，相加的一定是最终产品的价值，而不是中间产品的价值，目的在于避免重复计算。

按最终产品法计算国内生产总值，即从使用角度考察，国内生产总值是一定时期内在一个国家或地区的领土上，居民、厂商、政府和国外部门购买最终产品和劳务的支出总额，应包括以下各项支出：

支出法国内生产总值（GDP）= 最终消费 + 资本形成总额 + 净出口

◆最终消费

最终消费指常住单位为满足物质、文化和精神生活的需要，从本国经济领土和国外购买的货物和服务的支出。它不包括非常住单位在本国经济领土内的消费支出。最终消费分为居民消费和政府消费。居民消费指常住住户在一定时期内对于货物和服务的全部最终消费支出。政府消费指政府部门为全社会提供公共服务的消费支出和免费或以较低的价格向居民住户提供的货物和服务的净支出。

◆资本形成总额

资本形成总额指常住单位在一定时期内获得减去处置的固定资产和存货的净额，包括固定资本形成总额和存货增加两部分。

固定资本形成总额指生产者在一定时期内获得的固定资产减处置的固定资产的价值总额。存货增加指常住单位在一定时期内存货实物量变动的市场价值，即期末价值减期初价值的差额，再扣除当期由于价格变动而产生的持有收益。存货增加可以是正值，也可以是负值，正值表示存货上升，负值表示存货下降。

◆净出口

国内生产总值的最后一个项目是净出口，它是指货物和服务出口减货物和服务进口的差额。为什么要减去进口呢？因为国内生产总值是计量一国经济的生产总量，在开放经济情况下，最终消费中都包括一部分进口的产品，为了精确地计量本国经济一年内的总产量，必须减去其中的进口部分，不然就会发生重复计算。出口是本国生产，但不是由本国人购买的商品和劳务，必须加上它，才能得出准确的国内生产总值数字。用 X 代表出口，M 代表进口，因此就有：净出口 $=X-M$。

表 7－2　按支出法核算的 2001—2005 年的国内生产总值

年份	支出法国内生产总值				资本形成率（投资率）（%）	最终消费率（%）
	总额	最终消费	资本形成总额	净出口		
2001	108 972.40	66 878.30	39 769.40	2 324.70	36.5	61.4
2002	120 350.30	71 691.20	45 565.00	3 094.10	37.9	59.6
2003	136 398.80	77 449.50	55 963.00	2 986.30	41.0	56.8
2004	160 280.40	87 032.90	69 168.40	4 079.10	43.2	54.3
2005	186 700.90	96 918.10	79 559.80	10 223.00	42.6	51.9

2. 收入法

收入法也称生产要素法或分配法，是从生产过程形成收入的角度，对常住单位的生产活动成果进行核算的方法。

一件产品的销售收益中，除了包括工资、利息、租金、利润等各项收入外，还包括从其他厂商购进的原材料和零部件的价值。这些产品是中间产品，因此自销售总收益中减去从其他厂商购买的量，剩下的必然是最终产品的销售量。同时，销售收益减去向其他厂商购买的量又等于工资、利息、租金和利润的总和。因此，从收入的角度出发，把生产销售收益中所形成的各种收入加起来，即把工人劳动得到的工资、土地建筑物等财产所有人得到的租金、贷款者得到的利息和股东得到的利润加起来，就能计算出国民收入，再经过调整就能得出国内生产总值。

国民经济各产业部门收入法增加值由劳动者报酬、生产税净额、固定资产折旧和营业盈余四个部分组成，计算公式为：

收入法国内生产总值（GDP）＝劳动者报酬＋生产税净额＋固定资产折旧＋营业盈余

◆劳动者报酬

劳动者报酬指劳动者从事生产活动所应得的全部报酬。其包括劳动者应得的工资、奖金和津贴，既有货币形式，也有实物形式，还有劳动者所享受的公费医疗和医药卫生费、上下班交通补贴和单位为职工缴纳的社会保险费等。对于个体经济来说，其所有者所获得的劳动报酬和经营利润不易区分，这两部分统一作为劳动者报酬处理。

◆生产税净额

生产税净额指生产税减去生产补贴后的差额。生产税指政府对生产单位从事生产、销售和经营活动以及因从事生产活动使用某些生产要素，如固定资产、土地、劳动力所征收的各种税、附加费和规费，包括销售税金及附加、增值税、管理费中开支的各种税、应交纳的养路费、排污费和水电费附加、烟酒专卖上缴政府的专项收入等。生产补贴与生产税相反，是政府对生产单位单方面的转移支付，因此视为负生产税处理，包括政策性亏损补贴、价格补贴等。

◆固定资产折旧

固定资产折旧是指一定时期内为弥补固定资产损耗按照核定的固定资产折旧率提取的固定资产折旧，或按国民经济核算统一规定的折旧率虚拟计算的固定资产折旧。它反映了固定资产在当期生产中的转移价值。

◆营业盈余

营业盈余指常住单位创造的增加值扣除劳动者报酬、生产税净额和固定资产折旧后的余额。它是常住单位所创造的增加值在对固定资产进行了补偿、对劳动者进行了分配以及上缴国家税金以后所余下的份额。

3. **生产法**

生产法是从生产过程中创造的货物和服务价值入手，剔除生产过程中投入的中间货物和服务价值，得到增加价值的一种方法。国民经济各产业部门生产法增加值计算公式如下：

增加值 = 总产出 − 中间投入

生产法国内生产总值（GDP）= 各行业增加值之和

◆总产出

总产出指常住单位在一定时期内生产的所有货物和服务的价值，既包括新增价值，也包括转移价值。它反映常住单位生产活动的总规模。总产出按生产者价格计算。

例如：农、林、牧、渔业总产出采用产品法计算，即凡有产品产量的农产品均按单位产品价格乘产量的方法计算；交通运输仓储和邮政业总产出等于其营业收入；批发和零售业总产出等于商业附加费，即商品销售收入净额减去商品销售成本；住宿和餐饮业的总产出等于其营业收入。

◆中间投入

中间投入是指常住单位在一定时期内于生产过程中消耗和使用的非固定资产货物和服务的价值。中间投入也称为中间消耗，反映用于生产过程中的转移价值，一般按购买价格计算。计入中间投入的货物和服务必须具备两个条件，一是与总产出的计算范围保持一致；二是必须是本期一次性使用的。

◆增加值

增加值即总产出减去中间投入后的差额，反映一定时期内各产业部门生产经营活动的最终成果。

从理论上讲，无论使用上述三种方法中的哪种方法核算国内生产总值，其计算出的结果应该是相等的，但是在实际核算过程中，由于资料的来源不同，其计算结果会出现一定的误差，这些差异属于正常范畴。

7.2 消费、储蓄和投资

7.2.1 消费函数

分析国民收入是由什么决定的，就得分析国民收入的各个组成部分是由什么决定的。这里首先要分析消费是由什么决定的。

1. 消费函数

消费由什么决定呢？在现实生活中，影响各个家庭消费的因素很多，如收入水平、商品价格水平、利率水平、收入分配状况、消费者偏好、家庭财产状况、消费信贷状况和消费者年龄构成以及制度、风俗习惯等。凯恩斯认为，这些因素中有决定意义的是居民的可支配收入。

关于收入和消费的关系，凯恩斯认为存在一条基本心理规律：随着收入的增加，消费也会增加，但消费的增加不及收入增加得多，消费和收入的这种关系称作消费函数或消费倾向。所以，消费函数一般表示消费支出与居民可支配收入之间的关系，即消费取决于收入水平。用公式表示是 $C=C(Y)$，其中 C 表示消费，Y 表示收入。

2. 平均消费倾向和边际消费倾向

为了便于分析消费函数的性质和特点，西方经济学家提出了平均消费倾向和边际消费倾向的概念。

假定某家庭的消费和收入之间有如表 7－3 所表示的关系，则该表的数字表明，当收入为 9 000 美元时，消费为 9 110 美元，入不敷出；当收入为 10 000 美元时，消费为 10 000 美元，收支平衡。当收入依次增至 11 000 美元、12 000 美元、13 000 美元、14 000 美元和 15 000美元时，消费依次增加到 10 850 美元、11 600 美元、12 240 美元、12 830 美元和 13 360美元。这就是说收入增加时，消费随着增加，但增加越来越少。

表 7－3 某家庭消费表

单位：美元

序号	(1) 收入 (Y)	(2) 消费 (C)	(3) 平均消费倾向 (APC)	(4) 边际消费倾向 (MPC)
A	9 000	9 110	1.01	
B	10 000	10 000	1.00	0.89
C	11 000	10 850	0.98	0.85
D	12 000	11 600	0.97	0.75
E	13 000	12 240	0.94	0.64
F	14 000	12 830	0.92	0.59
G	15 000	13 360	0.89	0.53

在表 7－3 中，第三列是平均消费倾向。平均消费倾向指任一收入水平上消费在收入中的比率。平均消费倾向的公式是：

$APC = C/Y$

表 7－3 中第四列即边际消费倾向。通过观察可以看出，收入依次增加 1 000 美元时，消费依次增加 890 美元、850 美元、750 美元、640 美元、590 美元和 530 美元。增加的消费和增加的收入之比率，也就是增加 1 单位收入中用于增加消费部分的比率，称为边际消费倾向。其公式为：

$MPC = \Delta C/\Delta Y$ 或 $b = \Delta C/\Delta Y$

若收入增量和消费增量极小时，上述公式可写成：

$MPC = \mathrm{d}C/\mathrm{d}Y$

根据表 7－3 可绘出消费曲线，如图 7－1 所示。

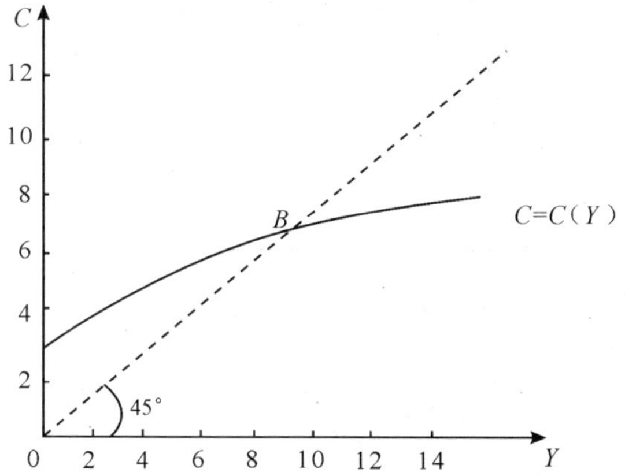

图 7－1　消费曲线

如图 7－1 所示，横轴表示收入 Y，纵轴表示消费 C，45°线上任一点到纵横轴的垂直距离都相等，表示收入全部用于消费。$C = C$（Y）曲线是消费曲线，表示消费和收入之间的函数关系。B 点是消费曲线和 45°线交点，表示这时候消费支出和收入相等。B 点左方，表示消费大于收入，B 点右方，表示消费小于收入。

消费曲线的特点有：

（1）消费曲线上任一点与原点相连而成的射线的斜率，是与这一点相对应的平均消费倾向。曲线上各点与原点连线的斜率越来越小，说明平均消费倾向递减。

（2）消费曲线上任一点切线的斜率，就是与这一点相对应的边际消费倾向。随着这条线向右延伸，曲线上各点切线的斜率越来越小，这种边际消费倾向随着收入增加而呈现出递减的趋势，被称为边际消费倾向递减规律。

（3）平均消费倾向始终大于边际消费倾向。

（4）由于消费增量只是收入增量的一部分，因此，边际消费倾向总大于 0 而小于 1。平均消费倾向则可能大于、等于或小于 1，因为消费可能大于、等于或小于收入。

3. **消费曲线的含义和表示**

上述 $C=C(Y)$ 所表示的是边际消费倾向递减的情况。如果消费和收入之间存在线性函数关系，则边际消费倾向为一常数，这时如果再从短期角度来考虑，消费函数可用下列方程表示：

$$C=a+bY$$

上式中 a 表示自发性消费部分，即收入为0时举债也必须有的基本生活消费。b 表示边际消费倾向，b 和 Y 的乘积表示收入引致的消费。因此，$C=a+bY$ 的含义是：消费等于自发性消费与引致的消费之和。

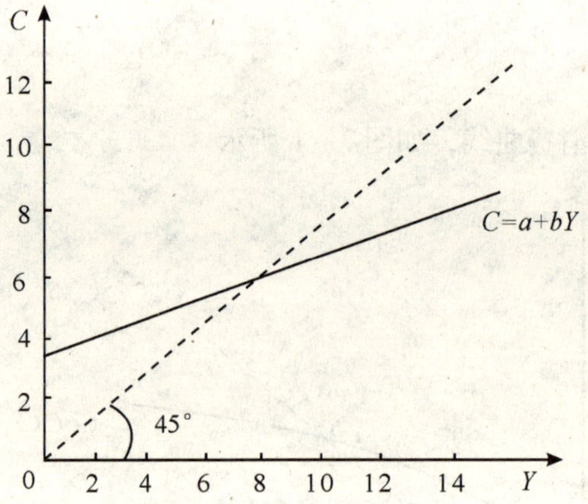

图7－2 消费函数

7.2.2 储蓄函数

1. **储蓄函数的含义**

储蓄函数是反映储蓄和决定储蓄大小的各种因素之间的关系，影响储蓄的因素很多，其中收入是最主要的因素。一般来说，在其他条件不变的情况下，储蓄随收入的变化而同方向变化，即：收入增加，储蓄也增加；收入减少，储蓄也减少。但二者之间并不按同一比例变动。设 S 代表储蓄，Y 代表收入，则储蓄函数的公式为：

$$S=S(Y)$$

西方经济学家认为，储蓄函数不是单独存在的，而是依赖于消费函数。储蓄可定义为收入减消费，即收入中未被消费的部分。所以，储蓄函数又可以由消费函数推导出来。其计算公式为：

$$S=S(Y)=Y-C$$

2. **平均储蓄倾向和边际储蓄倾向**

根据表7－3中的数据，可列出储蓄函数的数据如表7－4所示。

表 7-4　某家庭储蓄表

单位：美元

序号	(1) 收入 (Y)	(2) 消费 (C)	(3) 储蓄 (S)	(4) 边际储蓄倾向 (MPS)	(5) 平均储蓄倾向 (APS)
A	9 000	9 110	-110		-0.01
B	10 000	10 000	0	0.11	0
C	11 000	10 850	150	0.15	0.01
D	12 000	11 600	400	0.25	0.03
E	13 000	12 240	760	0.36	0.06
F	14 000	12 830	1 170	0.41	0.08
G	15 000	13 360	1 640	0.47	0.11

在表中，第五列是平均储蓄倾向。平均储蓄倾向指任一收入水平上储蓄在收入中的比率。平均储蓄倾向的公式是：

$$APS = S/Y$$

表中第四列即边际储蓄倾向。增加的储蓄和增加的收入之比率，也就是增加 1 单位收入中用于增加储蓄部分的比率，称为边际储蓄倾向。其公式为：

$$MPS = \Delta S/\Delta Y$$

如果收入与储蓄增量极小，上述公式可写成：

$$MPS = \mathrm{d}S/\mathrm{d}Y$$

3. 储蓄曲线的含义和表示

根据表 7-4，可画出储蓄曲线，如图 7-3 所示。

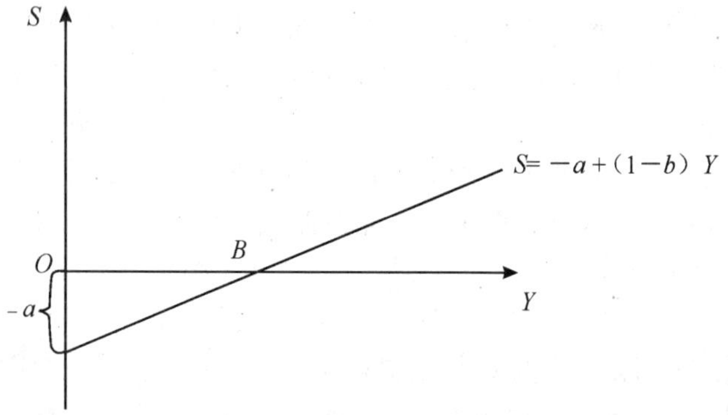

图 7-3　储蓄曲线

在图 7-3 上，$S=S(y)$ 曲线表示储蓄和收入之间的函数关系。B 点是储蓄曲线和横轴的交点，表示这时收支平衡。B 点以右有正储蓄，B 点以左有负储蓄。随着储蓄曲线向右延伸，它与横轴的距离越来越大，表示储蓄随收入增加而增加，而且增加的幅度越来越大。

图7－3中储蓄和收入呈线性关系，即消费曲线和储蓄曲线为直线，则：

$$S = Y - C = Y - (a + bY) = -a + (1 - b)Y$$

上式为一线性储蓄函数方程式。

4. 消费函数与储蓄函数的关系

由于储蓄被定义为收入和消费之差，因此消费函数与储蓄函数的关系有以下几个方面：

第一，消费函数和储蓄函数互为补数，二者之和等于总收入，从公式看

$$C = a + bY$$

$$S = -a + (1 - b)Y$$

所以 $C + S = a + bY - a + Y - bY = Y$

下面，我们分别将消费函数的曲线和储蓄函数的曲线画在同一坐标系之中，如图7－4所示。

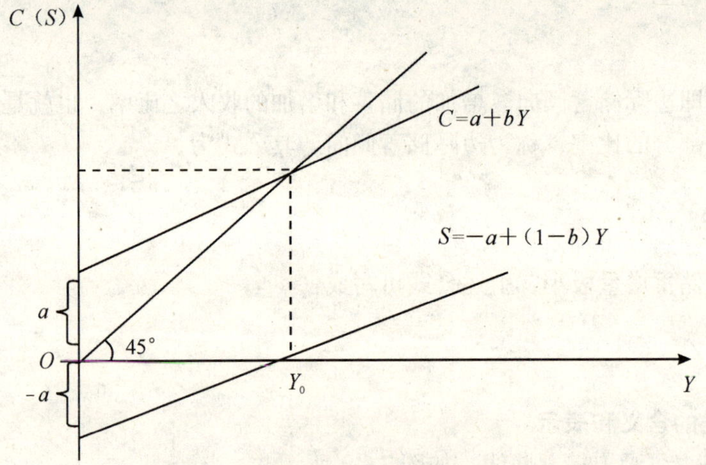

图7－4　消费曲线与储蓄曲线的关系

在图7－4中，当收入为 Y_0 时，收支相等，储蓄为0，当收入小于 Y_0 时，消费曲线位于45°线之上，表明消费大于储蓄。因此，储蓄曲线位于横轴下方。在 Y_0 点右方，情况则相反。

第二，若 APC 和 MPC 随收入增加而递减，但 $APC > MPC$，则 APS 和 MPS 都随收入增加而递增，但 $APS < MPS$，表现在图形上，储蓄曲线上任一点与原点连成的射线的斜率总小于储蓄曲线上该点的切线斜率。

第三，APS 和 APC 之和恒等于1，MPC 和 MPS 之和也恒等于1。

根据以上性质，消费函数和储蓄函数中只要有一个确立，另一个随之确立。当消费函数已知时，就可得到储蓄函数，当储蓄函数已知时，就可求得消费函数。

7.2.3　投资函数

1. 投资含义

投资是购置物质资本（例如厂房、设备和存货，以及住房建筑物）的活动，即形成资

产的活动投资。一般不包括金融投资在内。

2. 决定投资的因素

决定投资的因素主要有实际利率、预期收益率和投资风险等。预期通货膨胀率和折旧等也在一定程度上影响投资。

3. 凯恩斯的投资需求函数

投资需求者即厂商是否进行投资取决于投资的预期利润率与投资成本（利率）。相比较：若投资的预期利润率大于利率，则值得投资，此时可追加投资；若投资的预期利润率小于利率，则不值得投资；若投资的预期利润率等于利率，则为均衡投资量。

当投资的预期利润率既定时，投资取决于实际利率：利率上升，则投资需求量减少；利率下降，则投资需求量增加。因此，投资需求量是利率的减函数。

假设投资和利率之间呈线性关系，则投资函数可写成：

$$I=I(r)=e-dr$$

其中，e 为自主投资，是由于人口、技术、资源等外生变量的变动引起的投资，与利率无关，即使利率为零也会存在。

dr 为引致投资，随利率的变化呈反方向变化。

7.3 简单国民收入决定理论

前面讨论了国民收入如何核算，这里讨论国民收入是如何决定的，即经济社会达到均衡时的生产或收入水平是怎样的。凯恩斯主义的全部理论涉及四个市场：产品市场、货币市场、劳动市场和国际市场。仅包括产品市场的理论称为简单国民收入决定理论。

分析国民收入均衡有以下三个前提条件：

第一，假定经济社会还存在没有被利用的社会资源。例如，存在失业的工人和闲置的机器设备。当这些社会资源被利用时，国民收入就会曾加。

第二，假定潜在的国民收入水平保持不变，国民收入的变化是由实际的产品与劳务数量引起的。

第三，假定价格水平保持稳定，国民收入的变化是由物品和劳务数量的变化引起的。即国民收入的均衡是实际国民收入的均衡。

7.3.1 两部门经济国民收入的均衡

说明一个国家的生产或收入如何得以决定，要从最简单的经济关系开始分析，为此，我们先从两部门经济入手，对于两部门经济做出以下两个假定：

第一，假设所分析的经济中不存在政府，也不存在对外贸易，只有家户部门（居民户）和企业部门，消费行为和储蓄行为都发生在家户部门，生产和投资行为都发生在企业部门，还假设企业投资是自主的，即不随利率和产量的变动而变动。

第二，假设不论需求量为多少，经济制度均能以不变的价格变动提供相应的供给量。这就是说，社会总需求变动，只会引起产量变动，使供求相等，而不会引起价格变动。这在西方经济学中又称为凯恩斯定律。

1. 国民收入均衡

总需求（AD）指一个国家或地区在一定时期内（通常为1年）由社会可用于投资和消费的支出所实际形成的对产品和劳务的购买力总量。从支出的角度看，国民收入是一定时期内在一个国家或地区的领土上，所有经济单位购买最终产品和劳务的支出总额，因此有 $Y=AD$。

总供给（AS）是指一个国家或地区在一定时期内（通常为1年）由社会生产活动实际可以提供给市场的可供最终使用的产品和劳务总量。从生产要素的角度看，因产品和劳务是由各种生产要素生产出来的，所以国民收入可以用要素收入总和表示，即 $Y=AS$。

均衡是指因相反力量的平衡而形成的相对静止状态。因此，当国民收入既不增加也不减少时，国民收入就达到了均衡状态。达到均衡状态的国民收入叫做均衡的国民收入。因此，国民收入均衡是指一个经济社会的总需求和总供给相等时的状态。均衡国民收入（产出）是和总需求相等的产出。

2. 两部门的国民收入决定

两部门经济结构没有政府，没有进出口，为使分析简化，先不考虑折旧，这样就有 $GDP=NDP=NI$，都用 Y 代表，国民收入的构成就可以从支出和收入两个方面来加以分析，如图7-5所示。

一方面，从支出的角度看，由于企业库存的变动作为存货投资，因此，国民收入等于消费加投资，即 $Y=C+I$。

另一方面，从收入的角度看，假设家庭的总收入只有两种用途，不是用于消费，就是用于储蓄，因此，国民收入等于消费加储蓄，即 $Y=C+S$。

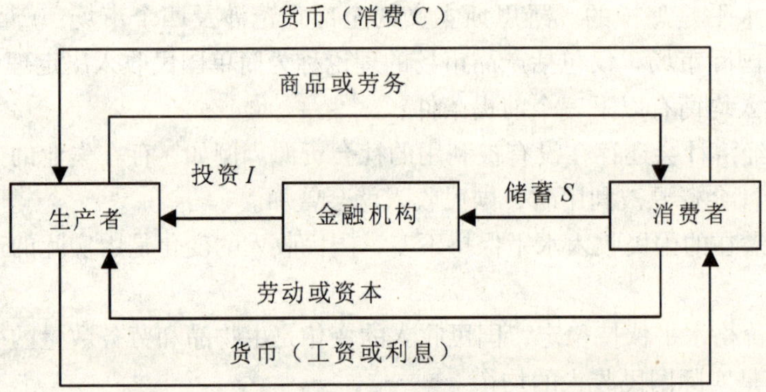

图7-5 两部门国民收入的收入流量循环模型

两部门国民收入均衡的条件：$AD=AS$。

由于 $AD=C+I=Y=AS=C+S$，就有 $I=S$。这就是储蓄—投资恒等式。

3. 投资乘数

由两部门国民收入均衡的图形，假设总供给是充足的，那么决定均衡国民收入为多少的主要是总需求AD，如图7-6所示。

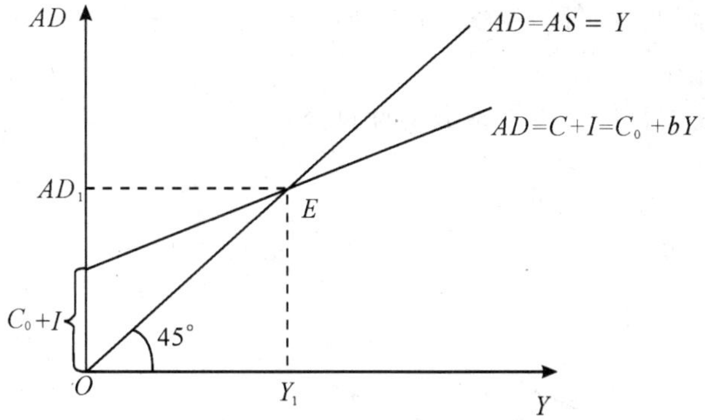

图 7 -6　总需求与均衡国民收入的关系

从图 7 -6 可知，如果投资增加就会导致均衡国民收入增加，到底增加多少？下面我们进行具体的分析。

◆投资增加会导致国民收入成倍增加——图形描述

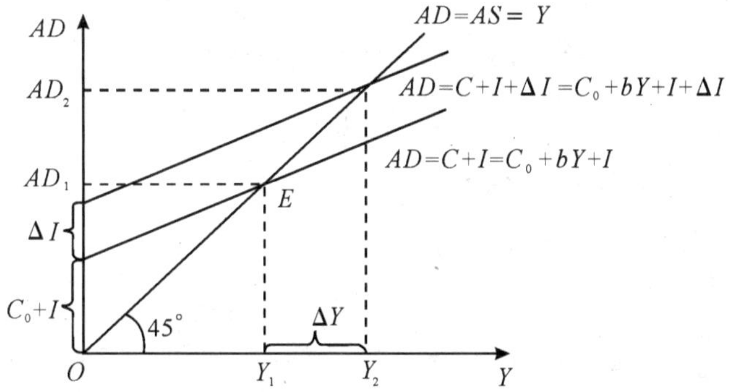

图 7 -7　投资增加引起国民收入增加

◆投资乘数的含义及其例子

投资乘数是指投资的变动引起国民收入的成倍变动。

投资乘数产生的主要根源在于社会经济各部门之间的相互关联性。当某一个部门投资增加时，不仅会使本部门收入增加，而且会使其他部门发生连锁反应，从而导致这些部门的投资与收入也增加，而国民收入的增加量是最初自发投资增加量的数倍。同理，当投资减少时，国民收入也成倍减少，这就是乘数的反作用，因此，经济学家形象地把乘数称为一把“双刃剑”。

举例说明：

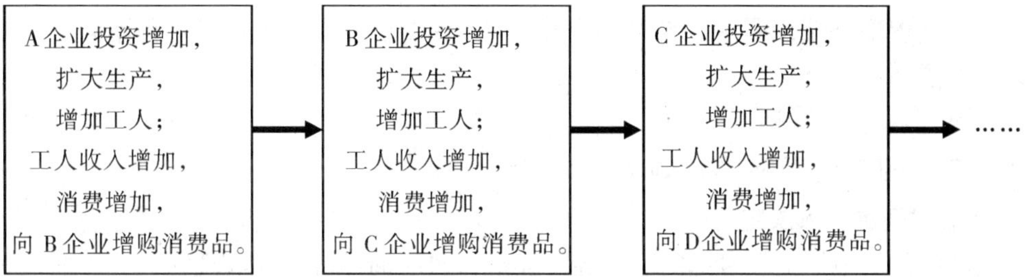

乘数发挥作用是有一定前提条件的。总的来说就是资源没有得到充分利用，否则乘数就

会相应地缩小。也就是说，在各个轮次上产出出现梗阻时，乘数的大小会减小，梗阻的程度越严重，乘数相应就越小。

这里我们讨论的是两部门条件下乘数的计算公式：

利用图形进行分析：

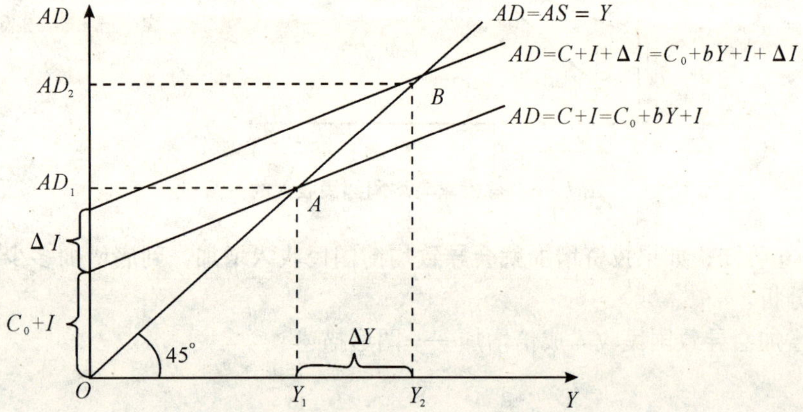

图 7－8　两部门条件下乘数的计算

如上图所示，在 A 点：$AD_1 = C_0 + bY_1 + I = Y_1$（1）

在 B 点：$AD_2 = C_0 + bY_2 + I + \Delta I = Y_2$　（2）

（2）－（1）得 $Y_2 - Y_1 = b(Y_2 - Y_1) + \Delta I$

$\Delta Y = b \cdot \Delta Y + \Delta I$

投资乘数　$K = \dfrac{\Delta Y}{\Delta I} = \dfrac{1}{1 - b}$

利用均衡条件和乘数的含义进行分析：

$AD = C + I = C_0 + bY + I = Y$

$(1 - b)\, Y = C_0 + I$

$$Y = \frac{C_0 + I}{1 - b}$$

投资乘数　$K = \dfrac{\Delta Y}{\Delta I} = \dfrac{\mathrm{d}Y}{\mathrm{d}I} = \dfrac{1}{1 - b}$

理解乘数理论需要注意以下几个问题：

第一，乘数是一把双刃剑，投资扩大可以引起收入倍增；投资减少也可以引起收入倍减。

第二，乘数发挥作用的条件是供给无约束，即社会必须存在闲置资源。

第三，从理论上讲，乘数发挥作用是瞬间完成的，但实际上因传导过程不同，乘数作用的效果也不同。

7.3.2　三、四部门经济国民收入的均衡

1. 三部门国民收入决定

在三部门经济中，把政府部门引入经济模型，政府的经济活动表现在：一方面，有政府的收入（主要是征税）；另一方面，有政府的支出（包括政府购买和政府转移支付）。三部门经济中国民收入的构成也可以从支出和收入两方面来加以分析。

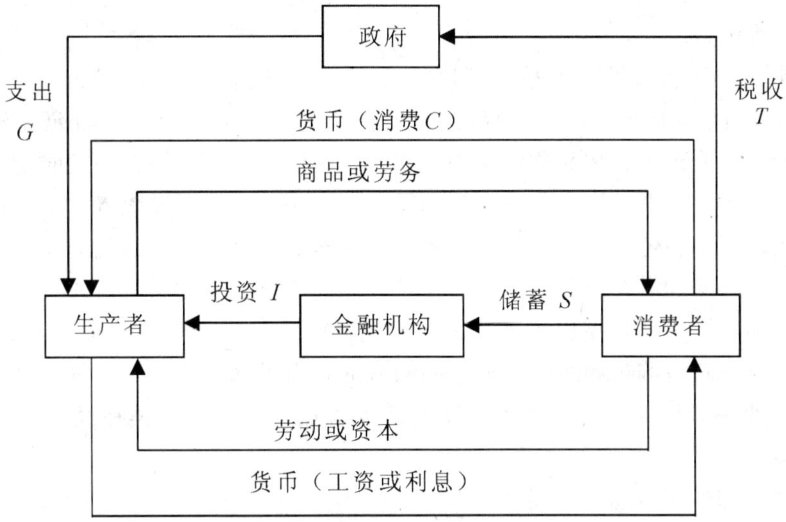

图7－9　三部门经济的收入流量循环模型

三部门国民收入均衡的条件：$AD=AS$。

在三部门中，$AD=C+I+G$；$AS=C+S+T=Y$。

一方面，从支出的角度看，国民收入就等于消费加投资再加上政府购买，政府转移支付转化在居民的消费中，即 $Y=C+I+G$。

另一方面，从收入的角度看，由于存在政府活动，家庭的总收入只有在交完税以后才能用于消费或储蓄，因此，国民收入总等于消费加储蓄再加上税收，即 $Y=C+S+T$。

三部门要达到均衡就必须满足 $AS=Y=C+S+T=AD=C+I+G$，即 $S+T=I+G$。

2. 四部门经济的收入构成及储蓄—投资恒等式

在四部门经济中，再把贸易部门引入经济模型，贸易的经济活动表现在：一方面，组织本国商品和劳务出口；另一方面，从国外进口商品和劳务。四部门经济中国民收入的构成也可以从支出和收入两个方面来加以分析。

一方面，从支出的角度看，国民收入就等于消费、投资、政府购买和出口的总和，用公式表示，即 $Y=C+I+G+X$。

另一方面，从收入的角度看，由于存在外贸活动，家庭的总收入不仅用于消费、储蓄、交税，还有可能用于对外国人的转移支付。因此，国民收入总是等于消费加储蓄加税收，即 $Y=C+S+T+M$ 。

由于 $C+I+G+X=Y=C+S+T+M$ ，就有 $I+G+X=S+T+M$ ，或 $I=S+(T-G)+(M-X)$。

式中，S 是居民储蓄，$(T-G)$ 是政府储蓄，$(M-X)$ 是对外贸易储蓄（外国储蓄），这就是四部门经济中储蓄—投资恒等式。

7.3.3　潜在国民收入与缺口

1. 潜在国民收入

上面讲了两部门、三部门及四部门经济中均衡国民收入如何决定。显然，这里讲的均衡收入，就是指和两部门、三部门及四部门经济中的总支出相等的或者说相一致的产出，也就是由总需求水平决定的国内生产总值。但必须注意，这一均衡的国民收入不一定就是充分就业状态下的国民收入。

充分就业状态下的国民收入是指利用社会上一切可利用的经济资源（劳动力、资本、土地等）所能够生产的产品和劳务的最大量值，也就是一国的经济潜力充分利用或发挥时所能够达到的最大产出量，故又称潜在国民收入。一国的经济资源在一定时期内是一个既定的量，因此，在一定时期总有一个潜在的国民收入水平。潜在国民收入水平决定于一国在一定时期可利用的资本、劳动力、自然资源等生产要素的总量以及所达到的技术水平。

一国在一定时期的潜在国民收入不一定是该国在该时期实际所生产的国民收入。实际国民收入就是上面所说的和总支出水平相一致的均衡收入。它由整个社会（该国家）的消费支出、投资支出、政府购买和净出口加总而构成的总需求水平决定。当种种因素决定的总支出（总需求）水平较低时，实际的收入就会低于潜在的收入，尤其在经济萧条时，工人会失业，设备会被闲置。

2. GDP 缺口和通胀及通缩缺口

潜在国民收入和实际的均衡收入之间的差距称为国内生产总值缺口。实际收入低于潜在收入这一缺口可衡量出社会放弃了多少本来可以生产的产品和劳务。这些产品和劳务是有能力生产的，只是由于总需求不足，即产品销路不好，因此未能生产出来，因此，GDP 缺口表现出经济萧条时资源闲置的情况。

举例来说，假定充分就业的收入或者说潜在的国内生产总值为 10 000 亿美元，而实际的或者说均衡的国内生产总值（即等于总需求的收入）只有 9 000 亿美元，则 GDP 缺口为 1 000亿美元。假定简单的支出乘数等于 5，则总需求就要增加 200 亿美元才能使均衡国民收入达到潜在的国民收入水平。这 200 亿美元可称为通货紧缩缺口。

通货紧缩缺口也可用图形表示。在图 7－10 中假设 Y^* 是充分就业的国民收入，总支出曲线 *AE* 与 45°线交点右边部分所决定的均衡国民收入 *Y* 低于充分就业的国民收入，因而存在通货紧缩缺口。通货紧缩缺口的大小，等于为达到充分就业的国民收入 Y^*，总支出曲线 *AE* 必须向上移动的距离。

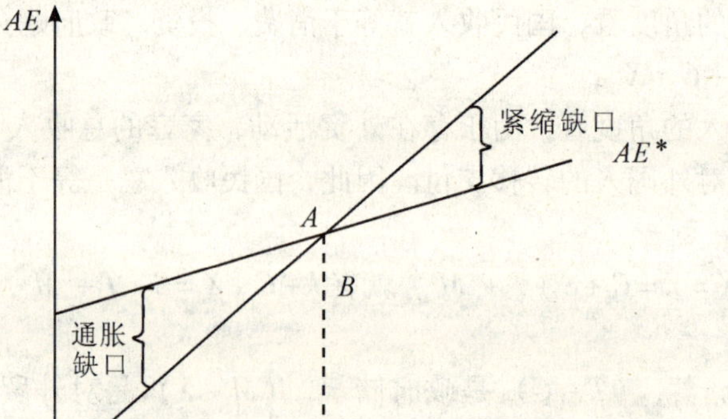

图 7－10　通货紧缩缺口

和通货紧缩缺口相反的是通货膨胀缺口。它是指实际总支出超过充分就业收入所要求的总支出之间的缺口。在上例中，假定充分就业收入为 10 000 亿美元，而实际总支出达到

11 000 亿美元，乘数仍等于 5，就出现了 200 亿美元的通货膨胀缺口，它测度为实现充分就业均衡所需要降低的总支出。由于潜在产出（即社会上一切可用资源能够生产的产量）只有 10 000 亿美元，而总支出达到 11 000 亿美元，这超额的 1 000 亿美元当然是无法实现的。要把 1 000 亿美元的超额部分消除，只要使总支出减少 200 亿美元，通过乘数作用，就会在充分就业水平上实现均衡。这 200 亿美元也是缺口。不消除这一缺口，就会引起通货膨胀。因此，这一缺口称为通货膨胀缺口。通货膨胀同样会影响经济运行和经营，经济效率会下降，经济增长会停滞。因此，降低通货膨胀率也是宏观经济调控的重要目标之一。

由于经济社会的产出不能总在充分就业水平上达到均衡，因此，需要政府进行宏观调控，以消除通货紧缩缺口或通货膨胀缺口，实现没有通货膨胀的充分就业。

7.4　扩展的国民收入决定理论：*IS* – *LM* 模型

在以上各节中，我们假设物价水平和利率既定不变，研究了在产品市场上国民收入均衡值的大小，显然这种方法并不符合实际情况。本节将放松对价格和利率的假定，同时考虑货币和产品两个市场，研究利率对投资进而对国民收入的影响，研究的方法是运用汉森—希克斯模型，即 *IS* – *LM* 模型。论证在产品市场和货币市场同时均衡时，利率与国民收入之间的相互关系。*IS* – *LM* 模型被大多数西方学者认为是宏观经济学最核心的理论，体现了凯恩斯的整个思想体系，并为分析宏观经济政策效果提供了一个有效的工具。

7.4.1　产品市场的均衡：*IS* 曲线

1. *IS* 曲线的形成

IS 曲线表示产品市场上总需求等于总供给时，即在 $I = S$ 的条件下，利率与国民收入之间函数关系的曲线，或者说，*IS* 曲线是这样一条曲线，在它上面的每一点，利率与国民收入的组合是不同的，但是投资都等于储蓄。

在分析 *IS* 曲线时，具有以下几方面的假设：

（1）投资与利率呈反方向变动，投资量是利率的递减函数。

（2）在两部门国民收入决定中，国民经济的平衡要求投资等于储蓄。

（3）储蓄是国民收入的函数。一般来说，两者同方向变化。

根据以上几个假设，可以描述出在利率和国民收入的不同组合条件下 *IS* 曲线的推导过程。

由前面各节叙述，投资是利息率的函数，它随着利息率的上升而减少，两者之间的函数关系如图 7 – 11（a）所示，横轴表示投资，纵轴表示利息率，I 曲线表示投资曲线，它是一条向右下方倾斜的曲线。由图中可以看到，当利息率从 r_1 下降到 r_2 时，投资从 I_1 增加到 I_2。

根据储蓄—投资恒等式，如图 7 – 11（b）所示，横轴表示投资，纵轴表示储蓄，45°曲线表示当投资恒等于储蓄时的曲线。与投资 I_1、I_2 对应的储蓄分别为 S_1、S_2。

图 7 – 11（c）表示的是储蓄函数的曲线，现代国民收入原理表明，储蓄是国民收入的函数，它随着国民收入的增加而增加。在以横轴表示国民收入、纵轴表示储蓄的坐标中，与储蓄 S_1、S_2 对应的国民收入分别为 Y_1、Y_2。

由此可见，当利率从 r_1 下降到 r_2 时，对应的国民收入就从 Y_1 增加到 Y_2，表示在以横轴为国民收入、纵轴为利息率的坐标系中则如图 7 – 11（d）所示，是一条向右下方倾斜的曲线，即 *IS* 曲线。

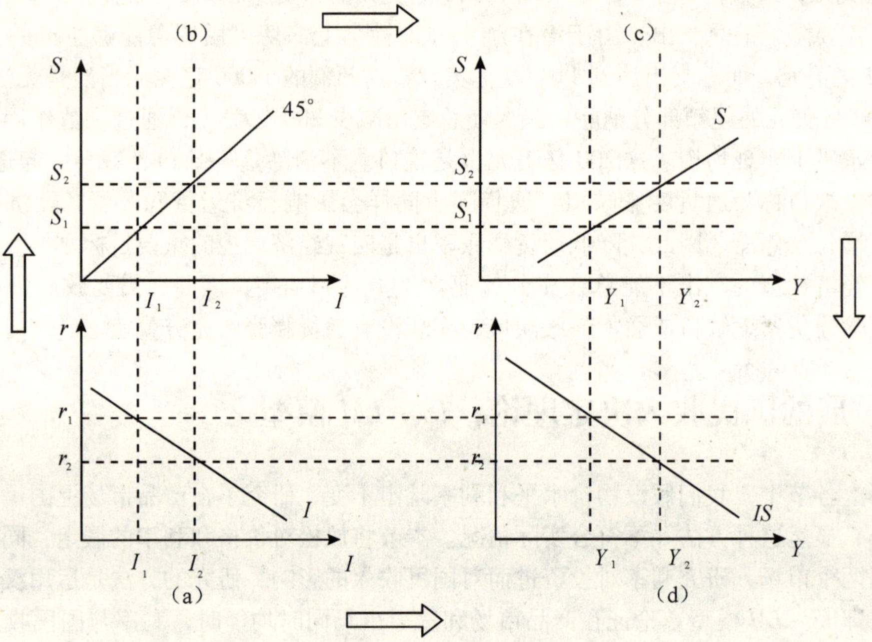

图 7－11　IS 曲线的形成

◆*IS* 曲线还可用代数表达式加以推导

因为：$Y=a+b(Y-T_0-tY)+I+G_0$

当 $I=e-dr$ 时

就有：$Y=a+b(Y-T_0-tY)+e-dr+G_0$

$$Y=\frac{a+e+G_0-bT_0}{1-b(1-t)}-\frac{d}{1-b(1-t)}r$$

当已知公式中的各项支出和系数的数值时，就可计算出均衡的国民收入或均衡利率。

$$r=\frac{a+e+G_0-bT_0}{d}-\frac{1-b(1-t)}{d}Y$$

2. *IS* 曲线的特点

第一，*IS* 曲线自左向右下方倾斜。这是由于投资函数的特点，利率越低，投资越多，通过乘数效应，国民收入均衡值越大。

第二，*IS* 曲线的斜率反映了利率变动引起的国民收入变动的程度。由以上分析就可以得出 *IS* 曲线的斜率为：

$$-\frac{1-b(1-t)}{d}\text{或}-\frac{1}{dk}$$

式中的 d 和 k（k 为支出乘数）值越大，*IS* 曲线的斜率越小，*IS* 曲线越平坦，说明利率变化能够较好地反映国民收入；当利率稍有下降或上升时，则国民收入将有较大的增加或减少。反之，d 和 k 值越小，*IS* 曲线的斜率越大，*IS* 曲线越陡，说明利率变化不能很好地反映国民收入，当利率有较大幅度下降或上升时，则国民收入增加或减少的数量较小。如图 7－12 所示，IS_0 曲线的斜率大于 IS_1 曲线的斜率。

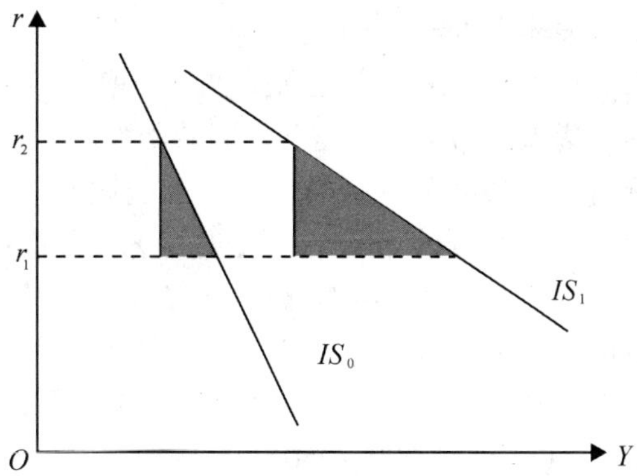

图 7－12　*IS* 曲线的斜率

3. *IS* 曲线的移动

影响 *IS* 曲线移动的主要因素有自发性的消费、投资、税收、政府支出、政府转移支付和净出口，除了税收外，上述因素的增加都会导致 *IS* 曲线向右移动，反之向左移动。税收的增加会导致 *IS* 曲线向左移动，反之，则向右移动。如图 7－13 所示：

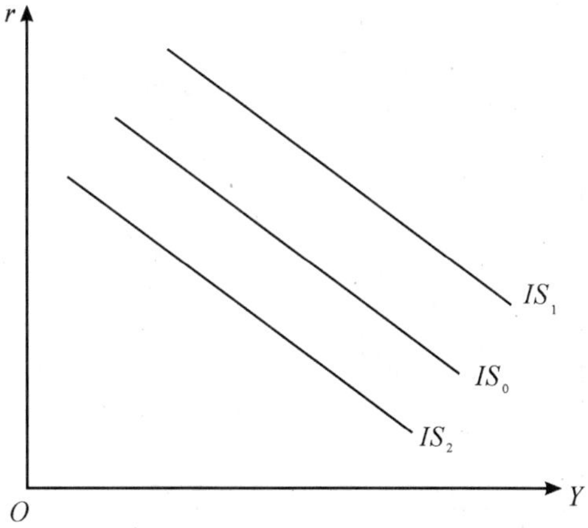

图 7－13　*IS* 曲线的移动

此外，通过乘数效应影响 *IS* 曲线移动的另一类因素主要有边际消费倾向、边际储蓄倾向、所得税税率等。一般而言，储蓄倾向提高或者所得税税率提高都会使乘数变小，从而使 *IS* 曲线向左边移动；消费倾向提高或者所得税税率降低都会使乘数变大，从而使 *IS* 曲线向右边移动。

7.4.2　货币市场的均衡：*LM* 曲线

1. *LM* 曲线的推导

货币市场均衡是指货币市场上货币需求等于货币供给的状态。*LM* 曲线表示在货币市场达到均衡（即 $L=M$）时，利率和国民收入之间的关系，或者说，*LM* 曲线是这样一条曲线，在它上面的每一点，利率与国民收入的组合是不同的，但是货币供给都等于货币需求。在推导 *LM* 曲线前必须具备三个前提条件：

第一，货币市场均衡条件：货币需求 L 等于货币供给 Ms，即 $L=Ms$。

第二，货币需求函数表述为 $L=L_1(Y)+L_2(r)$。$L_1(Y)$ 代表的是人们为满足交易性和预防性需求而引起的对货币的需求，它是国民收入的增函数；$L_2(r)$ 代表的是人们为满足投机性需求而引起的对货币的需求，它是利率的减函数。

第三，在一定的价格水平条件下，货币供给量因受政府的货币政策的控制，是一个常数，货币供给 Ms 与利率 r 无关。当价格水平不变时，名义货币量和实际货币量相等。

当货币市场达到 $L=M_0$ 即 $L_1(Y)+L_2(r)=M_0$ 时，货币市场就达到了均衡状态，这时这一等式就成为货币市场均衡模型，这一模型表示的是国民收入与利率间的函数关系。

例如：假设货币需求函数 $L_1=0.5Y$，$L_2=1\,000-250r$；货币供给量 $M_0=1\,250$，$P=1$。

依据均衡模型，则有：$0.5Y+1\,000-250r=1\,250$

$L=M_0$

$Y=500+500r$

可见，在货币市场均衡时，国民收入与利率同方向变化。

依据上例作图7－14，以纵轴代表利率 r，以横轴代表国民收入 Y。

图7－14是一条反映利率与国民收入之间的相互关系的曲线。这条曲线上任何一点都代表一定利率和国民收入的组合，在这样的组合下，货币需求与货币供给都是相等的，即 $L=M$，代表货币市场货币供给与货币需求相等，货币市场实现了均衡，因此，这条曲线被称为 LM 曲线。

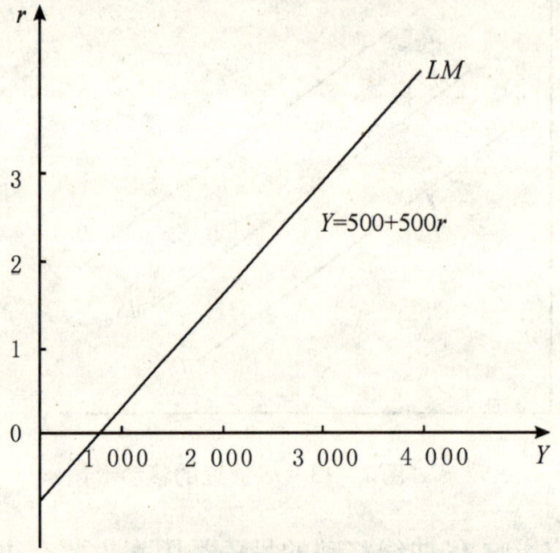

图7－14　LM 曲线

从以上分析中可以看出，LM 曲线是从货币需求与货币供给的关系、货币需求与价格水平以及利率与货币投机需求的关系中推导出来的。

2. LM 曲线的特点

第一，LM 曲线自左向右上方倾斜。这说明，国民收入越多，为使得货币总需求恰好等于既定的货币供给的利率越高，两者呈同方向变化。

第二，LM 曲线的斜率反映了利率变动时，人们对货币的需求做出反应的程度。当货币市场达到均衡时，利率与国民收入正相关，LM 曲线的斜率为正值，LM 曲线的斜率的大小主要取决于两个因素：

货币需求的利率系数，值越大，LM 曲线的斜率越小，LM 曲线越平缓，利率变化对国民收入影响大，反之，则小。

货币需求的收入系数，值越大，*LM* 曲线的斜率越大，*LM* 曲线越陡直，利率变化对国民收入影响小，反之，则大。

如图 7－15 所示，当利率水平由 r_1 上升至 r_2时，LM_0 斜率大于 LM_1，利率变化对国民收入影响较小，LM_1 斜率小于 LM_0，利率变化对国民收入影响较大。

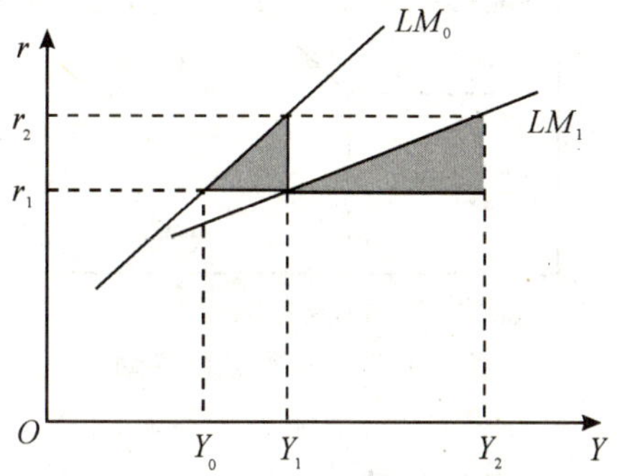

图 7－15　*LM* 曲线斜率

3. *LM* 曲线的移动

根据以上分析可知，货币的供给和货币的需求决定了 *LM* 曲线，所以，货币的供给和货币的需求发生变化，那么 *LM* 曲线也会发生相应的变动。

以货币供给发生变化为例，当货币供给量增加时，*LM* 曲线向右下方移动，表明在相同利率水平上会形成更多的国民收入。这是因为在利率保持不变时，货币的投资需求也保持不变；增加的货币供给转化为货币的交易和预防需求，这就带动了国民收入的增加，*LM* 曲线向右下方移动；或者在国民收入不变时，货币的交易需求和预防需求不变，增加的货币供给要为货币投资需求所消化，利率必须下降，利率下降，国民收入不变，*LM* 曲线向右下方移动。如图 7－16 所示：

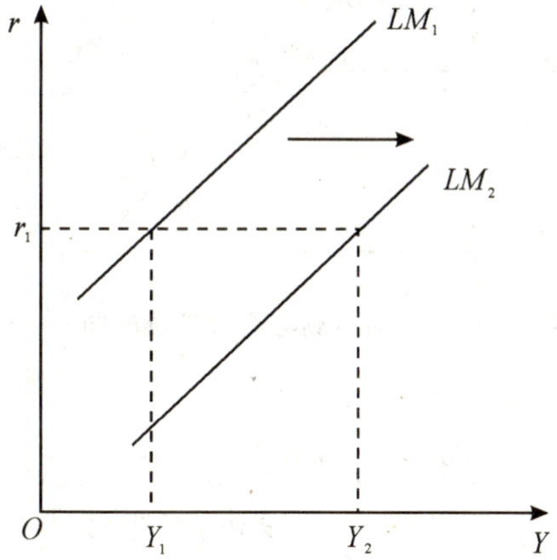

图 7－16　*LM* 曲线的移动

如果货币需求发生变化，例如国民收入水平不变，而物价上涨，则货币的交易需求增加，导致 *LM* 曲线向左上方平行移动；反之亦然，如图 7－17 所示。

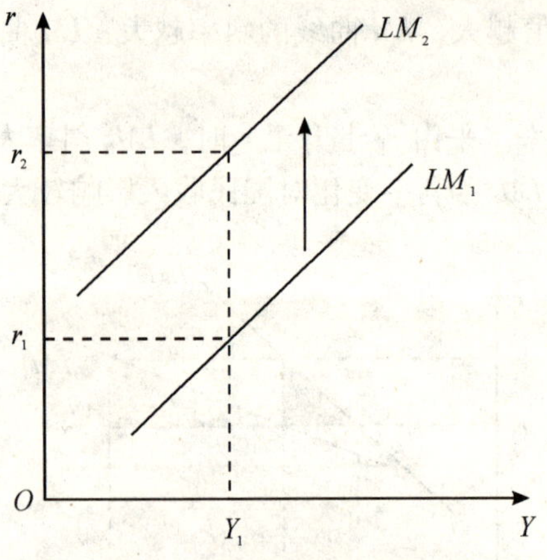

图 7－17　LM 曲线的移动

7.4.3　产品市场与货币市场同时均衡：IS－LM 模型

1. 均衡收入和均衡利率

前面我们已分别推导出 IS 曲线和 LM 曲线，分析了产品市场和货币市场均衡的相关问题。我们已经了解了 IS 曲线和 LM 曲线上任意一点的含义。因此，如果把 IS 曲线和 LM 曲线结合起来分析，当产品市场与货币市场同时达到均衡时，IS－LM 曲线在同一个以纵轴代表利率 r、横轴代表国民收入 Y 的相交坐标系中，IS－LM 曲线的交点处代表的是产品市场和货币市场同时均衡时，交点对应纵轴上的数值为均衡利率，交点对应横轴上的数值为均衡的国民收入，这就是 IS－LM 模型。如图 7－18 所示。

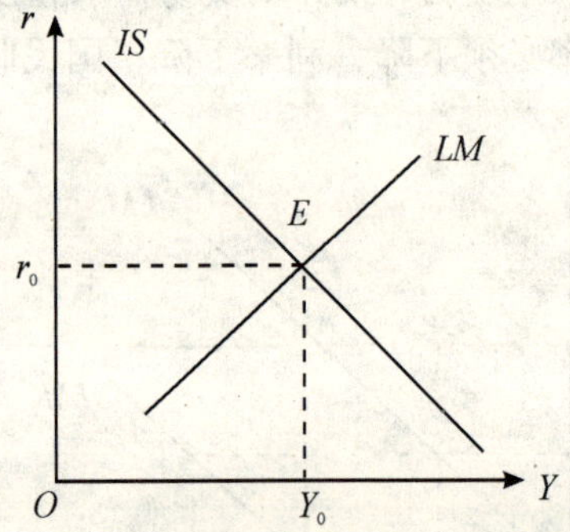

图 7－18　产品市场与货币市场的同时均衡

2. 产品市场与货币市场失衡及其调整

由以上分析得出产品市场与货币市场同时均衡的基本模型，从中可看出，当产品市场与货币市场同时达到均衡状态时，表现为 IS 曲线和 LM 曲线相交，此时，在同一利率和同一产出水平下产品市场的总需求与总供给相等，投资与储蓄相等，同时在货币市场社会购买全部商品的货币需求与货币供给相等，这时市场处于理想的均衡状态。然而，当某种原因导致上述等式不成立时，产品市场与货币市场就会出现失衡的状态，这种失衡状态分八种情况，如图 7－19 所示，IS－LM 曲线交点处以外的点均为非均衡点。

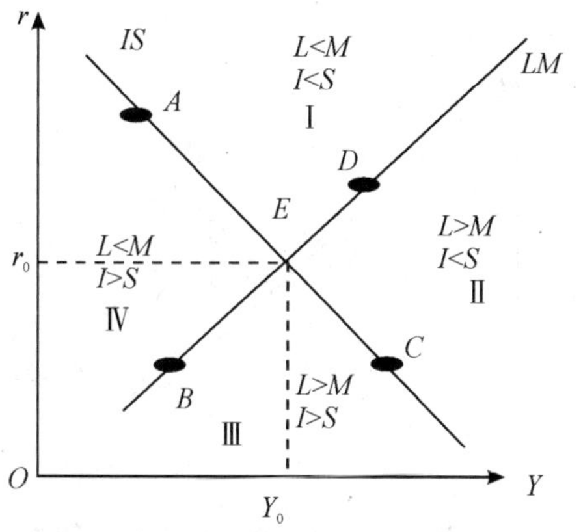

图 7-19　产品市场与货币市场的失衡

非均衡点又可分为两种情况：

第一种是其中一个市场处于均衡状态，如处于 *IS* 曲线上的点代表产品市场均衡，处于 *LM* 曲线上的点代表货币市场均衡，这种情况以 *A*、*B*、*C*、*D* 为代表。

第二种是两个市场均处于失衡状态，从图 7-19 看，就是 *IS* 曲线和 *LM* 曲线把坐标平面分成的四个区域（不包括 *IS* 和 *LM* 曲线），即Ⅰ、Ⅱ、Ⅲ、Ⅳ四个区域。例如，在Ⅰ区域中的任意一点，都是处于 *IS* 曲线的右侧，*LM* 曲线的左侧，且都具有 $L<M$ 和 $I<S$ 的特点。其余三个区域的非均衡状态和关系从表 7-5 可以得出。

表 7-5　产品市场和货币市场的失衡

区域	产品市场	货币市场
Ⅰ	$I<S$　产品供大于求	$L<M$　货币供大于求
Ⅱ	$I<S$　产品供大于求	$L>M$　货币求大于供
Ⅲ	$I>S$　产品求大于供	$L>M$　货币求大于供
Ⅳ	$I>S$　产品求大于供	$L<M$　货币供大于求

在市场机制的作用下，非均衡状态会得到调整。假定经济处于Ⅰ区域的非均衡状态下，一方面有超额的产品供给，从而产品价格会下降，产量会减少，产量会沿平行于横轴的方向向右移动；另一方面有超额的货币供给，利率会下降，利率会沿着平行于纵轴的方向向下移动。这两个方向的合力使其向 *IS* 和 *LM* 曲线交点处移动。同理，四个区域均按上述原则进行调整，最终达到交点处，调整才会停止。此时，产品市场和货币市场实现同时均衡。

3. 均衡收入和均衡利率的变动

在 *IS* 和 *LM* 曲线交点处，产品市场和货币市场实现同时均衡。然而，这一均衡不一定是充分就业的均衡，如图 7-20 所示，充分就业的国民收入是 Y^*，而两市场均衡时的国民收入是 Y_0，利率是 r_0。均衡收入低于充分就业收入。在这种情况下，仅靠市场的自发调节已无法实现充分就业的均衡，这就需要依靠国家用财政政策或货币政策进行调节。

例如，政府通过增加支出或减少税收的财政政策进行调整，*IS* 曲线就会向右上方移动。当 *IS* 曲线移动至与 *LM* 曲线的交点处对应代表国民收入的横轴上 Y^* 的水平上时，就会达到充分就业的国民收入水平。

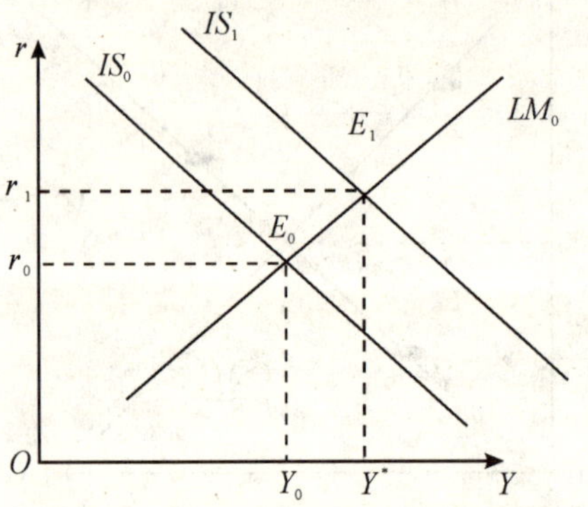

图 7－20　均衡利率与均衡收入的变动

当然，国家还可以通过调整财政政策和货币政策来同时改变 *IS* 和 *LM* 曲线的位置，使二者相交于 Y^* 的收入水平上。如图 7－21 所示。

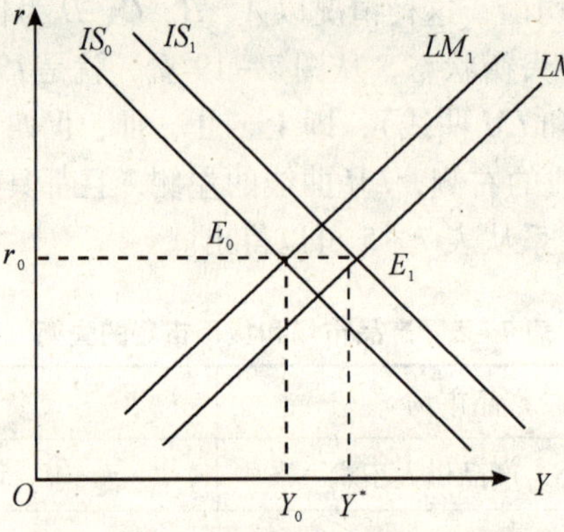

图 7－21　均衡利率与均衡收入的变动

7.5　国民收入决定：*AS*－*AD* 模型

前面关于宏观经济问题的分析都是以价格总水平不变为前提的。在这样的经济中，有许多未被利用的资源，只要增加总需求，实际产出量和就业水平就会提高。但实际上经济并不总是萧条的。在实际生活中，物价水平也是不断地变动着的。这里就是要取消价格不变的假设，通过建立一个宏观经济模型总需求—总供给模型，着重说明总产出（收入）和价格水平之间的关系以及它们各自的决定。

7.5.1　总需求

1. 总需求的含义

总需求（*AD*）是指在任何物价水平上，经济社会对产品和劳务的需求总量（或定义为一个社会在一定时期内，所有经济主体按一定价格愿意且能够购买的产品和劳务总量）。总需求由消费需求（*C*）、投资需求（*I*）、政府需求（*G*）和国外需求（*NX*）构成，即 $AD=C+I+G+NX$，其中国内需求 $=C+I+G$，简称内需。

总需求函数（*AD* 函数）：在货币供给不变的前提下，考察产品市场和货币市场同时达到均衡状态时，价格水平与国民收入之间的关系。就像某商品价格上升，市场对该商品需求量会下降一样，经济社会对商品的总需求也会随价格总水平上升而下降。总需求与价格总水平之间的这种依存关系就是总需求函数。函数表达式为：

$$Y = AD = f(P)$$

总需求曲线（AD 曲线）：描述总需求函数的几何图形，就是总需求曲线。该曲线反映产品市场和货币市场同时达到均衡时，价格水平 P 和国民收入（产量）水平 Y 之间一一对应的关系。

2. **总需求曲线的推导**

如图 7－22 所示，我们通过前面所学的 $IS-LM$ 模型来推导出总需求曲线。图 7－22 中的（a）是 $IS-LM$ 图形，（b）是总需求曲线的图形。

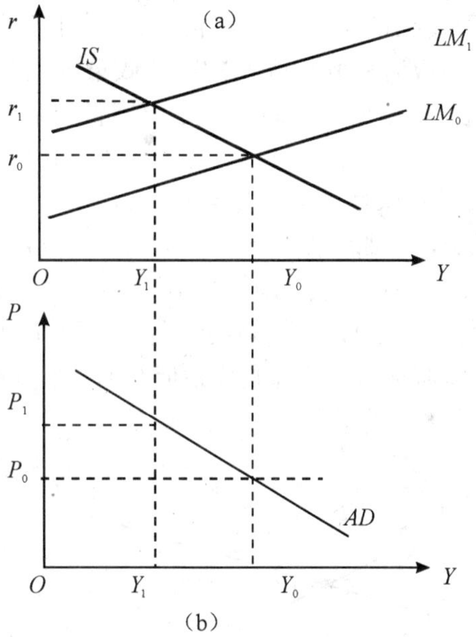

图 7－22　从 $IS-LM$ 图推导出总需求曲线

当价格水平从 P_0 上升到 P_1 时，既增加了货币需求，又由于名义货币供给未变，因此，实际货币供给（M/P）或者说货币供给的实际价值减少了，因而 LM 曲线向左上方移动，即从 LM_0 移到 LM_1。这时利率上升，从 r_0 上升到 r_1。利率上升使投资下降，国民收入水平下降，从 Y_0 降低到 Y_1。总之，较高的价格通过减少实际货币供给而使 GDP 减少。这样，不同的价格水平和不同的收入水平的组合，构成了总需求曲线。如图 7－22（b）所示。

图 7－22 说明总需求曲线的轨迹正是当利率变化时，价格与均衡产量之间的函数关系，这种关系可以用代数式表达，并求得总需求函数。

例如：假设 IS 曲线：$Y = 8\,000 - 20\,000r$，LM 曲线：$Y = 2\,500/P + 20\,000r$。

由 $IS = LM$，解联立方程，得出：$Y = 4\,000 + 1\,250/P$

如果 $P = 1$，则 $Y = 5\,250$

如果 $P = 1.25$，则 $Y = 5\,000$

如果 $P = 1.5$，则 $Y = 4\,833$

可以看出，随着物价水平的提高，均衡产量会出现减少的趋势。反之，均衡产量会增加，这说明均衡产量水平与物价总水平呈反方向变动的关系。

3. **总需求曲线斜率和变动**

◆总需求曲线斜率

从图 7－22 中可看出，总需求曲线是向右下方倾斜的，其斜率的大小说明均衡收入对物价水平变化的敏感程度不同。*AD* 曲线的斜率较小，则 *AD* 曲线将是比较平缓的，物价水平的一个较小的变化会使均衡的收入有较大的变化。反之，*AD* 曲线的斜率较大，*AD* 曲线将是较陡峭的，物价水平的一个较大变化会引起收入的较小变化。

影响 *AD* 曲线斜率的因素有很多，凡是能够改变 *IS* 曲线和 *LM* 曲线斜率的因素，都会间接地影响 *AD* 曲线的斜率，在 *IS* 曲线斜率不变的情况下，*LM* 曲线越陡峭，*AD* 曲线越平缓。在 *LM* 曲线斜率不变的情况下，*IS* 曲线越平缓，*AD* 曲线越平缓。反之，*AD* 曲线越陡峭。

◆*AD* 曲线的变动

总需求是由消费、投资、政府支出和净出口构成的，任何计划总支出的增加或减少都会使总需求曲线移动。例如，当政府采取扩张性的财政政策（增加政府购买、转移支付、降低税率）或货币政策（买进债券、降低贴现率和法定准备金率）时，总需求曲线就会向右上方移动。反之，则向左移动。

图 7－23（a）、（b）表示扩张性政策使总需求曲线右移。例如，由于政府增加支出或降低税率等扩张性财政政策，LM_0 曲线保持不变，IS_0 右移至 IS_1，使利率 r_0 移动到 r_1，在价格水平 P_0 不变时，收入从 Y_0 增加到 Y_1，从而使总需求曲线 AD_0 也相应地平行右移到 AD_1。

如果中央银行增加货币供给，则 IS_0 曲线保持不变，而 LM_0 曲线受到扩张性货币政策的影响，右移至 LM_1，从而使总需求曲线 AD_0 相应地但并不是平行地右移至 AD_1，在价格水平 P_0 不变时，收入从 Y_0 增加到 Y_1。

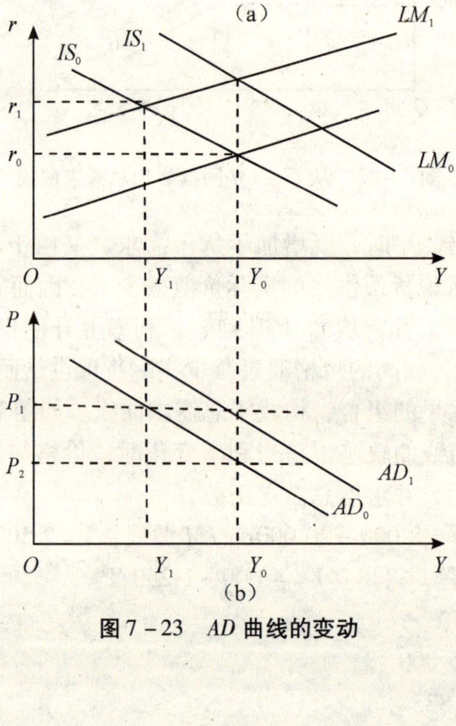

图 7－23　*AD* 曲线的变动

7.5.2 总供给

1. 总供给的含义

总供给（AS）是经济社会的总产量（或总产出），它描述了经济社会的基本资源用于生产时可能有的产量。一般而言，总供给主要是由生产性投入（最重要的是劳动与资本）的数量和这些投入组合的效率（即社会的技术）来决定的。

总供给函数是指总供给（或总产出）和价格水平之间的关系。在以价格为纵坐标、总产出（或总收入）为横坐标的坐标系中，总供给函数的几何表示为总供给曲线。

总供给曲线（AS 曲线）表明了价格与产量的结合，即在某种价格水平下整个社会的厂商所愿意供给的产品总量。所有厂商愿意供给的产品总量取决于他们在提供这些产品时所得到的价格，以及他们在生产这些产品时所必须支付的劳动与其他生产要素的费用。因此，总供给曲线反映了要素市场（特别是劳动市场）与产品市场的状态。

2. 总供给曲线的形状

这里，我们只从说明总需求—总供给模型的角度出发，对总供给曲线进行简单说明，即古典总供给曲线和凯恩斯主义总供给曲线。

◆古典总供给曲线

如果说凯恩斯主义总供给曲线显示的是一种极端情形，那么图 7－24 所给出的所谓古典总供给曲线则是另外一种极端情形。

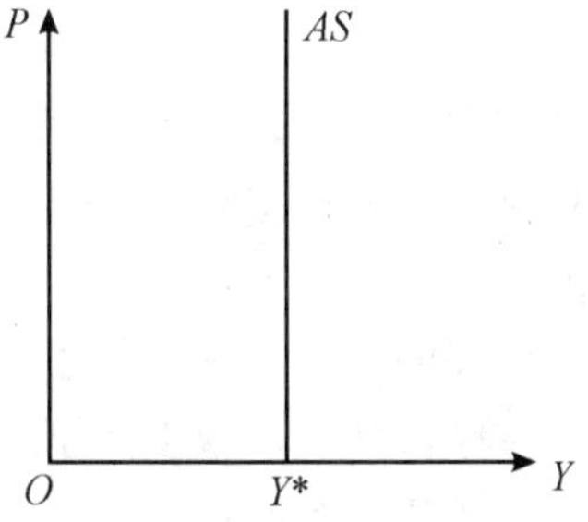

图 7－24 古典总供给曲线

从图 7－24 中可以看出，古典总供给曲线是一条位于充分就业产量水平线上的垂线。这表明，无论价格水平如何变动，总供给量都是固定不变的。

古典总供给曲线基于这样的假定，即劳动市场处于劳动力充分就业的均衡状态，就已充分就业或资源得到充分利用，而从长期来看，经济是可以实现充分就业的，因此，古典总供给曲线也称为长期总供给曲线。但在短期中，经济并不一定总处于充分就业状态，因此，这种古典总供给曲线也是一种特例。我们将对应于劳动力充分就业状态的产量水平称为潜在的 GDP，如图 7－24 中 Y^* 所示。

◆凯恩斯主义总供给曲线

凯恩斯主义总供给曲线存在的假设条件为：

第一，货币工资 W 和价格 P 具有“刚性”——不能调整，即货币工资不会轻易变动。提出背景：经济大萧条，劳动力和资本大量闲置，存在大量失业人口和生产能力。当产量增加时，对劳动力的需求量增加，但是货币工资和价格水平均不发生变化。

第二，凯恩斯研究的是短期的情况：没有时间来调整货币工资和价格。

凯恩斯主义总供给曲线是一条水平的总供给曲线，这表明，在既定价格水平下，厂商愿意供给社会所需求的任何数量的产品。

凯恩斯主义总供给曲线如图 7-25 所示。从图中可以看出，此时总供给曲线 *AS* 是一条水平线。水平的总供给曲线表明，在现行的价格水平下，企业愿意供给任何有需求的产品数量。

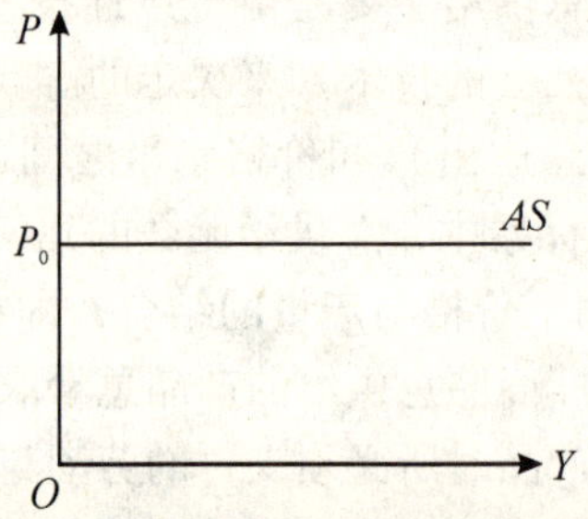

图 7-25　凯恩斯主义总供给曲线

之所以存在这种情况，是因为凯恩斯认为，当社会上存在较为严重的失业时，厂商可以在现行工资水平之下得到他们所需要的任何数量的劳动力。当仅仅把工资作为生产成本时，就意味着生产成本不会随产量的变动而变动，从而价格水平也就不会随产量的变动而变动。厂商愿意在现行价格之下供给任何数量的产品。隐含在凯恩斯主义总供给曲线背后的意思是，由于存在着失业，企业可以在现行工资下获得他们需要的任意数量的劳动力。他们生产的平均成本因此被假定为不随产量水平的变化而变化。这样，在现行价格水平下，企业愿意供给任意所需求的产品数量。

应该指出的是，这种情况仅仅存在于失业较为严重时，例如，20 世纪 30 年代大危机时期的情况，因此，它仅仅是一种特例。凯恩斯提出这种观点与理论产生于 30 年代大危机时期和运用了短期分析方法是相关的。

以上两种特殊的总供给曲线所代表的情况实际上并不多见，所以，正常的总供给曲线介于这两种特例之间，是一条向右上方倾斜的线。很多经济学家认为，在短期内现实的总供给曲线更多地表现为向右上方倾斜，如图 7-26 所示。

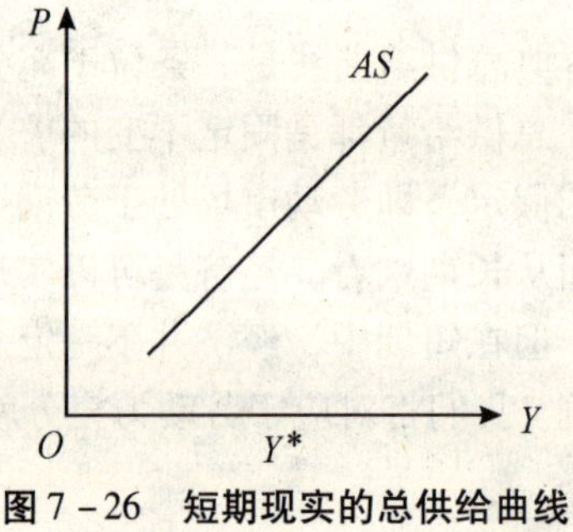

图 7-26　短期现实的总供给曲线

总供给水平与价格水平同方向变动反映了产品市场与要素市场的状况。具体来说，当物品市场上价格上升时，厂商可以为生产要素支付更高的报酬，从而可以使用更多的生产要素生产出更多的产品。

◆总供给曲线的经济含义

第一，*AS* 曲线代表总产出水平与价格水平之间的关系。

第二，AS 曲线表明总产出 Y 与价格水平 P 之间存在正向变化的关系。

第三，AS 曲线反映了价格水平影响实际工资，实际工资供给影响就业水平，就业水平影响投资水平，投资水平影响产出水平或收入水平这样一个复杂而迂回的传导机制。

◆总供给曲线的斜率

当总需求变动，即总需求曲线移动时，总供给曲线的斜率不同，所引起的价格与国民收入的变动情况也就不同。因此，在分析问题时，总供给曲线的斜率大小是很重要的。总供给曲线的斜率反映了总供给量对价格变动的反应程度。总供给曲线的斜率大（即总供给曲线较为陡峭），说明总供给量对价格变动的反应小。总供给曲线的斜率小（即总供给曲线较为平坦），说明总供给量对价格变动的反应大。

总供给曲线的斜率取决于多种因素，例如，生产技术、生产要素的供给与价格等。对这些问题这里就不详述了。

◆总供给曲线的移动

导致总供给曲线移动的因素主要有以下几个方面。

第一，自然的和人为的灾祸。例如，地震或战争会极大地减少经济的总供给，使得总供给曲线向左上方移动。

第二，技术变动。引起总供给曲线移动的一个重要原因是技术的变化。技术变动通常是正向的，即技术水平倾向于提高，所以技术变动的影响一般使得总供给曲线向右移动。

第三，工资率等要素价格的变动。当工资下降时，对于任一给定的价格总水平，厂商愿意供给更多的产品，因而降低工资将使总供给曲线向右下方移动；反之，工资上升，总供给曲线向左上方移动。

此外，进口商品价格的变化也会引起总供给曲线的移动。如果厂商以进口商品作为原料，那么当进口商品的价格变化时，厂商的成本就会发生变动，从而愿意生产的数量也会变动。

总之，生产技术水平提高或生产成本下降，经济的总供给增加，总供给曲线向右下方移动；反之，生产技术水平下降或生产成本提高，经济的总供给减少，总供给曲线向左上方移动。

7.5.3 总供给—总需求模型

总供给曲线表示了劳动力市场均衡或非均衡时的价格水平与国民收入之间的关系。总需求曲线表示产品市场和货币市场同时达到均衡时的价格水平与国民收入之间的关系。把总供给曲线和总需求曲线放在一个以纵轴为价格水平、横轴为国民收入的坐标平面上，就得到总供给—总需求模型。由总供给曲线和总需求曲线的交点可求得产品市场、货币市场和劳动市场三个市场同时达到均衡时的国民收入和价格水平。

由于存在着两种总供给曲线，即短期的凯恩斯总供给曲线和垂直的古典总供给曲线，因此，当引入总需求曲线时，就会形成两种总供给—总需求模型，下面用作图的方式考察这两种情况下的均衡产出和价格水平的关系。

1. **古典总供给—总需求模型**

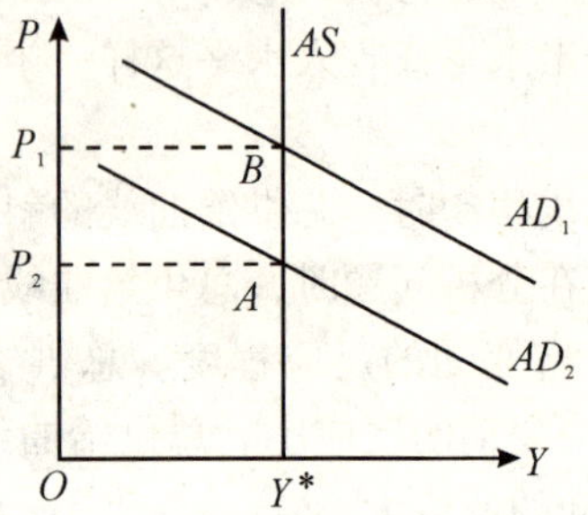

图 7－27　古典总供给—总需求模型

图 7－27 是古典总供给—总需求模型。古典模型假设货币工资可以自由升降，因而总供给曲线是一条垂直于充分就业的国民收入的垂直线。因此，对于长期总供给曲线而言，旨在影响总需求的财政政策和货币政策，只能使价格水平变动，并不能对产量产生影响，如图 7－27所示，总需求由 AD_1 移动到 AD_2 时，对应的均衡国民收入没有发生变化，仍然是 Y^*。即当总需求曲线移动时，或者说总需求发生变动时，只能导致价格水平的变动，并不能由此影响潜在的国民收入。

这是古典模型的一个重要结论——货币中性：在古典供给条件下，名义货币的增加将促使价格水平上升同一比例，而利率和实际产出维持不变。在宏观经济学中，将货币存量的变动只能导致价格水平的变化而实际变量（产量、就业）无一发生变化的这种情况，称为货币中性。

2. **凯恩斯主义的总供给—总需求模型**

凯恩斯主义的总供给曲线为向右上方平缓倾斜的线，在这种情况下，如果总需求曲线向右移动，比如，政府采取扩张性财政或货币政策，则会引起价格水平的平缓上升和国民收入的较大增长，如图 7－28 所示。

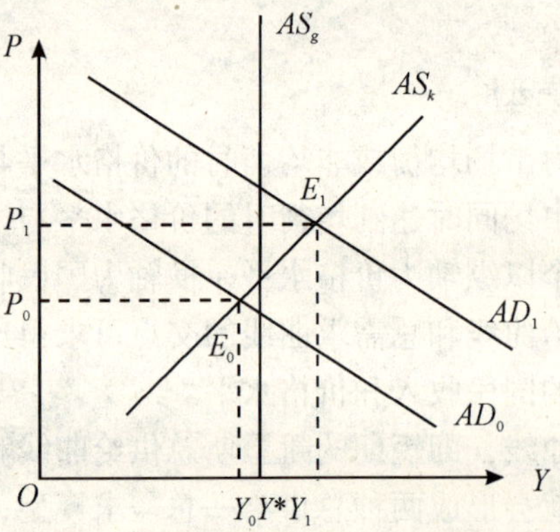

图 7－28　凯恩斯主义的总供给—总需求模型

现代主流经济学把古典的总供给曲线、凯恩斯主义的总供给曲线以及总需求曲线结合起来，放在同一坐标系中，考察在短期内由于总需求曲线的移动而引起的国民收入、价格水平的决定和变动情况，由此分析国民经济波动的原因，如图 7－28 所示。

图 7－28 说明，在长期总供给曲线 AS_g 和短期总供给曲线 AS_k 不移动的条件下，如果移动总需求曲线，由 AD_0 右移至 AD_1，则总需求的变动会使经济社会出现经济萧条和经济过度

繁荣两种情况。在经济萧条阶段，短期总供给曲线 AS_k 与总需求曲线 AD_0 相交于 E_0 点，这时的价格为 P_0，产量为 Y_0，两者水平均较低，$Y_0 < Y^*$，即实际产量小于潜在产量。但是，如果政府采用扩张性经济政策刺激总需求，使 AD_0 向右移至 AD_1，则新的均衡点为 E_1。价格水平为 P_1，国民收入为 Y_1，两者均处于较高水平，$Y_1 > Y^*$，经济出现过度繁荣。

如果总需求曲线和长期总供给曲线不变，短期总供给曲线发生移动，则价格水平和国民收入的变动情况如图 7－29 所示。

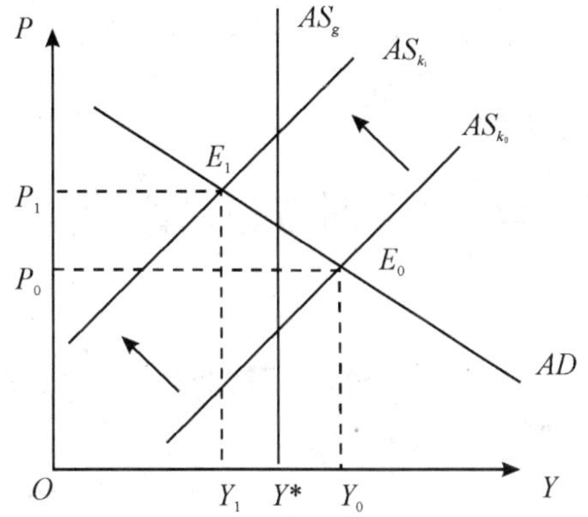

图 7－29　总供给曲线的移动

如果短期总供给曲线 AS_{k_0} 由于供给的冲击（如农业歉收、石油价格上涨等）向左移动，移至 AS_{k_1}，AD 线不变，则均衡点由 E_0 移至 E_1，价格由 P_0 上升至 P_1，国民收入从 Y^* 下降至 Y_1。从图上可以看出，由于实际国民收入 Y_1 小于潜在国民收入 Y^*，经济处于萧条停滞状态，但是物价水平却处于较高的水平，或高于原来的价格水平 P_0，经济出现了通货膨胀和经济萧条共生的现象，即“滞胀”现象。

根据上述分析，现代凯恩斯主流经济学派认为总供给—总需求模型可用于解释经济的萧条、高涨、滞胀等短期经济波动的原因，还可以表现长期充分就业的国民收入和价格水平的变动趋势。因此，在政策主张上认为经济社会虽然从长期趋势上看可以实现充分就业均衡，但并不排除在短期内经济萧条和高涨等现象的存在。因此，仍旧需要运用宏观调控的政府政策来稳定和熨平经济的波动，以实现经济的持续稳定均衡的增长。

总之，在价格水平的不断调整过程中，经济会自动调整到充分就业的水平上。如果价格的变动具有完全的伸缩性，则总需求的变动只会表现为价格水平的变动，国民收入则一直保持在潜在产量水平上。

【阅读材料——刺激经济：消费还是投资】

短期总需求分析尽管有其不现实的假设条件（总供给不变等），但对我们认识宏观经济问题、实现经济稳定仍然是有意义的。应该承认，总需求在短期中对宏观经济状况的确有重要的影响。我国政府近年来一直重视增加内需，已说明需求成为经济稳定的一个重要因素。

那么如何增加内需呢？我们知道，就内需而言，如果不考虑政府支出，则主要在于消费和投资。消费函数理论说明了消费的稳定性，这就告诉我们，要刺激消费是困难的。前些年内我们八次降息，但对内需的拉动有限，居民储蓄一直增加，这说明拉动消费不易。

拉动内需的重点在于拉动投资。第一，我们要区分投资与消费的差别。例如，我们过去一直把居民购买住房作为消费就是一个误区，相反，应该把居民购买住房作为一种投资，并用刺激投资的方法来拉动这项投资。应该说，在我国人口较多，而居住条件仍然较差的情况下，在未来几十年中，住房仍是投资的热点，只要政策得当，住房可以增加内需、带动经济。

第二，在我国经济中，私人经济已有了长足的发展，成为经济的半壁江山。投资中的企业固定投资应该以私人企业投资为主。这就要为私人企业投资创造更为宽松的环境。

现在几乎每个人都认识到了拉动内需的重要性。学习宏观经济学可以为我们寻找到增加内需的方法提供一个更为广阔的思路。

［资料来源：黄德林：《西方经济学（微观部分）》案例分析］

本章实训与练习模块

【实训目标】

通过对本章理论知识的实训练习，让学生了解简单的国民收入决定理论，能用所学的知识对我国现阶段的国民收入进行简单的分析。

模块一：关键术语与概念

GDP　GNP　净出口　平均储蓄倾向　边际储蓄倾向

模块二：心得体会

【实训要求】

请通过各种渠道，了解我国近几年的 GDP 增长率和 GDP 总量，分析我国的 GDP 是用什么方法来进行衡量的？我国近几年一直在强调要扩大内需，这对我国国民收入的变化有什么影响呢？

模块三：练习题

【实训要求】

通过完成下面的习题，加深对国民收入决定理论的理解和记忆。

（一）单项选择题

1. 下列各项中，能够计入 GDP 的有（　　）。

A. 家庭主妇的家务劳务折合成的收入

B. 出售股票的收入

C. 拍卖毕加索作品的收入

D. 为他人提供服务所得的收入

2. GDP 与 NDP 之间的差别是（　　）。

A. 直接税　　B. 折旧　　C. 间接税　　D. 净出口

3. “面包是最终产品，而面粉是中间产品”这一命题（　　）。

A. 一定是对的　　B. 一定是不对的

C. 可能是对的，也可能是不对的　　D. 在任何情况下都无法判断

4. 如果个人收入为960美元，个人所得税为100美元，消费等于700美元，利息支付总额为60美元，个人储蓄为100美元，则个人可支配收入为（　　）。

A. 860美元　　B. 800美元　　C. 700美元　　D. 760美元

5. 按百分比计算，如果名义GDP上升（　　）价格上升的幅度，则实际GDP将(　　)。

A. 小于　下降　　B. 超过　不变

C. 小于　不变　　D. 超过　下降

6. 总需求曲线向右下方倾斜，是因为（　　）。

A. 价格水平上升时，投资会减少　　B. 价格水平上升时，消费会减少

C. 价格水平上升时，净出口会减少　　D. 以上几个因素都是

7. 假定经济实现充分就业，总供给曲线是垂直线，减税将（　　）。

A. 提高价格水平和实际产出　　B. 提高价格水平但不影响实际产出

C. 提高实际产出但不影响价格水平　　D. 对价格水平和实际产出均无影响

8. 下列哪一种情况将引起总需求曲线向左方移动（　　）。

A. 物价水平不变时利率上升　　B. 货币供给量增加

C. 税收增加　　D. 物价水平下降

9. 在凯恩斯理论体系中，货币需求和货币供给函数决定（　　）。

A. 名义利率　　B. 实际利率　　C. 价格水平　　D. 消费水平

10. *IS* 曲线右上方、*LM* 曲线右下方的组合表示（　　）。

A. 产品供大于求、货币供大于求　　B. 产品供大于求、货币求大于供

C. 产品求大于供、货币供大于求　　D. 产品求大于供、货币求大于供

11. 假定 *IS* 曲线和 *LM* 曲线的交点所表示的均衡国民收入低于充分就业的国民收入。根据 *IS*－*LM* 模型，如果不让利息率上升，政府应该（　　）。

A. 增加投资　　B. 在增加投资的同时增加货币供给量

C. 减少货币供给量　　D. 在减少投资的同时减少货币供给量

12. 自发投资支出增加10亿美元，会使 *IS*（　　）。

A. 右移10亿美元　　B. 左移10亿美元

C. 右移支出乘数乘以10亿美元　　D. 左移支出乘数乘以10亿美元

（二）多项选择题

1. GDP核算反映以下（　　）交易。

A. 购买一幢别人以前拥有的住房，支付给中介6%的中介费

B. 新建但未销售的住房

C. 与朋友打赌赢得100元

D. 大学生每月获得的生活补贴

E. 银行存款的利息

2. 煤炭具有多种用途，作为最终产品的是（　　）。

A. 用于做饭　　B. 餐馆用于做饭

C. 公司用于供应暖气　　D. 化工厂作为化工原料

E. 用于取暖

3. *IS* 曲线表示（　　）。

A. 产品市场均衡时收入与利率的组合

B. 产品市场总需求等于总供给时收入与利率的组合

C. 产品市场投资等于储蓄时收入与利率的组合

D. 货币市场均衡时收入与利率的组合

4. 下列因素中能引起 *IS* 曲线向左移动的是（　　）。

A. 投资需求增加　　B. 政府购买减少

C. 政府税收增加　　D. 政府税收减少

5. 在其他条件不变的情况下，引起 *LM* 曲线向右移动的原因可以是（　　）。

A. 投资需求曲线右移　　B. 货币交易需求曲线右移

C. 货币投机需求曲线右移　　D. 货币供给量增加

6. 下面不属于 *IS* – *LM* 模型假定条件的是（　　）。

A. 投资是个外生变量　　B. 总供给不变

C. 价格水平不变　　D. 经济处于充分就业状态

7. 短期总供给曲线向左移动的原因是（　　）。

A. 工会要求更高的工资　　B. 卖方垄断厂商要求更高的价格

C. 政府税收的减少　　D. 预期利润率的提高

E. 劳动生产率的降低

8. 当经济处于充分就业的均衡时，短期总供给曲线的左移会使（　　）。

A. 收入减少　　B. 价格上升

C. 收入增加　　D. 价格下降

E. 就业减少

9. 总需求曲线与总供给曲线的交点代表（　　）。

A. 商品市场均衡　　B. 货币市场均衡

C. 充分就业　　D. 非充分就业

（三）判断题

1. 如果两个国家的国民生产总值相同，那么，他们的生活水平也就相同。（　　）

2. 住宅建筑支出是被看作耐用消费品消费支出而不是投资支出的一部分。（　　）

3. 无论是商品数量还是商品价格的变化都会引起实际国民生产总值的变化。（　　）

4. 用价值增加法来统计生产产品的价值时，实际上存在着重复计算的问题。（　　）

5. 货币弹性系数 h 发生变化时，*IS* 曲线与横轴的交点不动，在 h 变小时，顺时针旋转；在 h 变大时，逆时针旋转。（　　）

6. 增加自发性消费将使储蓄增加。（　　）

7. 资本边际效率随着投资量的增加而递增。（　　）

8. 如果利率上升速度与通胀率相等，资本需求将下降。（　　）

9. 总需求曲线是由 *IS* – *LM* 模型推导出来的。（　　）

10. 在古典区间上意味着名义工资水平与物价同比例变动。（　　）

模块四：案例分析题

案例一　中国城乡居民储蓄动机对比

中国居民的储蓄动机是一个由低到高的发展过程，整个过程划分为六个阶段：

第一阶段：储蓄动机是储蓄本身，没有其他具体目标，可以说是一种无意储蓄。

第二阶段：谨慎与预防的动机，针对不可预测的天灾人祸和年老后的生活保障。

第三阶段：供养子女和赡养老人的动机。

第四阶段：婚、丧、嫁、娶的动机。

第五阶段：改善生活条件的动机。

第六阶段：盈利动机。

城乡居民中不同储蓄动机所占的比例见下表：

城乡居民储蓄动机比较表

储蓄动机	城镇	农村
无意储蓄	6.4%	1.4%
谨慎与预防	9.0%	3.3%
供养子女和赡养老人	31.1%	24.1%
婚、丧、嫁、娶	31.0%	11.2%
改善生活条件	22.0%	31.9%
盈利	0.5%	28.1%

（资料来源：辽宁科技大学《经济学原理》精品课程网络资料）

【案例思考题】

1. 请从凯恩斯宏观经济学的角度分析，储蓄对国民收入的变化有什么影响。
2. 请认真分析城乡居民储蓄动机比较表，谈谈自己对中国城乡居民储蓄动机的看法。

案例二　GDP统计的“水分”问题

除了“人造数字，数字造人”的人为情况外，GDP的统计还可能存在以下“水分”：

第一，GDP对产量的衡量实际上是提供了一个“毛值”，并没有剔除生产中的折旧，这就有一定的“水分”，所以需要国民生产净值来矫正。

第二，国民生产净值包含政府的间接税。如果政府利用税收资金提供公共产品，间接税成为某种特殊意义的“生产费用”，那么，这一统计口径是可取的。相反，如果间接税仅仅是一种非生产费用，则这一统计口径也包含“水分”。

第三，存货意外的增加对企业是不利的，因此，企业会将存货控制在必要的范围内。这样，净存货的增加是非自愿的，变样的存货难以通过市场销售实现其市场价值，但它也被计入GDP，所以也是“水分”。

第四，一般认为，由买卖双方竞争产生的劳务价格比较准确地衡量了劳务的价值。但对那些特殊的劳务，如政府雇员提供的服务所确定的报酬往往缺乏市场机制。这样，政府中，不确定因素意味着政府雇员提供了更多的服务。这里也可能有“水分”。

第五，GDP口径也可能低估了实际产值，例如，自给自足的产品并不经过市场交换而直接进入使用领域，这部分产品有可能未计入产出GDP。

（资料来源：辽宁科技大学《经济学原理》精品课程网络资料）

【案例思考题】

1. 什么是国民生产净值？国民生产净值与 GDP 有什么区别？

2. GDP 统计中的“水分”说明了什么问题？

模块五：应用实践

1. 为什么要计算实际 GDP？名义 GDP 和实际 GDP 有什么联系和区别？
2. 边际消费倾向 MPC 和边际储蓄倾向 MPS 之间的关系如何？为什么？
3. 简述推动总需求曲线移动的因素。
4. 解释下图 P_1 水平下经济为何不均衡，其均衡的调整过程如何？

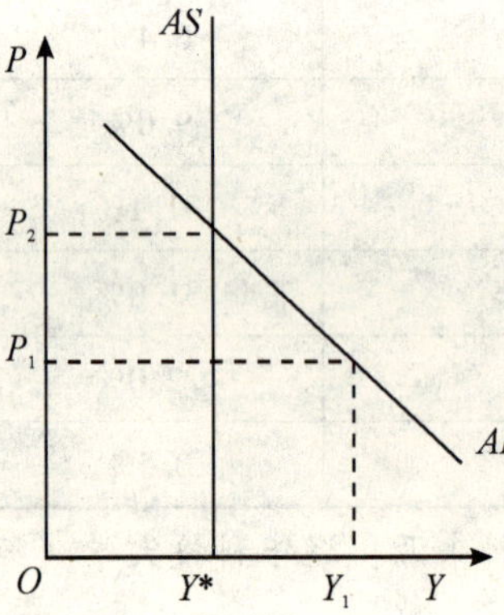

5. 试述 $IS-LM$ 模型与总需求和总供给模型之间的关系。

附录一

当今世界经济三强：美国、日本、中国的国内生产总值及其支出结构

国际货币基金组织（IMF）发布的 2009 年 4 月期《世界经济展望》（*World Economic Outlook*），分析了世界金融危机对经济发展的影响，其数据库包含了世界各国 1980—2008 年主要经济统计数据及到 2014 年的预测数。数据显示，以汇率法计算，中国的 GDP 在 2000 年超过意大利，2005—2007 年三年间分别跨出三大步，连续超越法国、英国和德国，成为世界第三经济大国。2008 年，中国的 GDP 为 300 670 亿元人民币，折合 44 016 亿美元，相当于第二经济大国日本的 89.4%，相当于第一经济大国美国的 30.9%。中国的 GDP 将在 2009 年接近日本，在 2010 年以较大幅度超越日本，稳步跃升世界第二经济大国。世界银行副行长兼首席经济学家林毅夫预期，到 2030 年，中国将会是世界上经济最强大的国家。

而以购买力平价（Purchasing Power Parity，简称 PPP）计算，中国的 GDP 早在 1991 年就超过英国、法国和意大利，1995 年超过德国，进入世界第三，2001 年已经超越日本，成为世界第二经济大国。2009 年 2 月，林毅夫表示，如果以购买力平价来看的话，中国有可能在 2020 年超过美国，成为全世界最大的经济体。

美国、日本、中国是当今世界经济三强。因此了解这三国的 GDP 数额及其结构具有重要意义。

表 1　美国 1930—2008 年主要年份支出法国内生产总值（支出法）

单位：10 亿美元，当年价

项目	1930 年	1950 年	1980 年	2000 年	2007 年	2008 年
国内生产总值	91.2	293.8	2 789.5	9 817	13 807.5	14 264.6
1. 个人消费支出	70.1	192.2	1 757.1	6 739.4	9 710.2	10 056.8
1.1 耐用消费品	7.2	30.7	214.2	863.3	1 082.8	1 023.2
1.2 非耐用消费品	34	98.2	696.1	1 947.2	2 833	2 965.2
1.3 服务	29	63.3	846.9	3 928.8	5 794.4	6 068.4
2. 私人国内总投资	10.8	54.1	479.3	1 735.5	2 130.4	1 995.7
2.1 固定投资	11	48.3	485.6	1 679	2 134	2 041.4
#非住宅	8.6	27.8	362.4	1 232.1	1 503.8	1 553.5
##建筑物	4.4	10	136.2	313.2	480.3	554.7
##设备和软件	4.2	17.8	226.2	918.9	1 023.5	998.9
#住宅	2.4	20.5	123.2	446.9	630.2	487.9
2.2 存货变动	-0.2	5.8	-6.3	56.5	-3.6	-45.6
3. 产品和服务净出口	0.3	0.7	-13.1	-379.5	-707.8	-670.8
3.1 出口	4.4	12.4	280.8	1 096.3	1 662.4	1 860.8
#产品	3.9	10.2	225.8	784.3	1 149.2	1 283.1
#服务	0.5	2.1	55	311.9	513.2	577.7
3.2 进口	4.1	11.6	293.8	1 475.8	2 370.2	2 531.6
#产品	3.1	9.1	248.6	1 243.5	1 985.2	2 115.7
#服务	1	2.5	45.3	232.3	385.1	416.0
4. 政府消费与投资	10	46.8	566.2	1 721.6	2 674.8	2 882.8

［资料来源：美国商务部经济分析局（Bureau of Economic Analysis），2009-02-27］

表 2　日本 1955—2008 年支出法国内生产总值（支出法）

单位：10 亿日元，现价

年度	国内生产总值	私人消费	政府消费	固定资本形成	净出口	1 美元≌日元汇率
1955	8 369.5	5 501.9	845.5	1 625.6	44.9	360
1960	16 009.7	9 395.4	1 281.7	4 637.6	72.3	360
1965	32 866	19 239.2	2 690	9 782.3	459.6	360
1970	73 344.9	38 332.5	5 455.3	26 043.2	940.8	360
1975	148 327.1	84 762.7	14 890.2	48 135.7	62.4	297

（续上表）

年度	国内生产总值	私人消费	政府消费	固定资本形成	净出口	1美元≌日元汇率
1980	240 175.9	141 324.3	23 567.7	75 820.9	–2 150	227
1985	320 418.7	188 759.5	30 685.3	88 039.5	10 776	239
1990	430 039.8	249 288.5	38 806.6	136 466.6	3 048.1	145
1995	483 220.2	290 523.6	47 418.6	137 611.2	7 121	94
2000	502 990	282 772	84 942	126 634	7 316	108
2001	497 720	284 217	87 122	122 805	3 174	122
2002	491 312	283 254	88 306	114 334	6 412	125
2003	490 294	281 791	88 503	111 783	7 976	116
2004	498 328	284 428	89 468	113 159	9 626	108
2005	501 734	285 936	90 602	116 885	6 956	110
2006	507 365	289 594	90 703	118 467	6 349	116
2007	515 805	290 445	92 417	120 670	8 632	118
2008	507 371	293 414	93 980	117 050	715	103

（资料来源：中华人民共和国国家统计局）

表3　中国1978—2008年支出法国内生产总值（支出法）

单位：亿元，当年价

年份	国内生产总值	居民消费	#农村居民	#城镇居民	政府消费	资本形成	净出口	1美元=人民币汇率
1978	3 605.6	1 759.1	1 092.4	666.7	480	1 377.9	–11.4	1.68
1980	4 592.9	2 331.2	1 411	920.2	676.7	1 599.7	–14.7	1.50
1985	9 076.7	4 687.4	2 809.6	1 877.8	1 298.9	3 457.5	–367.1	2.94
1990	19 347.8	9 450.9	4 683.1	4 767.8	2 639.6	6 747	510.3	4.78
1995	63 216.9	28 369.7	11 271.6	17 098.1	8 378.5	25 470.1	998.6	8.35
2000	98 749	45 854.6	15 147.4	30 707.2	15 661.4	34 842.8	2 390.2	8.28
2001	108 972.4	49 213.2	15 791	33 422.2	17 665.1	39 769.4	2 324.7	8.28
2002	120 350.3	52 571.3	16 271.7	36 299.6	19 119.9	45 565	3 094.1	8.28
2003	136 398.8	56 834.4	16 305.7	40 528.7	20 615.1	55 963	2 986.3	8.28
2004	160 280.4	63 833.5	17 550.6	46 282.9	23 199.4	69 168.4	4 079.1	8.28
2005	188 692.1	71 217.5	19 228.2	51 989.3	26 605.2	80 646.3	10 223.1	8.19
2006	221 651.3	80 476.9	21 106.7	59 370.2	30 118.4	94 402	16 654	7.97
2007	263 242.5	93 317.2	23 913.7	69 403.5	35 127.4	111 417.4	23 380.5	7.61
2008	300 670.0							6.83

（资料来源：中华人民共和国国家统计局）

附录二

中国宏观经济运行的总需求分析

稳中略快的经济增长态势，从供给方面观察，归因于我国工业化和城市化进程中所发生的技术进步、资本积累和制度变革等因素；从需求方面看，则得益于消费、投资和净出口等三大基本因素的强劲增长。

由于支出法GDP的统计目前只有2005年的数据，我们以社会消费品零售总额、城镇固定资产投资和海关统计的贸易顺差（根据人民币兑美元的外汇牌价换算成人民币单位）来分别作为三大总需求的替代变量。总体来看，投资增速趋缓，但占比最高；消费增速加快，但相对地位却在下降；贸易顺差增速异常之快，似难持续。由此观之，我国长期持续的高投资率、高储蓄率以及高贸易顺差的格局将在今年得以持续，甚至有所加强。

一、固定资产投资高位运行：城市化和工业化进程的影响

近些年，由于城市化进程的加快和以重化工业为主体的新工业化进程的展开，固定资产投资成为决定总需求三大因素中最重要的因素。

2004年固定资产投资额为5.8万亿元，略低于社会消费品零售总额（5.9万亿元）。随着投资增速的加快，2005年和2006年固定资产投资总额分别达到了75 096亿元和93 472亿元，比同期社会消费品零售总额分别高出11.8%和22.3%。2007年，尽管固定资产投资的增长速度较往年有所回落并稳定在26%左右的水平，但由于往年基数较大，预计今年将达到11万亿元左右的规模，比社会消费品零售总额高出30%。如果以固定资产投资、社会消费品零售总额和海关统计的贸易顺差作为支出法GDP的替代变量，则今年投资将占到总需求的50%以上。而在1999年，以相同口径进行统计，投资占比只有40%左右。

投资规模的扩大虽然造成了诸如部分原材料供应紧张和环境污染等问题，但在我国新一轮工业化和城市化加速推进的背景下，这或许是我们必须接受的现实。投资的行业结构清晰地告诉我们，与工业化和城市化相关的投资，是全社会投资的主体。这说明，在全部城镇固定资产投资中，制造业和房地产的投资不仅占比达到了50%以上，而且其增速也快于全部投资的平均增速。

近年来，制造业的投资增长尤其令人瞩目。在20世纪90年代后期，受亚洲金融危机影响，制造业投资增速不断下滑，其在全部投资中的份额也不断下降。2000年后，制造业投资开始加速增长，并于2004年超过了房地产投资的占比。如果按照2007年前8个月的增长率来推算，则年底制造业投资将达到城镇固定资产投资的30%。制造业投资的快速增长归因于以重化工业为主体的新一轮工业化进程。在2001年前，我国第二产业人均投资额长期徘徊在0.5万元/人的水平。从2002年开始，第二产业人均投资额迅速上升，至2006年已经达到了2万元/人。另外，第三产业的人均投资水平也呈现出类似的增长态势。重化工业的大发展，使得工业企业的效益得到了极大的改善。近些年，尽管由于工业原材料价格的大幅度上升导致上、中、下游企业苦乐不均，但从趋势上看，全部工业企业的亏损额自2004年以来不断下降，而销售收入和利润则连年上升。截至2007年8月份，企业亏损额已经实现了负增长，而累计利润增长率已经达到了37%的高速度。

在城镇固定资产投资中，房地产投资表现得相当稳定。随着我国持续、快速的城市化进程，自20世纪90年代以来，房地产投资占比一直保持在25%左右的水平。只是在2004年，房地产投资才被制造业投资超过。持续、稳定的房地产投资，归因于旺盛的住宅消费和投资需求。在房地产投资中，住宅投资占比达到了70%强。因此，住宅的消费和投资需求构成

我国房地产投资的最基本支撑。以当年住宅销售面积与当年竣工面积的比例来衡量供求关系的变化，可以发现，在2007年6月份，该比例达到了187%，高于去年同期（171%），更高于2005年和2004年的水平。住宅销售面积的增长率持续高于住宅竣工面积的增长，表明我国住宅领域中需求大于供给的矛盾并未缓和，反有加剧之势。但从区域布局来看，强劲的房地产投资显然存在区域梯度特征。从区域比较看，自2006年以来，整个房地产投资对东南沿海经济发达地区的依赖有比较显著的下降，呈现出向全国特别是向中西部扩散的态势。我们以2006年房地产投资金额最高的七省市（北京、上海、天津、江苏、浙江、广东、辽宁）为例，考察其房地产投资和全部固定资产投资占全国的比重，可以发现，这七省市的房地产投资占全国的比重已经由2004年5月份的60%下降到2007年5月份的50%，下降幅度达10个百分点，而同期该七省市固定资产投资的比重仅下降了5个百分点。如果考虑到七省市的房价远高于全国平均水平的情况，则以实物衡量的该七省市的房地产投资比重要下降得更多。

总之，当前的制造业投资增速加快，反映的是我国的工业化正在全面转向重化工业化阶段的历史进程；而房地产投资的高速增长，则集中体现出城市化进程的迅速推进。

二、消费分析：得益于收入增长和就业增加

在收入增长和就业增加的积极推动下，2007年的国内消费高速增长。2007年前8个月，社会消费品零售总额的增速达到了15.7%，比2006年同期高2.2%。不过，鉴于投资和贸易顺差的增长速度更快，在支出法统计的GDP中，消费所占的份额可能会略有下降。

消费的快速增长一方面归因于居民收入出现了明显的增长。2007年1、2季度，城镇居民人均可支配收入增速分别高达19.5%和17.59%，农村居民人均收入增速也分别高达15.17%和17.47%。这些数据均较往年同期有显著的提高。以往的研究显示，我国居民的边际消费倾向自1999年后略为上升，但变化不大，因此，决定居民部门消费多寡的主要因素是可支配收入的多少。据此判断，要想提高我国的消费率，最根本的战略应当是提高居民的收入水平。

除了单位劳动力的工资水平可能略有提高之外，居民部门收入增长乃至消费增长的主要决定因素在于就业的增长。从城镇单位就业来看，就业总人数自1999年持续下降后，从2005年底开始明显上升。在城镇单位的就业统计中，包括“国有企业”就业、“集体企业”就业和“其他企业”就业。从1999年以来，“其他企业”就业人数一直处于上升态势。但是，受国有企业和集体企业就业人数下降的影响，2003—2005年，城镇单位就业总人数没有显著变化。从2005年底、2006年初开始，“其他企业”就业人数的增长超过了国有企业和集体企业就业人数的下降，从而使城镇单位就业总人数逐步回升。

城镇单位就业只反映了较窄口径的就业变化，而三次产业的就业情况则可以反映更为宏观的状况。以往的研究已经指出，我国经济的周期性波动依然是工业化进程中的波动，是增长型经济的波动。在这种波动中，非农就业占比的年度变化与主要经济变量（如GDP增长率、投资率等）高度同步。在本轮周期中，2003年非农就业占比出现了明显上升（当年上升0.9个百分点），此后速度逐步加快。在2004、2005和2006年，非农就业占比的年度变化维持在2.1和2.2的水平——这种状况与上轮周期中的1993、1994和1995年如出一辙。随着非农就业占比的上升，从2003年至今年1季度，GDP增长率保持在10%以上的高平台上。

进一步将非农就业的变化拆分为第二产业和第三产业的变化，从中可以看到，本轮周期中非农就业占全部就业比重的上升主要归功于第二产业，而第三产业就业的占比一直以一个相对平稳的速度增长。

总之，未来消费能否得到持续的刺激，本轮周期的上升段能否被拉长，其决定因素在于非农就业是否能够持续增加。鉴于第二产业投资和就业的波动性较大，为了稳定经济和稳定就业，我国未来尤其需要继续放松管制和加快改革，以推动第三产业就业的增加。此外，劳动力的就业需要有相应资本的投入，因此，保持适度的投资率，同样为保持我国经济平稳、较快增长所必需。这意味着，我们对于投资的宏观调控措施，只应保持适当的力度，过度打压并不可取。

三、物价上涨：可能是局部的短期冲击

在强劲的总需求带动下，不仅实际经济增长率略快于潜在增长率，而且物价水平也呈抬头趋势。不过，当前物价的快速增长几乎完全是粮食价格所致，不太可能形成全面、持续、不可容忍的通货膨胀；换言之，当前的物价上涨可能只是局部的短期冲击。

考虑到驱动我国经济周期性波动的主要因素是投资，在周期的高涨阶段，亢奋的投资是以总需求的面目出现的，这不仅将直接拉动各类商品价格的上扬，而且将带动原材料、动力和燃料价格的上涨，后者又将推动企业成本乃至最终产成品价格的上扬。在这个过程中，外部的冲击（如1988—1989年的价格闯关和1994年的人民币贬值、2004年国际大宗原材料和石油等价格的上涨）将进一步加大物价上涨的力度。随着先前投资逐步完成和转化为实际的产能，经济周期进入下降阶段，此时，商品的供给增加，同时对原材料、燃料和动力的需求下降，这又将推动各类商品价格的逐步回落。

2007年的物价上涨显然不同于以往。一方面，PPI自2004年10月份以来就一直处于下降态势，至8月份，其同比增速只有2.6%；另一方面，CPI不断上升，今年8月份同比增速高达6.5%，比去年同期高5个百分点。CPI和PPI的这种不同走势是否意味着驱动我国经济周期的力量正在由投资转变为消费？果真如此，那真应该是幸莫大焉。然而，从总需求的分析看，似乎不是如此。此外，众所周知，当前的CPI还主要是粮食价格上涨的缘故，剔除粮食价格因素之后的非粮食CPI仍然保持在低于1%的水平。

从2004年出现的情形，我们发现，目前我国CPI的变动可以用标准的农产品价格调整的“蛛网模型”予以解释。也就是说，存在这样的循环：食品价格上升，农业利润上升，产量上升，价格回落……由于需求的相对刚性，农产品价格向均衡点回复的速度主要取决于供给的弹性。因此，应对这种价格变化，调控的着力点更应该置于供给面；以需求管理为主不仅难以奏效，而且可能会造成未来调控的困难。

总之，从PPI和CPI的不同态势以及CPI构成的变化看，我们依然坚持认为：全面持续的通货膨胀不太可能在我国发生。此外，支持这个观点的另一个依据是对我国潜在的增长率的估算和储蓄投资关系的分析。2004年以来不仅我国实际的经济增长率同潜在的增长水平基本相符，而且投资和出口的高增长仍然得到国内高储蓄的有效支撑。换言之，我国经济至今并没有出现总需求显著超过总供给的情况。

（作者：中国社科院金融所课题组）

第8章　通货膨胀与失业

导入案例

发行新钞，钱变得不值钱了？

津巴布韦人又阔了：日前津巴布韦中央银行宣布，他们将发行面值1 000亿津元的大钞，以“方便消费者”，这已是这个非洲内陆国8个月内第四次发行新钞，上一次是在2008年5月15日，面值5亿津元，再上一次是5月5日，面值2.5亿津元。

可是如此巨大的财富能换什么呢？一袋最普通的切片面包要1 250亿津元，一个普通哈拉雷工薪阶层的一天公交车费差不多要2 500亿津元，而在两年前，14块切片面包只要100万津元。官方宣布的最新年通胀率是2 200 000%，但几乎所有人都相信实际数字要比官方宣布的大得多：此次的1 000亿津元钞票面值是5月15日的5亿津元的200倍，而后者又是5月5日2.5亿津元的2倍。任何人都能轻易算出，在这个动荡的国家里，钱变得不值钱的真正速度，究竟是多少。

（资料来源：编者杜保宣根据网络资料整理）

思　考

为什么津巴布韦要发行面值1 000亿津元的大钞？该案例说明了什么问题？

【学习要点】

通过本章的学习，要求学生掌握失业的种类和失业的原因；了解通货膨胀的含义和成因；掌握通货膨胀的种类、短期菲利普斯曲线和长期菲利普斯曲线的推导与含义。

【重点难点】

1. 失业的经济损失
2. 通货膨胀产生的原因
3. 通货膨胀的经济效应
4. 菲利普斯曲线
5. 解决需求拉动通货膨胀的政策实施方式

8.1 通货膨胀及其影响

8.1.1 通货膨胀的定义

通货膨胀是一个被广泛使用的经济学概念。虽然在西方经济学界，关于通货膨胀的含义一直众说不一，但大多数当代西方经济学家认为，通货膨胀是指物价水平普遍而持续的上升。如美国著名经济学家弗里德曼说："物价普遍的上涨就叫通货膨胀。"西方通用经济学教科书《经济学》的作者保罗·萨缪尔森也认为："通货膨胀的意思是：物品和生产要素的价格普遍上升的时期——面包、汽车、理发的价格上升；工资、租金等等也都上升。"要想很好地理解通货膨胀的含义，必须注意以下三点：

第一，通货膨胀下的物价上涨不是指一种或几种商品的价格上涨，而是物价水平的普遍上涨，即物价总水平的上涨；也不是指所有商品的价格水平都上涨，而是指商品平均价格水平或一般物价水平的上涨。

第二，通货膨胀是指一般物价水平的持续上涨，不是指物价水平一时的、短暂的上涨，如因为灾害或季节变化等引起的物价上涨（如节假日商品价格的上涨），虽然暂时物价有一定的上涨，但从整个经济周期看（通常为一年），一般物价水平是稳定的，所以不能称为通货膨胀。

第三，通货膨胀下的物价上涨是指一般物价水平上涨相当的幅度或程度，不能把一般物价水平稍有上升就判定为通货膨胀。

8.1.2 通货膨胀的衡量

通货膨胀一般是用物价指数来衡量的。目前，西方各国采用的物价指数主要有三种：

1. 消费物价指数（CPI）

消费物价指数又称零售物价指数或生活费用指数，是衡量一定时期家庭和个人消费的商品和劳务市场价格水平变动程度的指标。它反映居民货币收入购买力的升降和商品与劳务价格变化对居民生活的影响。消费物价指数是人们最关心的价格指数，所以在许多国家直接把消费物价指数等同于通货膨胀率，而且大多数经济学家也用这个指数表示通货膨胀率。萨缪尔森认为，CPI 的建立是数十年艰苦的理论工作和统计工作的产物。CPI 衡量一篮子消费品和劳务的市场成本。这一篮子的主要大类是食物、衣物、住房、燃料、交通和医疗。在美国是以 382 种商品和劳务为代表规格品的。我国一般是用全国零售物价总指数来衡量通货膨胀率的。

2. 批发物价指数（WPI）

批发物价指数是衡量一定时期批发市场上各种商品价格平均变化程度的指标。它主要反映生产企业销售商品价格变动情况，或生产阶段的价格水平变动，因此也有人称其为生产者价格指数（PPI）。

3. 国民生产总值平减指数（IPD）

国民生产总值平减指数又称 GNP 折算数，即国民生产总值折算物价指数。它是指按现行价格计算的国民生产总值（名义国民生产总值）与按固定价格（基期价格）计算的国民生产总值（实际国民生产总值）的比率。

$$国民生产总值平减指数=\frac{名义国民生产总值}{实际国民生产总值}\times 100\%$$

$$通货膨胀率=国民生产总值平减指数-100\%$$

如某国在1998年的国民生产总值按当年价格计算为15 000亿元，按1980年的价格计算为12 000亿元，则：

$$国民生产总值平减指数=15\,000/12\,000\times 100\%=125\%$$

$$通货膨胀率=125\%-100\%=25\%$$

上述三种物价指数虽然都能用来衡量通货膨胀的程度，但都存在一定缺欠，如都没有包括股票、证券、存款等金融资产的价格以及公共部门、资本货物等商品价格。

8.1.3 通货膨胀的类型

西方经济学家根据通货膨胀率的高低把通货膨胀划分为三类：温和的通货膨胀、奔腾的通货膨胀和恶性通货膨胀。

温和的通货膨胀是指年通货膨胀率在较长时期内维持在10%以下的状态。在这种通货膨胀下物价呈现较稳定的上升，货币不会快速贬值，对经济不会构成明显的不利影响。一些经济学家还把这种通货膨胀看作是实现充分就业的一个必要条件以及刺激经济增长的润滑剂。

奔腾的通货膨胀是指较长时间内物价水平较大幅度地持续上升，年通货膨胀率维持在两位数甚至出现三位数的情况。在这种情况下，出现抢购、囤积和较为严重的经济扭曲，但不至于引起金融崩溃和经济秩序紊乱。这种通货膨胀对经济有日益严重的不利影响，如果得不到及时治理，最终会对经济带来灾难性后果。

恶性通货膨胀是指物价水平急剧快速上涨，货币购买力急剧下降，通货膨胀率在三位数以上并加速上升。美国经济学家菲利普·卡甘把月通货膨胀率超过50%的持续物价上升定义为恶性通货膨胀。恶性通货膨胀导致人们对本国货币完全失去信任，本币完全失去交易功能，金融体系崩溃，经济生活混乱，甚至政权更迭。“一战”后的德国、奥地利，“二战”后的匈牙利、希腊、中国均发生过这类通货膨胀。

8.1.4 通货膨胀的影响

在分析通货膨胀的影响之前，应先区分均衡的通货膨胀和非均衡的通货膨胀，如果通货膨胀是均衡的，即所有商品的劳务、各种生产要素和各种债务的价格都是按同一比例变动的，则价格总水平的变动不会给任何人带来坏处，也不会给任何人带来好处。但通货膨胀通常是不均衡的，而且人们对通货膨胀的预期也常常与实际情况不符。因此，通货膨胀总会带来某些影响。

通货膨胀对经济生活的影响主要表现为以下五个方面：

(1) 通货膨胀对收入和财富分配的影响。

一般来说，通货膨胀会使货币收入和财富从固定收入者手中转移到非固定收入者手中，从消费者手中转移到生产者手中，从债权人手中转移到债务人手中。在通货膨胀时期，工资和薪金的增长慢于并小于物价水平的上升，实际工资下降，利润增加，工资收入者受损失，利润收入者得益处。通货膨胀对领取租金、利息、退休金等固定收入的人们来说，要降低他们的实际收入，使其收入和财富都减少。通货膨胀使债权人和债务人之间的收入进行再分配，债权人受到损失，而债务人却获得利益。同时，通货膨胀对储蓄者不利而对股票持有者比较有利。

（2）通货膨胀对经济资源配置的影响。

通货膨胀会改变各种商品、劳务和各生产要素的相对价格，引起相对价格体系的变动，最终会使原来的资源配置状况和方式发生变动，导致资源进行重新配置。一些在通货膨胀期间价格上升快于成本上升的行业将得到扩张；而价格上升慢于成本上升的行业会相应收缩。在通货膨胀中，各行业产品和劳务的价格与成本的上升往往具有盲目性，因而会扰乱价格体系，引起资源配置的失调，降低整个经济效率。但通货膨胀对资源配置的影响也不完全都是破坏性的，在一定时期和一定条件下，通货膨胀引起的相对价格变化会使经济资源配置从不合理状态转向合理或趋近最优状态。例如，美国在20世纪50年代，人力资源分配在教育方面少，因此教师缺乏。在60年代通货膨胀时，国家采取措施，使教师的货币收入增长率超过物价上涨率，教师的生活质量得到了改善与提高，从而吸引了不少知识分子从教，人力资源的配置变得更为合理。

在通货膨胀中受影响最大的价格是现金的价格。人们手中的现金不会带来任何利息收入，或者说现金的名义利率为零。由于实质利率等于名义利率减去通货膨胀率，因此在通货膨胀时期，现金的实质利率为负值。手持现金越多，所遭受的损失就越大。在这种情况下，人们会急于将现金脱手，增加存货，从而造成资源浪费。恶性通货膨胀会使人们回到以物易物的低效率交换形式中。

（3）通货膨胀对产出和就业的影响。

关于通货膨胀对整个经济领域生产和就业所产生的实际影响，一般认为，在短期内，在未预料到通货膨胀的情况下，物价上涨率高于工资增长率，实际工资会有所降低，促使企业增加雇工，扩大产量以谋取更高的利润，从而使产出和就业有所增加，出现产出和就业的正面影响。产生正面影响，必须具备以下三个条件：

一是社会经济活动中要存在闲置未用的经济资源，并具有在部门间流动的可能性。

二是通货膨胀或物价上涨必须是没有被预期的。如果是预期到的，工人不会容忍货币工资滞后于产品价格上涨的情况。一旦工资跟不上来，工人就会失去生产的积极性，促使企业将工资提高到物价上涨的水平，生产者得不到额外利润，产出与就业也就不会增加。

三是必须在温和的通货膨胀的条件下，才能有产出和就业的正面影响。恶性通货膨胀会破坏社会经济生活，降低生产，增加失业率。

（4）对对外贸易和国际收支的影响。

当某国出现通货膨胀时，随着国内一般物价水平的不断上涨，货币在不断贬值，会使得原来的汇率发生变化，影响对外贸易和国际收支。

为什么通货膨胀会引起汇率变化呢？根据瑞典经济学家卡塞尔的“购买力平价说”，作为交易媒介的货币在国内价值的稳定，就是对商品购买力的稳定。若在一定时期内，两个国家货币购买力都具有稳定性，则两国货币之间可建立稳定的比价关系，即稳定的汇率。如果一国国内货币数量过多，国内商品价格上涨，则表明该国货币购买力下降；反之，货币购买力上升。货币购买力的升降必然引起两国货币比价关系的变化。例如，购买某种商品，A 国货币需要 100 元，B 国货币需要 200 元，两国货币比价即汇率为 1∶2。A 国的 1 元可兑换 B 国的 2 元。若其他条件不变，B 国发生通货膨胀、物价上涨，则货币购买力下降，如果通货膨胀率为 100%，物价涨了一倍，则货币购买力下降一半，这时，B 国货币对外价值要同比例下降，新汇率为 1∶4。B 国货币 4 元兑换 A 国货币 1 元。在自由的开放经济中，通货膨胀首先会引起国内总需求的上升，如达到充分就业时，要增加进口，对外贸易可能出现逆差，引起国际收支不平衡。但是，当发生通货膨胀时，国内物价上涨又使汇率下降，通过增加出口和减少进口，使外汇转向顺差，最后恢复到国际收支均衡。这就是通货膨胀的国际收支调节机制发挥作用的过程。在现实经济生活中出现通货膨胀时，一国的物价上涨与货币贬值同货币对外贬值或汇率下降幅度不同时，就会为外汇倾销创造条件，外汇倾销又会导致各国之间展开“外汇战”。这往往对最早实行外汇倾销的国家不利。

（5）通货膨胀对社会的影响。

一个国家出现通货膨胀，除了严重影响经济活动外，对社会的政治、文化、思想等方面也会产生严重影响。

通货膨胀会严重危害与污染社会心理。生活在通货膨胀里的公众在心理上会滋生不安全的恐惧感，会担心受到损失，总感到物价上涨太快，而自己的收入增加速度太慢，相当一部分人的实际生活水平会下降，他们不安心工作，对社会和政府产生不满的情绪。

在通货膨胀的环境里，公众会形成一种心理错觉，认为由于通货膨胀而多获得的各种收入是理所当然的；由于物价普遍上涨，购买商品和劳务而多支付货币是没有道理的，虽然收入多了，但物价太贵了。因此，在通货膨胀中得到好处的人也埋怨价格太高，遭受损失的人会倍加痛苦，从而引起各阶层对社会现实的不满。

通货膨胀的出现对各个部门的影响程度不同，有一些部门生产下降，失业增加，造成千千万万的个人悲剧，给社会带来巨大的浪费。同时失业造成大量人员流动，使犯罪增加，社会不安定。

通货膨胀对整个社会各领域各层次都有不同程度的影响，甚至对教育、文化、科学、艺术等有很大的冲击和伤害。

总之，通货膨胀不仅会对社会经济生活造成严重的影响，也会给社会的政治生活带来重大的影响。特别是在恶性通货膨胀条件下，利益再分配可能会引起社会各阶层的冲突和对立，生产和就业会出现停滞和混乱局面，造成社会不安和动乱，甚至会带来灾难性的后果。

8.2 通货膨胀的成因

8.2.1 需求拉动的通货膨胀

需求拉动的通货膨胀，又称为超额需求通货膨胀，是指总需求超过总供给引起的一般价格水平的持续显著上涨。需求拉动通货膨胀是西方经济学中流传较早的、比较重要的一种理论。把通货膨胀的原因归结为社会总需求过度增长，即“过多的货币追逐过少的商品”。对于总需求过大引起通货膨胀有两种解释：凯恩斯解释和弗里德曼解释。

根据凯恩斯理论，总需求超过充分就业的总供给时，对物品和劳务的需求会超过按现行价格可以得到的供给，就会出现通货膨胀缺口，为了填平这一缺口，则产生通货膨胀。无论总需求的过度增长是来自投资需求、消费需求、政府需求还是国外需求，都会引起需求拉动的通货膨胀。需求拉动的通货膨胀可用图 8－1 来说明。

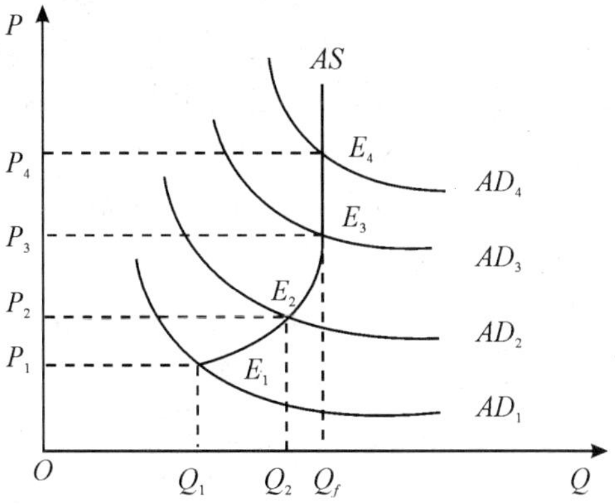

图 8－1 需求拉动通货膨胀

图中，横轴 Q 表示总产量，纵轴 P 表示一般物价水平。AD 与 AS 曲线分别表示总需求曲线和总供给曲线。AS 开始一般呈现水平状态，说明在总产量较低时，总需求的增加不会引起物价上涨，总产量增加到 Q_1 前，一直保持稳定的物价水平。AD_1 与 AS 相交于 E_1 时，决定了 P_1、Q_1 组合。当总产量达到 Q_1 而继续增加总供给时，就会遇到生产过程中的所谓瓶颈现象，即由于劳动、原料、生产设备等不足而使成本提高，从而引起一般物价水平上涨。AD_1 继续提高，向右上方移动时，AS 便开始逐渐向右上方攀升，一般物价水平也逐渐上升。AD_2 与 AS 相交于 E_2，决定了较高的产量和物价水平 Q_2、P_2 组合。当总产量达到最大时，整个社会经济资源全部得到利用，这时的产量叫做充分就业产量。图中 AD_3 与 AS 相交于 E_3，决定了 Q_f、P_3 组合，Q_f 就是充分就业产量。一般物价水平从 P_1 上升到 P_3 的现象叫做瓶颈的通货膨胀（或称半通货膨胀）。当总需求达到 Q_f 后，如果总需求继续增加，而总供给却不能再增加了，AS 过 E_3 点后变成垂直状态。如果总需求曲线从 AD_3 提高到 AD_4 与 AS 相交于 E_4 时，一般价格水平上升到 P_4，而总产量没有增加，仍然是 Q_f，价格由 P_3 上升到 P_4，这就是需求拉动的通货膨胀，也就是凯恩斯所说的真正的或纯粹的通货膨胀。

弗里德曼认为，通货膨胀无论何时何地都只是一种货币现象。只有当需求过度是由于货币过量发行引起时才会导致通货膨胀。他进一步分析了货币过量发行的三大原因：第一，政府开支迅速增加。为弥补日益大量增长的财政开支，政府可以采取增税、发公债或增加货币发行等手段。前两种手段的运用虽然对物价的影响不大，但会引起公众的不满，因此，最可行的办法是增发货币。第二，充分就业政策。虽然充分就业是一个极具吸引力的政策目标，但在实际动态经济发展中是难以实现的。政府为了实现不切实际的充分就业目标，必然采取大量增加财政支出，同时减少税收的办法，赤字财政要靠货币发行支撑。第三，中央银行的政策失误。中央银行的首要任务是控制货币供应量，然而，它却未能实现有效控制；利率变动本应由市场供应决定，而中央银行却力图加以控制。结果一事无成，货币供应量与利率大幅度波动，导致通货膨胀出现。

8.2.2 成本推进的通货膨胀

在资本主义市场经济发展过程中，许多国家在总产量下降的情况下，一般物价水平也在上升。对此，需求拉动的通货膨胀理论却难以解释。于是，西方经济学家提出了成本推进的通货膨胀，又称供给通货膨胀，它是指在不存在需求过度的情况下，由于供给方生产成本的提高而引起的一般物价水平上涨。成本上升，总供给减少，总供给曲线向左上方移动。在总需求曲线不发生变化的情况下，会引起国内生产总值减少，价格水平上升。

如图 8－2 所示：原来的总供给曲线 SAS_0 与总需求曲线 AD 相交决定了国内生产总值为 Y_0，价格水平为 P_0。成本增加，总供给曲线向左上方移动至 SAS_1，这时总需求没变，决定了国内生产总值为 Y_1，价格水平为 P_1，经济中出现通货膨胀。

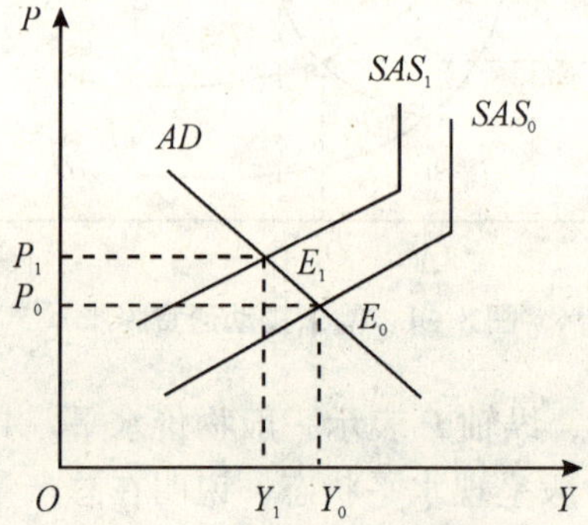

图 8－2　成本推进通货膨胀

成本推动的通货膨胀分为两种：

1. **工资推进通货膨胀**

西方经济学家把由于工会的力量迫使生产者提高工人工资，从而提高供给成本，并由此引起的通货膨胀叫做工资推进通货膨胀。他们认为物价上涨的原因在于工资率的提高幅度超过了劳动生产率的增长幅度，并引起轮番推动的物价“螺旋攀升”。即工资提高引起成本增加，导致物价上涨，而物价上涨后，工人又要求提高工资，因而再度引起物价上涨，如此循环往复，就造成了工资—物价的“螺旋攀升”。西方资产阶级经济学家认为，在完全竞争的劳动市场上，工资率的升降变化完全取决于劳动力供求的变化，工资的提高不会导致通货膨胀；只是在不完全竞争的劳动市场上，由于工会组织的存在，使相当多的劳动者组织起来，迫使货币工资的提高幅度超过劳动生产率的增长，从而造成工资推进通货膨胀。但是这种观点无论在理论上还是在实践上都是站不住脚的。在理论上，工人的工资是工人创造的新价值的一部分，另一部分则是剩余价值。工资的提高，只是引起工资和剩余价值之间的比例变动，并不会改变商品的成本，所以也不会影响到商品的价值，同时也不会影响商品的价格。在实践上，工人工资的提高幅度远远落后于劳动生产率增长的幅度，即使工资提高的幅度高于劳动生产率增长的幅度，也是在通货膨胀之后。如 1967 年到 1977 年的十年中，美国制造业中每一生产工人创造的增加值从 18 800 美元增加到 42 700 美元，按增加值计算的劳动生产率增长了 127%。同期工人工资从 5 800 美元增至 11 500 美元，增长了 98%。工资的增长落后于劳动生产率的增长幅度。美国制造业工人的工资占增加值的比重由 1967 年的 30.9% 下降到 1977 的 26.8%。因此，把通货膨胀归咎为工资提高的理论是站不住脚的。因此，就连美国经济学家弗里德曼也不得不承认：“普遍的工资上涨，往往不是通货膨胀的原因，而是通货膨胀的结果。”

2. **利润推进通货膨胀**

利润推进通货膨胀是指垄断企业利用市场垄断权力攫取高额利润所导致的一般物价水平

的上涨。西方经济学家认为，在完全竞争的市场上，商品供求决定商品价格，任何企业都不能通过控制产量来改变市场价格，企业是价格接受者；而在垄断和寡头市场上，为了获取更高的垄断利润，垄断企业和寡头可以控制和操纵价格，使价格上涨的速度大大超过生产成本增长的速度，导致一般物价水平上涨。如凯恩斯在分析1953—1958年美国通货膨胀后得出结论："这一时期通货膨胀的主要原因，显然是由于钢材价格上涨36%，同时，使用钢的工业中的产品价格也大幅度上涨……后来的资料清楚表明，钢材的价格上涨为钢的利润率带来了十分可观的增长。所以这次通货膨胀是由利润推动而开始的。"

8.2.3　供求混合推进通货膨胀

在实际社会经济生活中，需求拉动的通货膨胀和成本推进的通货膨胀是紧密联系和相互作用的。供求混合推进通货膨胀是把需求拉动和成本推进两方面结合起来分析的，即所说的"拉中有推，推中有拉"。

一方面，在需求拉动通货膨胀的过程中，除了已达到充分就业水平以后的情况外，供给方面不会完全停止不变。货币总需求的增高将刺激总供给的增大，即总供给曲线向右移动，这就会出现各种不同的结果：如果二者增加幅度相等，就不存在通货膨胀；如果供给增加大于需求增加，反而可以使价格水平降低；如果需求的增加大于供给的增加，就会出现某种程度的通货膨胀。但这是就一般情况而言的，与成本推进无关。如果需求拉动价格水平上升，则工人势必要求提高工资或生产者要求增加利润，于是成本推进的通货膨胀也发生了，从而加剧了通货膨胀。

另一方面，在成本推进通货膨胀的过程中，总需求也不会保持不变，因为当价格上升时，假定总需求不变，就会出现产量下降，导致相当数量的劳动力失业和资本闲置。此时政府必然采取各种政策以扩大总需求，从而增加产量和就业。这样通货膨胀就会在成本推进和需求拉动的相互作用下发生。总之，在每次通货膨胀中，需求拉动和成本推进均会不同程度地起作用，但二者所起的作用既不必是对称的，也不必是前后交替的，更不必是相等的。二者是交织在一起的，有时是其中的一种起着更主要的作用，有时是其中的另一种起着更主要的作用。

8.2.4　结构性通货膨胀

西方经济学家认为，在经济活动中，即使不存在需求拉动和成本推进的情况，仅由于经济结构因素的变化，也能导致一般物价水平显著上涨，这就是结构性通货膨胀。

国民经济经济结构本身和内部各部门具有以下特点：

第一，国民经济各部门劳动生产率提高的速度不同。一些部门劳动生产率提高的速度快，而另一些部门劳动生产率提高的速度慢。

第二，国民经济各部门兴衰进程和发展状况不同。有些部门正在迅速发展、兴旺发达，而另外有些部门却发展缓慢、渐趋衰落。

第三，国民经济各部门与世界市场的关系密切程度不同。虽然随着商品经济的发展，世界各国经济关系越来越密切，但是，在一个国家的各种经济部门中，有的部门（开放部门）同世界市场的联系十分密切，有的部门（非开放部门）同世界市场却没什么大联系。

结构性通货膨胀理论认为，在社会经济发展过程中，如果劳动生产率提高快的部门、正在迅速发展的部门以及同世界市场联系比较密切的部门的工资和价格上涨，那么生产率提高缓慢的部门、正在渐趋衰落的部门和非开放部门就要争先恐后地追逐“看齐”，要求“赶上去”，从而引起整个社会物价水平的普遍上涨。

例如，假设全社会只有A和B两个部门，二者的产量相等，而二者的劳动生产率的提高速度不同。A部门劳动生产率的增长率是3.5%，工资增长率也是3.5%。这时，社会物价水平不会因为A部门工资提高而上涨。但是，B部门劳动生产率的增长率是0.5%，而工资增长率却要求向A部门看齐，也要达到3.5%，这时就会使全社会的工资增长率超过劳动生产率的增长率，从而引起物价的普遍上涨，形成结构性通货膨胀。具体计算方法是：

全社会工资增长率 =（A部门工资增长率 + B部门工资增长率）÷2 =（3.5% + 3.5%）÷2 =3.5%

全社会劳动生产率增长率 =（A部门劳动生产率增长率 + B部门劳动生产率增长率）÷2 =3.5% +0.5% =2.0%

全社会工资增长率 - 全社会劳动生产率增长率 =3.5% -2.0% =1.5%

即物价上涨率或通货膨胀率等于1.5%。

【阅读材料——民生物价考验政府的市场化定力】

以猪肉开始的食品价格上涨有火烧连营之势，牛肉面、方便面、牛奶等诸多行业都在声称，由于原材料价格上涨，导致本行业产品价格有上涨的必要。这些物价与民众的基本生活关系如此之密切，可以称之为民生物价。民生物价大涨，显然已经不仅仅是一个经济问题，更是一个政治问题。

垄断产品的价格上涨固然有收取垄断地租的一面，但认为物价上涨都是垄断企业支配，则是一个相当古怪的逻辑。一些人要求政府像对待房地产开发商一样严厉地对待那些联手涨价的行业协会、主要生产厂家，经济问题泛道德化再次显形。此时，与其说考验的是市场的稳定与商人的良知，不如说是考验政府的市场理念与社会保障系统的健全。

发改委果然如这些人所愿地表示，要重查三类不正当的价格行为，包括经营者之间串通或者通过行业协会、中介组织，以协议、决议、会议纪要、协调、口头约定等方式合谋涨价；经营者捏造、散布涨价信息，囤积商品，造成不明真相群众排队抢购，并导致商品价格出现大幅度上涨；经营者通过抬高等级、短缺数量、以假充真、以次充好等欺诈手段变相提高价格，因为这些行为“严重扰乱了正常的价格秩序，影响了社会稳定和人心安定”。虽然他们也强调，在市场经济条件下价格出现一些波动是正常的。

在充分竞争的行业操纵价格是得不偿失的行为，如果行业协会带动几家大企业联手涨价，说明这些行业出现了不得不涨价的客观需要，比如无法靠提高生产率与压低工资来消化成本，比如资金推动形成普遍通胀格局。如果仅靠抓几个投机倒把的典型就能解决经济结构性问题形成的通胀，那通胀就永远不会成为严重的经济问题。

话要倒过来说，商人投机倒把是需要土壤的，或者是竞争者太少形成自然或行政垄断，或者是供求关系失衡形成升值预期，导致商人惜售，或者是货币流动性过剩导致购买力下降。总之，投机倒把是通胀之果而非通胀之因，是现象而非实质。报道记载我国连续第四年夏粮丰收，但山东等地农民仍然惜售，原因是生产资料价格上涨和农民看涨粮价，这是一个理性人的自然选择，难道说所有惜售农民都有投机倒把基因吗？

夏粮丰收而粮价大涨，只能说明通胀由资金推动。今年世界粮价上涨了20%以上，大宗商品与资源价格急速蹿升。纽约商交所9月交割的轻质低硫原油期货价格7月31日收于创纪录的78.21美元，中国的三大石油巨头以停止批发的方式逼宫发改委要求成品油涨价。可以预料，中国的资源价格将不可抑制地进入又一轮上涨通道。

农民虽然无法了解国际原油价格，但他们能够切身感受到化肥、农药、拖拉机用油等生产资料价格的蹿升，也能够在集市上打听到猪肉产品的价格，出现惜售待涨毫不奇怪。用空洞的理论或者用垄断的粮食收购体系刻意把粮价维持在一定程度上，以损害农民利益的方式保持物价稳定，是有害无益的损民损商之招，从长远来看有损中国经济的发展。

如何调控才能在不损害市场经济的前提下稳定市场呢？这既是考验调控能力，也是提高政府经济调控能力的机会。

政府必须明确，危急时期的物价行政控制行为是短期的应急之举，可能扰乱市场预期，绝不能成为行政部门价格管制权力永久存续的背书。同时，在此次食品类价格普遍上涨的过程中，有关部门应该细究其中的原因，国际粮价上升影响中国粮价几何？资金推动影响作用如何？到底是在政府控制的流通领域获益，还是农民的收入得到了提高呢？

农业部今年6月的一组粮食补贴数据显示，今年粮食直补和农资综合直补资金规模达到427亿元，比去年增长63%；良种补贴、农机具购置补贴、测土配方施肥补贴、农民培训等四项补贴资金共计87.7亿元，比去年增长47.4%，但这些补贴是否足以弥补生产资料价格上涨给农民造成的损失，是否到了农民的手上，还是一个疑问。人均几十元的补贴对农民来说是杯水车薪。

面对一个由资金推动的资产价格普遍上涨的新经济环境，有关方面应该意识到粮食价格的上涨是大势所趋，原材料价格大幅上扬而终端消费品价格保持不变才是非正常现象。此时政府所要做的是，科学评估物价上涨对于没有博弈能力的弱势群体生活水准的影响，对补贴与补贴的有效性进行严厉监管，同时密切关注那些真正行政垄断企业的利润是否足以消化下游企业的亏损，这才是正确的民生保护之道。

对某个行业进行典型性的打压，在到目前为止的通胀控制中均未见效，由供应关系造成的通胀不会由减少需求，比如减少城市人口或者增加供应发展市场经济得到解决。而积极货币政策形成的物价上涨，只能靠疏通市场流通环节、调整收益格局、健全社会保障体制才能化解。

（资料来源：2007年8月3日《南方都市报》）

8.3 失业和菲利普斯曲线

8.3.1 失业及其影响

1. 失业与失业率

失业是指在社会经济中劳动者处于无工作的状态。年龄在规定范围内，有工作能力和工作意愿，而没有工作或正在寻找工作的人，均称为失业者。如果一个人有工作不愿意去干，或者是干脆不去寻找工作，或者年龄不在规定范围内，这样的人不叫失业者。就业者和失业者之和就是社会劳动力总数。

衡量一个社会失业程度的统计指标有两个，即失业人数和失业率。失业率是失业人数占劳动力总数的比率，计算公式为：

$$失业率=\frac{失业人数}{劳动力总数}=\frac{失业人数}{就业人数+失业人数}$$

对劳动力各国称谓不同：美国和日本叫劳动力，英国等一些国家叫工作人员，联合国及国际劳工局则叫经济活动人口。有些人口已达到一定年龄，但既非就业又非失业，这些人口称为非属劳动力人口，包括从事家务劳动、读书求学、有病等。对于起始年龄，各国稍有差异：联合国与英国、日本等多数国家以15岁开始，美国和俄罗斯等国以16岁开始。

美国劳工部每月公布失业数，数据统计是运用人口随机抽样方法，每月抽查6万个家庭，将人口分为三类：就业者、失业者和非属劳动力人口。失业者包括：一是没有工作并一直努力找工作的人（指调查前四周）；二是暂时被解雇等待被召回原工作岗位的人；三是30天内等待开始新工作的人。

2. 失业的影响

（1）失业对家庭和社会的影响。

失业对失业者及其家庭来说，失去了收入来源保障，生活陷入困境，自尊心受到伤害，可能造成家庭破裂，引发许多社会问题。失业的增加和长期存在会引起犯罪、自杀、离婚、吸毒等案件增加，不利于社会的稳定。

（2）失业对经济社会的影响——奥肯定律。

失业会直接造成资源浪费。劳动力是重要的生产要素，劳动力的闲置本身就是对资源的浪费，在劳动者失业的同时，生产设备及其他经济资源也常常会大量闲置。

失业给经济造成的损失最主要的是使社会产量减少，其损失大小决定于失业率高低。用来说明失业率与实际国民生产总值增长率关系的规律称为奥肯定律，也叫奥肯定理。

美国经济学家奥肯研究发现，失业率与国民生产总值增长率呈反相关，与国民生产总值缺口即“GNP缺口”呈正相关。失业率提高，国民生产总值增长率降低，“GNP缺口”增大；失业率降低，国民生产总值增长率提高，“GNP缺口”减小。失业率与“GNP缺口”二者的比例为1∶3。最新资料表明二者的比例为1∶2，即失业率每增加1%，“GNP缺口”增加2%。按此计算，如果1990年美国失业率增加1%，则“GNP缺口”1 200亿美元，即国民生产总值损失约为1 200亿美元。

（3）失业对政治的影响。

当失业率较低时，政府会得到公众的认同，执政者会得到更多人的信任和拥护。当失业率较高时，政府和执政者会受到公众的谴责，失去公众的信任。

【阅读材料——失业的利与弊】

从利的方面看，一定量的失业人员是市场经济下劳动力的“蓄水池”，它有利于企业根据生产经营状况及时吞吐劳动力；它还有利于单位选择合格的或高素质的劳动力；对失业人员的就业引入竞争机制，又可以促使失业人员努力提高自己的素质；有失业问题存在也使在业人员产生“可能失去饭碗”的危机感，从而努力做好本职工作，争取职业的稳定和收入的提高。这无疑是社会进步所需要的。

从弊的方面看，失业使部分劳动力失去了工作，也就失去了生活费的来源，生活水平会降低，其社会地位也会下降。长期失业还会带来婚姻家庭等方面的问题，也会引起失业人员对政府的不满等。失业人员无工作还会在社会上游荡，成为社会不稳定的一个因素。大批人员的失业会降低社会消费水平，从而影响经济的发展速度。因此，不少市场经济国家都把失业问题作为社会发展的“头号敌人”，把降低过高的失业率作为政府工作的重要内容。

[资料来源：黄德林：《西方经济学（宏观部分）》案例分析]

8.3.2 失业的种类与原因

1. 失业的种类

（1）摩擦性失业。摩擦性失业是指劳动者正常流动过程中所产生的失业。这种失业即使在充分就业状态下也会存在。随着社会经济的发展，社会对劳动力的需求必然要在地区间、行业间不断发生变化，甚至在对年龄和文化程度的要求上也在不断变化。所以，在市场经济条件下，劳动力必然要不断地流动，包括老年人退休和年轻人进入劳动力市场，人们出于某种原因而放弃原来的工作或被解雇，以及转移到新的地区寻找新的工作等。无论是哪一种流动，都需要花费一定的时间，也就是在这个时间内都处在一种失业状态，这种失业状态我们称之为摩擦性失业。摩擦性失业是在任何情况下都会存在的，是在劳动力优化配置过程中不可避免的。

（2）结构性失业。结构性失业是劳动力供给结构与劳动力需求结构不一致造成的失业。在社会经济发展中，劳动力在总量上可能是平衡的，但由于供给的种类与需求的种类不吻合，因此可能出现有的人找不到工作岗位，有的工作岗位找不到合适的人选的现象，找不到工作岗位的人就处在一种结构性失业中。这主要是由于劳动力供给受各种条件（如年龄、文化、地域等）限制，不能对劳动力需求变化做出灵活迅速的调整，形成各种职业或地域之间劳动力供求结构的不平衡而造成的失业。随着科学和产业结构的迅速变化，如果不能采取强有力的措施，这种失业会越来越严重。

（3）周期性失业。周期性失业是指由于总需求不足而引起的短期失业。因为它一般出现在经济周期的萧条时期，所以我们称之为周期性失业。当总需求存在紧缩缺口的时候，由于国民收入水平小于充分就业时的国民收入水平，因此必然会引起失业。因为劳动力需求也是一种引致需求，当出现总需求不足时，总产出水平就要下降，对劳务的需求就要减少，从而导致对劳动力的需求减少，致使希望找到工作而又难以找工作的人增加。

（4）季节性失业。季节性失业是指由劳动力需求淡季所带来的失业。由于生产和需求的季节性变化，必然会导致对劳动力需求的季节性变化，从而产生在劳动力需求上的旺季和淡季，劳动力需求淡季必然会带来一部分劳动力失业。如建筑业、农业和旅游业等会有规律性地存在季节性失业。季节性失业同气候、节假日或习惯等有一定关系。

不论任何时候，市场经济中存在失业都是不可避免的，充分就业不是指人人都有工作。按凯恩斯的观点，只要消除了不自愿失业，就是实现了充分就业，失业与充分就业并不相悖。实现了充分就业时仍然存在的失业叫做自然失业，这是由经济中某些难以克服的因素造成的，无法避免，其中包括摩擦性失业、结构性失业和季节性失业。自然失业的大小可用自然失业率表示，自然失业率是充分就业的失业率，也是维持通货膨胀不变时的最低失业率。自然失业率在不同国家、不同时期高低并不一样。周期性失业属于非自愿性失业，对经济和社会的危害比较大，因此，周期性失业也是人们最关注的一种失业现象。

2. 失业的原因分析

（1）失业的宏观根源——有效需求不足。

凯恩斯理论认为失业的主要原因是有效需求不足。有效需求是一个资本主义国家的总需求或总购买力。这个概念包含以下三层意思：

第一，有效需求是指市场上有支付能力的需求，表现为收入的支出。因为收入的支出分为消费和投资，所以，有效需求包括消费需求和投资需求两个方面。

第二，有效需求是指社会总需求，而不是个别厂商或个别消费者的单个需求。

第三，有效需求是指总需求价格和总供给价格相等时的社会需求总量。因为总供给价格是指全社会所有厂商经营成本加预期利润之和，所以，有效需求实际上是能给厂商带来利润的需求。

有效需求不足的原因是国民收入不能全部转化为有效需求。为什么国民收入不能全部转化为有效需求呢？凯恩斯提出了三条心理规律：

第一，消费倾向递减。凯恩斯认为，人们天生有爱好储蓄的心理倾向，当收入增加后，倾向于将更多的钱存起来，从而使消费在整个收入中的份额下降，虽然消费会随着收入的增加而增加，但消费的增长速度总落后于收入的增长速度。消费倾向递减导致消费需求不足，并造成社会有效需求不足。

第二，资本边际效率递减。资本边际效率是指厂商预期新增加的每一单位投资与这一投资可能带来的新增利润量之比，即新增加的每一单位投资预期所能得到的利润率。

从理论上讲，消费需求不足还可由投资需求的增加来弥补，因为凯恩斯理论认为储蓄等于投资。但是，投资需求能否弥补消费需求不足带来的后果，还要看资本边际效率。

资本边际效率作为预期利润率，取决于两方面因素的影响。一方面是厂商对利润率的预期判断。如果判断乐观，则预期收入高，投资热情也高；如果判断不乐观，则预期收入低，投资热情也低。另一方面是银行利息率。如果资本边际效率低于现行的利息率，厂商就会把钱存入银行或购买债券；只有当资本边际效率高于现行利息率时，厂商才会增加投资。然而，在一个竞争性的市场中，由于资本投入逐渐增多，一方面会使供给增加，从而使新增产品销售出现困难，导致供给价格下降；另一方面，新增投资必然加大对生产设备的需求，引起此类产品供给紧张，价格上升，从而使生产成本增加。这两方面结合在一起就会使资本边际效率递减，吸引厂商投资的诱惑力减弱，导致投资需求呈现不足的现象。

第三，流动性偏好。流动性偏好是指人们喜欢用货币的形式保持自己的收入或财富的心理动机。为什么人们愿意以货币形式保持其收入或财富呢？主要是出自货币理论一章已经讲过的三方面需求动机，即交易需求动机、预防需求动机和投机需求动机。既然人们在心理上有保存现金的偏好，那么，要想让人们放弃这种偏好，把现金变成储蓄，就非支付满意利息不可。所以，流动性偏好的存在，一方面使大量的货币收入滞留在人们的手中，不能及时转化为储蓄和投资，因而直接降低了社会总需求的水平；另一方面，为了鼓励人们放弃流动偏好，就要提高利率，使资本边际效率与利率相比更趋于降低，从而影响投资需求的扩大。

总之，凯恩斯理论认为，有效需求不足是造成失业的根本原因，是主动的，其他一切原因都是派生的，是被动的。

根据总需求—总供给模型的分析，当实现了宏观经济均衡时，存在三种状态：充分就业均衡、小于充分就业均衡及大于充分就业均衡。引起周期性失业的正是小于充分就业的均衡。

如图8－3所示，当总需求为充分就业总需求（AD_f）时，AD_f 与短期总供给曲线（SAS）、长期总供给曲线（LAS）相交于 E_0 点，均衡国内生产总值为充分就业的国内生产总值（Y_f），经济中不存在失业。如果实际总需求为 AD_0，小于充分就业的总需求（AD_f），实际总需求曲线（AD_0）与短期总供给曲线相交于 E_1 点，决定了均衡国内生产总值为 Y_0（Y_0 小于 Y_f），这时长期总供给曲线在交点的右边，处于一种小于充分就业的均衡状态，存在着周期性失业。

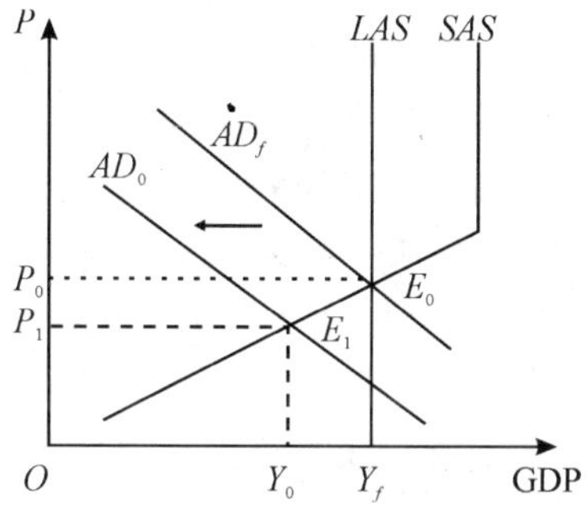

图8－3　总需求—总供给模型分析失业的原因

（2）失业的微观基础——货币工资粘性和商品价格粘性。

货币工资粘性是指工资不能随着有效需求的变化做出及时的相应调整，工资上升比较容易，而下降却比较困难。

形成货币工资粘性的主要原因包括以下几点：

第一，劳动合同的存在。许多工人，尤其是某些有工会组织的大企业（如美国的汽车、机械、航空、铁路等）的工人，都是和厂商通过双方谈判签订合同的形式来确定工资的。工会组织常常宁愿以一部分工人失业为代价，要求有较高的工资，从而造成一部分工人失业。而且工资合同往往一订几年（通常为三年左右），在合同有效期限内，工资是不能随市场的供求情况调整的。一些合同到期企业的工资，因为受到未到期企业工资不变的影响，所签合同时的工资便不易变动。另外，调整工资的谈判劳资双方都要付出很大代价，因此双方都不愿意轻易变动工资。

第二，隐含合同的存在。隐含合同是指厂商与工人间没有正式的工资合同，但是劳资双方有使工资相对稳定的协议或劳资双方达到一种默契。面对市场的不确定性，厂商的经营活动存在风险，可是劳资双方对风险的态度却不同。厂商对风险的态度是中性的，因为厂商有众多股东，只要有一定水平的平均利润，不大在乎风险的存在。但是，工人却不同，工人希望有一份稳定的工资收入，所以对风险是厌恶的。因此，在协商工资谈判时，劳资双方就可以达到一种默契，使实际工资不随经济波动而相对地稳定下来，把风险从工人工资转移到企业利润中去，而工人情愿接受低于市场出清的工资水平，当作是转移风险的代价。因此，隐性合同的存在致使工资同样不能随劳动市场的供求关系变动而变动，从而形成货币工资的粘性。

第三，失业滞后理论。这种理论是一种不同于传统理论的新就业论，研究劳动市场上失业与工资调整的关系，通过局内人—局外人模型阐明：工资调整在很大程度上取决于在职职员而不是失业工人，而且长期失业者对工资调整几乎没有影响。

这种理论认为，局内人（指已在职者）一般可受到工会保护，同时还可受到各种劳动转换成本的保护而比局外人（长期游离于企业外的失业工人或短期在职临时工）享有优先就业权。所谓劳动转换成本是指厂商用局外人代替局内人必须付出的代价，包括雇用、训练、谈判、诉讼和解雇等一切费用。因此，尽管局内人要求的工资较高，局外人要求的工资较低，厂商也不愿雇用局外人，致使局内人的工资不会因为存在大量的愿意接受较低工资水平的局外人而下降，于是形成货币工资粘性。

第四，效率工资论。这种理论强调和重视工资的激励作用，他们认为厂商的劳动生产率取决于支付给工人的工资。若削减工资，则会降低生产率，提高单位产品的劳动成本。为保持较高效率，厂商愿意支付高于工资效率的工资。他们认为高工资至少有以下好处：一是可以改善工人营养、增进健康，进而提高生产力；二是可以减少工人怠工、偷懒行为，有力刺激工人工作的积极性；三是可以提高调换工作的机会成本，使工人更珍惜和安心持续工作，有利于增进技艺、提高效率；四是可以吸引熟练工人并削弱工人联合的动机，会使工会的威胁减少。因此，厂商宁愿出高工资雇用现有工人以提高效率、降低成本，也不愿意降低工资去雇用低效率的、不熟练的失业者，高工资使劳动市场不能出清，从而出现失业现象。效率工资论解释了西方国家高失业和高工资并存的现象。

第五，市场调整的时差。如果各个市场的价格水平和劳动者的货币工资水平相应同时下降，就业和实际产出就不会改变。但是，实际上各个市场上价格变动的时间是不一致的。如果价格先下降的厂商降低名义工资，劳动者就会向工资水平较高的厂商转移，该厂商就要承担人员调整成本。所以，没有厂商会首先降低名义工资，从而使名义工资产生一定的粘性。

上述工资粘性理论表明，在劳动市场上存在工资粘性，因此当社会的有效需求减少，引致劳动需求也减少时，社会或厂商不可能用降低工资的办法来减少失业。这样必然造成失业并导致失业增加。

商品价格粘性是指当经济处于萧条时期时，价格水平通常不会随着总需求的减少而下降的特征。

形成商品价格粘性的主要原因包括以下三个方面：

第一，菜单成本关系。无论什么时期厂商变动自己产品或服务的价格时，都需要印刷新的商品目录和标签，从而增加商品成本，即所谓的“菜单成本”。在经济繁荣时期这种成本对厂商来说完全可以接受，但在经济萧条时期，因为经济已经很困难，所以厂商不愿意再增加任何成本，使商品价格具有一定粘性。

第二，消费者不喜欢商品价格经常变动。对于厂商来说，经常改变商品价格无疑会影响促销的效果。

第三，在市场经济中，各个行业的主导市场类型是寡头垄断和垄断竞争。在这种不完全竞争市场上，一家企业改变价格往往会引发价格战，导致价格“多米诺”现象，而吃亏的往往是先降价者。所以厂商在经济萧条的时期宁愿降低产量，也不愿降低商品价格，从而使商品价格形成一定粘性。商品的价格粘性会使失业人数不断增加。

3. 充分就业与自然失业率

充分就业是宏观经济政策的重要目标之一，但充分就业并不是要做到丝毫不存在失业，或失业率为零。因为摩擦性失业和结构性失业对任何经济来说都是不可避免的，充分就业时的失业率就是摩擦性失业率与结构性失业率之和。或者说，周期性失业率为零时的失业率就是充分就业时的失业率。充分就业情况下的实际国民产出等于潜在国民产出。

充分就业情况下的失业率的另一名称是自然失业率。经济学家更多地使用的就是自然失业率这个概念。一般来说，实际失业率往往大于自然失业率，但也有实际失业率低于自然失业率的偶然情况。

自然失业率是劳动力市场和商品市场处于均衡状态时的失业率，也是能够长期持续存在的最低失业率。当实际失业率等于自然失业率时，价格和工资的增长是稳定的，通货膨胀率既不加速也不减速。如果实际失业率低于自然失业率，通货膨胀率就会不断上升，不断上升的通货膨胀率迟早会迫使政府采取措施加以抑制。

因为摩擦性失业和结构性失业总是存在的，所以自然失业率总大于零。

自然失业率与通货膨胀有着密切联系。可能有人认为失业率越低越好，但非常低的失业率往往会引发较高的通货膨胀率。自然失业率是不致引发难以接受的通货膨胀的最低失业率。与自然失业率相应的实际国民产出是一国的潜在国民产出。潜在的国民产出是可持续实现的最高国民产出水平。当失业率过低，同时产出水平过高时，必然引发通货膨胀。如果不想出现加速的通货膨胀，就不能强求国民经济较长时期在低于自然失业率的状态下运行。

8.3.3 菲利普斯曲线

1. 早期的菲利普斯曲线——货币工资变动率与失业率的交替关系

菲利普斯曲线的本义是关于货币工资增长率和失业率之间关系的一条曲线。英国经济学家菲利普斯在1958年发表了一篇《1861—1957年英国失业和货币工资变动之间的关系》的著名论文。在这篇论文中，菲利普斯根据近百年的统计资料分析得出了一个结论：货币工资增长率与失业率之间存在一定的反比例关系。当失业率较低时，劳动需求的增加必将推动货币工资迅速增长，即货币工资增长率较高；当失业率较高时，劳动需求的减少本应促使货币工资成比例下降，但由于工人和工会组织等对降低工资的抵制，使货币工资下降较慢，即货币工资增长率较小。于是，失业与工资变动关系的轨迹便是一条凸向原点的曲线，如图8－4所示。

图8－4表明，货币工资增长率和失业率之间存在"交替换位"关系：失业率上升，工资增长率就下降；失业率下降，工资增长率就上升。当失业率为4.5%，即菲利普斯曲线与横轴相交时，工资增长率为零，工资保持稳定不变。当失业率超过4.5%时，菲利普斯曲线在横轴的下方，工资增长率为负值。但工资的下降总会有一定的限度，因为工人要求有最低的生活标准。所以当失业率升高到一定程度后，工资不会再显著降低，基本保持在一个水平线上。

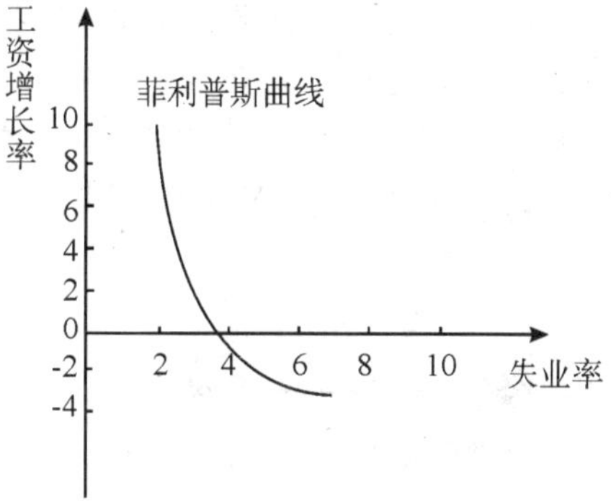

图8－4　早期菲利普斯曲线

2. **修改的菲利普斯曲线——通货膨胀率与失业率的交替关系**

菲利普斯曲线的本义是用来表明失业率和货币工资增长率之间关系的，但是20世纪60年代以后，一些西方经济学者又把通货膨胀率与菲利普斯曲线联系起来。他们认为，假定工资与总成本比例不变，厂商按比例固定的成本加成制定价，则在失业率下降，工资增长率上升到超过劳动生产率的增长幅度时，就会引起物价上涨，导致通货膨胀。这时的通货膨胀率就等于货币工资增长率减去劳动生产率增长率。因此，菲利普斯曲线经过修改后，便被用来表示通货膨胀率与失业率之间的交替关系，如图8－5所示。

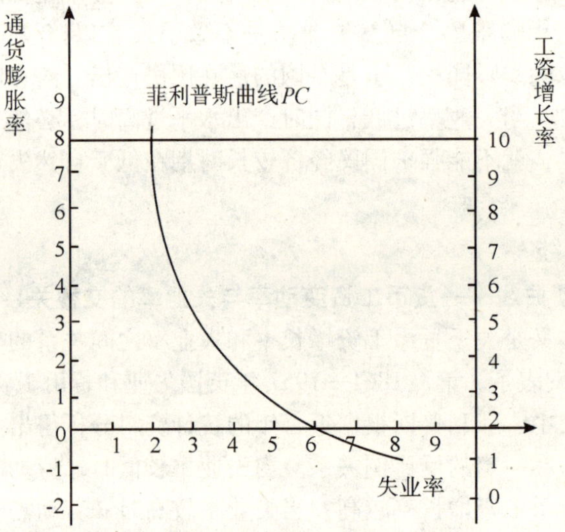

图8－5　通货膨胀率与失业率的交替关系

在图8－5中，横轴表示失业率，右纵轴承表示工资增长率，左纵轴承表示通货膨胀率。三者都用百分比计量。*PC*是菲利普斯曲线，右纵轴和左纵轴之差等于劳动生产率的增长率。

在图中我们可以看出，假设劳动生产增长率为2%，当工资增长率也是2%时，产品成本不会增加，物价不会变动，通货膨胀率为0。但当工资增长率超过2%以后，产品成本就会上升，引起物价上涨。如工资增长率为3%，即比劳动生产率的增长率高出1%时，对应的通货膨胀率就是1%。依此类推，直到工资增长率为10%，则通货膨胀率为8%。

图中，左纵轴与横轴的关系是通货膨胀率和失业率的关系。菲利普斯曲线从左上方向右下方倾斜，说明二者之间存在反比例关系，也就是替代关系。当失业率为6.5%时，物价和工资都处于稳定状态；当失业率继续增加时，物价和工资都下降。菲利普斯认为，英国只要工资增长率不超过2%～3%，则失业率大致处在2.5%以下。根据对美国20世纪60年代以前的统计资料进行分析，萨缪尔森和索洛认为，在美国，即使工资增长率不超过2.5%，失业率也要达到5%～6%。

8.3.4　20世纪70年代的新经济现象——停滞膨胀

停滞膨胀是20世纪70年代出现的新概念。“日益加速的通货膨胀率与上升的失业率和下降的生产增长率即停滞同时出现，导致经济学流行一个新的术语，即‘滞胀’。”按照原凯恩斯经济学的观点，在需求大于供给时出现通货膨胀，失业减少；而当供给大于需求时，则会发生经济衰退与失业增加。面对经济停滞、失业增加、通货膨胀加剧同时并存这种新的经济现象，凯恩斯经济学遇到了严峻的挑战，经济自由主义思潮重新兴起与活跃。

对于“滞胀”的原因，西方经济学界众说纷纭，其中比较有影响的解释有以下几种：

1. 新古典综合派的解释

新古典综合派对“滞胀”的解释主要有三种不同的观点：

（1）失业与空位并存转化为滞胀。美国新古典综合派詹姆斯·托宾和杜森贝里等人认为，在现代市场运行中存在两大垄断力量，即大工会与大公司，分别控制与操纵着工资和价格，形成工资和价格“刚性”，即工资水平易升不易降，甚至在失业现象严重时，工资水平也不下降一步；物价水平易升不易降，甚至在经济停滞时期物价水平也不下降。在劳动市场上，根据工种、性别、年龄、技术、住地的不同，可以划分为许多不同的市场，彼此难以相互替代，往往是有些工人找不到自己的职业，有些公司雇不到合适的工人；某地工人找不到工作，另一地公司又雇不到工人，形成了失业和职位空缺并存的局面。

当失业率很高时，由于工资刚性，工资不能下降；有职位空缺时，公司为吸引所需工人愿意付高工资，导致工资上涨。这样从失业与空位并存转变为失业与工资上涨并存。由于市场存在价格刚性，在工资上涨之后，公司按成本加成定价，又使物价上涨。于是失业与工资上涨并存就转变为失业与物价上涨并存，出现了失业与通货膨胀并发症。在这种情况下，如果政府采取政策措施克服通货膨胀，就会引起更严重的失业，致使政府处于两难困境。

（2）微观部门供给异常转化为滞胀。经济学家华尔特·海勒等人认为，个别部门产品供给的异常变动会引起失业和通货膨胀的并存。如 1973 年以后石油输出国组织大幅度提高石油价格，造成了美国能源价格和一系列石油产品价格的上升，推动了通货膨胀。但这种通货膨胀不仅不能帮助解决就业问题，反而会使一些部门因成本过高而紧缩生产，造成失业增加，于是导致失业与通货膨胀并存。20 世纪 70 年代中期，世界范围内农产品价格上涨和某些战略原材料的短缺，对成本上升和物价上涨都起着推动作用，使得厂商不得不压缩产量，从而导致“滞胀”。

（3）微观财政支出结构的变化转化为滞胀。萨缪尔森等经济学家认为，政府的财政支出中有相当大的部分用于福利支出，加强公民的最低生活保障措施，试图建立一个福利社会国家。但是，这些福利支出弥补了低收入家庭的收入，使失业者不急于找工作。这样，随着政府福利支出的不断增加，一方面加剧了通货膨胀，另一方面又容忍了大量的失业工人，从而形成了失业与通货膨胀并存的局面。

2. 供给学派的解释

供给学派认为形成滞胀的原因主要有以下三点：

（1）政府税收具有成本推进的通货膨胀的效应。政府向企业征收的大部分税收都可以列入企业成本，使企业成本提高，从而提高了产品价格。

（2）政府税收和福利制度的发展，抑制了投资、努力工作、创新和冒险精神。如过高的税率，一方面造成投资净收益的下降，使人们不再冒投资的风险，另一方面使人们不愿努力工作以增加收入。加之失业津贴和社会福利的存在，使人们不怕失业，也就不急于找工作。因此，降低生产效率，使供给减少。

（3）政府过多的管理降低了社会生产效率。一方面政府管理保护了一批企业，使这些企业竞争的压力减弱，从而导致企业的效率低下。另一方面对环境保护、工人劳保等方面规定了许多制度，结果造成企业成本增加，产品价格上涨。

3. **货币学派的解释**

货币学派认为，滞胀是由于政府过多干预经济造成的。弗里德曼就认为，政府实行凯恩斯主义的财政政策和货币政策的结果必然是货币供应量增加，从而引起通货膨胀和工人大量失业。

自由主义经济学家哈耶克从货币分析入手，认为政府对货币发行权的垄断是经济不稳定的根源，导致工人失业和通货膨胀。他认为，从本质上看，市场经济是一种私人经济和自由经济。健全完善的货币制度是市场机制充分发挥作用的前提之一，假如作为交换媒介的货币由私人经济提供，那么私人经济必然会按照交易的实际需要来提供货币，这样，货币制度必定是健全的。但是，如果国家剥夺了私人经济自行提供货币的可能性，而又独自垄断了货币发行权，那么市场机制的作用就不能充分发挥，一是私人经济活动不可避免地要受到国家货币发行政策的影响；二是国家主观地滥发货币，使社会资源配置失调。结果必然会造成工人大规模失业和通货膨胀。

关于“滞胀”的解释，不同学派有不同的观点，不少观点有一定的合理成分，对研究我国改革开放经济发展过程中出现的各种问题有重要的参考价值。但是，这些论述没能从根本上阐明造成停滞膨胀的原因。停滞膨胀的深刻根源在于资本主义的基本矛盾及其引起的结构性危机。从“二战”后到20世纪70年代，主要西方资本主义国家都长期实行凯恩斯主义，采用增加政府支出、坚持赤字财政、扩大金融信贷等刺激有效需求的经济政策。这些政策虽然能在短期内刺激经济增长，缓和经济危机，但是财政赤字和债务的不断扩大，货币供应的长期超量，必然会引起通货膨胀。加之凯恩斯主义长期忽视供给，世界资源短缺与石油冲击、科技发展与经济结构矛盾的深化等，给资本主义带来了更严重的问题，停滞膨胀是资本主义各种矛盾运动的集中体现和必然结果。

本章实训与练习模块

【实训目标】

通过对本章理论知识的实训练习，让学生对通货膨胀与失业理论有全面的认识，能用通货膨胀理论分析我国目前经济中存在的物价上涨现象，并能对现实经济中存在的失业现象进行理性的分析。

模块一：关键术语与概念

失业率　摩擦性失业　结构性失业　周期性失业　自然失业率　通货膨胀　通货膨胀率　需求拉动通货膨胀　成本推动通货膨胀　菲利普斯曲线

模块二：心得体会

【实训要求】

通过对目前经济中存在的物价上涨现象的了解，请分析我国目前的物价上涨是否属于通货膨胀？通过对目前经济中存在的失业现象的了解，请分析我国目前的失业主要是什么类型的失业？我国有没有可能达到充分就业？

模块三：练习题

【实训要求】

通过完成下面的习题，加深对通货膨胀和失业问题的理解和记忆。

（一）选择题

1. 通货膨胀是（　　）。

A. 货币发行量过多引起物价水平普遍的持续上涨

B. 货币发行量超过了流通中的货币量

C. 货币发行量超过了流通中商品的价值量

D. 以上都不是

2. 在下列引起通货膨胀的原因中，成本推动的通货膨胀的原因可能是（　　）。

A. 银行贷款的扩张　　B. 预算赤字

C. 进口商品价格上涨　　D. 投资增加

3. 通货膨胀会（　　）。

A. 使国民收入提高到超过其正常水平

B. 使国民收入下降到超过其正常水平

C. 使国民收入提高或下降，主要看产生这种通货膨胀的原因

D. 只有在经济处于潜在的产出水平时，才会促进国民收入增长

4. 需求拉动的通货膨胀（　　）。

A. 通常用于描述某种供给因素所引起的价格波动

B. 通常用于描述某种总需求的增长所引起的价格波动

C. 表示经济制度已调整过的预期通货膨胀率

D. 以上都不是

5. 成本推进的通货膨胀（　　）。

A. 通常用于描述某种供给因素所引起的价格波动

B. 通常用于描述某种总需求的增长所引起的价格波动

C. 表示经济制度已调整过的预期通货膨胀率

D. 以上都不是

6. 通货膨胀的收入分配效应是指（　　）。

A. 收入普遍上升　　B. 收入普遍下降

C. 收入结构变化　　D. 债权人收入上升

7. 抑制需求拉动的通货膨胀，应该（　　）。

A. 控制货币供应量　　B. 降低工资

C. 解除托拉斯组织　　D. 减少税收

8. 为减少经济中存在的失业，应采取的财政政策工具是（　　）。

A. 增加政府支出　　B. 提高个人所得税

C. 增加失业保险金　　D. 增加货币供给量

9. 面对通货膨胀，消费者合理的行为应该是（　　）。

A. 保持原有的消费、储蓄比例

B. 用掉全部储蓄以扩大消费支出

C. 减少消费，扩大储蓄比例

D. 以上说法都不对

10. 工资水平上涨幅度与消费的价格指数上涨不一样时会出现（　　）。

A. 预期的通货膨胀

B. 未预期的通货膨胀

C. 平衡的通货膨胀

D. 不平衡的通货膨胀

11. 为了影响价格水平，政府所采取的限制工资增长和价格上升的政策是（　　）。

A. 货币政策　　B. 财政政策

C. 收入政策　　D. 银行政策

12. 在价格调整方程中，y^* 表示（　　）。

A. 总需求量　　B. 总供给量

C. 潜在的总产出量　　D. 以上都不对

13. 在充分就业的情况下，下列最可能导致通货膨胀的是（　　）。

A. 进口增加　　B. 工资不变，但劳动生产率提高

C. 出口减少　　D. 政府支出不变，但税收减少

14. 菲利普斯曲线是说明（　　）。

A. 通货膨胀导致失业　　B. 通货膨胀是由行业引起的

C. 通货膨胀率与失业率呈负相关　　D. 通货膨胀率与失业率呈正相关

15. 通常由总需求曲线的变动而引起的通货膨胀称为（　　）通胀，通常由总供给曲线的变动引起的通货膨胀称为（　　）通胀。

A. 成本推动型　非加速型　　B. 非加速型　需求拉动型

C. 需求拉动型　成本推动型　　D. 非加速型　成本推动型

16. 失业率是指（　　）。

A. 失业人口占劳动力的百分比

B. 失业人数占人口总数的百分比

C. 失业人数占就业人数的百分比

D. 以上均正确

17. 充分就业的含义是（　　）。

A. 人人都有工作，没有失业者

B. 消灭了周期性失业的就业状态

C. 消灭了自然失业时的就业状态

D. 消灭了自愿失业时的就业状态

18. 引起周期性失业的原因是（　　）。

A. 工资刚性　　B. 总需求不足

C. 经济中劳动力的正常流动　　D. 经济结构的调整

19. 在通货膨胀不能完全预期的情况下，通货膨胀将有利于（　　）。

A. 债务人　　B. 债权人

C. 在职工人　　D. 离退休人员

20. 根据菲利普斯曲线，降低通货膨胀率的办法是（　　）。

A. 减少货币供给量　　　　　　　　B. 降低失业率

C. 提高失业率　　　　　　　　　　D. 增加财政赤字

（二）判断题

1. 通货膨胀是日常用品价格水平的持续上涨。（　）

2. 投资增加会诱发成本推进的通货膨胀。（　）

3. 在 20 世纪 70 年代和 80 年代，菲利普斯曲线右移，使得在相对比较低的通货膨胀水平上降低失业率更为容易。（　）

4. 在市场经济条件下，政府实施工资价格指导或工资价格管制，能使通货膨胀率降低，因此这个政策是成功的。（　）

5. 当出现需求推进的通货膨胀时，国家货币当局可以增加货币供给量来抑制它。（　）

6. 通货膨胀发生时，退休金领取者和领取工资者都会受到损害。（　）

7. 菲利普斯曲线表明货币工资增长率与失业率呈负相关关系，它是恒定不变的。（　）

8. 通货膨胀会对就业和产量产生正效应，而且是无代价的。（　）

9. 一般来说，利润推进的通货膨胀比工资推进的通货膨胀要弱。（　）

10. 20 世纪 70 年代石油危机期间，石油价格急剧上涨，而以进口石油为原料的西方国家的生产成本也大幅度上升，从而引起通货膨胀。（　）

（三）计算题

若价格水平在 2007 年为 107.9，2008 年为 111.5，2009 年为 114.5，试求：

（1）2008 年和 2009 年的通货膨胀率各是多少?

（2）如果以前两年通货膨胀率的平均值作为第三年通货膨胀率的预期值，计算 2010 年的预期通货膨胀率。

模块四：案例分析题

案例一　小岛和大岛的交换

金融危机的原理如下：随着人类技术的进步，区域的观念开始模糊，世界成为一个互相依赖的共同体，我依赖你生产的袜子，你可能依赖我的矿石。

在一个岛上有一群人，岛上除了几样产量不大的生活必需品以外，什么也生产不了，岛上的居民用一种叫 RMB 的贝壳作为钱来花，就是一个椰子 3 个贝壳，一桶淡水 5 个贝壳，等等。这时大家想生活得好一点，可是岛上又生产不出更多的东西，于是就想用自己的劳动力和别人换所需要的东西。

这个岛不远处有一个大岛，上面什么都有，人家使用一种叫做 USD 的贝壳做交易。于是小岛上的居民就到大岛上的工厂游说，我们这里工资低，原料便宜，没有土地使用费用，还免税，到我们这里来投资吧。大岛上的有钱人觉得有道理，就试着在小岛上开了一些工厂，可是问题马上就出现了，小岛上的 RMB 和大岛上的 USD 的价格是 2∶1 的，也就是说在小岛上卖 2 个贝壳的东西在大岛上只要卖 1 个贝壳。大岛虽然有许多劣势，但是因为工厂多，上下游配套的运输成本低，加上工人熟练，成本和小岛的产品没有太大的价格差。这个时候小岛的酋长就想出了一个办法，让岛上的巫师忽悠大家：小岛上的贝壳和大岛上的不一样，大岛上的有神力，所以值钱，我们的贝壳和他们的贝壳要 8∶1 才合理。大家一听原来是这样啊，于是就用自己的8个贝壳换大岛上的1个贝壳了。这样小岛上的物价和工资就是大岛上的八分之一了，大岛上的公司就纷纷到小岛上来设厂，赚了大钱，他们把钱汇回大岛上发展科技，然后再把发展好的产品在小岛生产。这样过了30年……

慢慢地大岛上的工厂越来越少了，全变成了科研基地，同时出现了为科研基地里的人服务的行业，像理发、餐馆、医院等。大岛上的居民有好多钱，而且他们知道小岛上的工厂可以为他们未来带来更多的钱，于是他们就拼命地借钱炒房子、炒股票，反正有什么炒什么。物价开始飞涨了！小岛上的酋长一看赚钱的机会来了，赶快串通巫师，又把RMB和USD的价格定在了6∶1，这样小岛上的产品也普涨了25%。突然有一天大岛上的人们发现所有的东西都炒不上去了，因为没有人接手呀，东西太贵，卖不掉了，于是赶快竞相压价，想把自己的东西卖掉，市场上一下全是东西没有买主。小岛上的工厂主一看自己生产的东西卖不掉了，只好关了工厂回大岛去。这一下小岛上可炸开了锅喽！辛辛苦苦30年，一夜回到解放前！

（资料来源：编者陈苡根据百度文库资料整理）

【案例思考题】

1. 为什么小岛和大岛的RMB和USD之间的交换由8∶1变为6∶1，这说明了什么问题？

2. 当小岛和大岛的RMB和USD之间的交换由8∶1变为6∶1时，会出现什么问题？对小岛和大岛分别会产生什么样的影响？

案例二　中国正面临世界上最大的就业问题

国情问题专家、清华大学教授胡鞍钢讲过这样一句话，他说：“中国正面临世界上最大的就业战争。”把就业视作一场战争，当然不只是一个简单的比喻，而是有事实依据的。据他计算，中国以世界上9.6%的自然资源、9.4%的资本资源、1.85%的知识技术资源及1.83%的国际资源等来为占世界人口26%的劳动力创造就业机会。换句话说，世界上还没有哪个国家要像中国这样提供7亿多个工作岗位，整个西方发达国家才不过提供4.3亿个工作岗位。因此，说中国正面临世界上最大的就业战争一点儿也不为过。至少在未来十年，中国的人口还呈增加的趋势，劳动力供大于求的矛盾将长期存在。

据中国劳动和社会保障部的数据称，中国2006年12月末城镇登记失业率为4.1%，与2006年9月末持平，但低于2005年末的4.2%。2006年全国实现城镇新增就业人数1 184万人次，完成全年目标的132%。中国城镇登记失业率为中国唯一的官方就业指标。2006年末的失业率也低于年初设定的4.6%以内的目标。

可以说，在整个“十一五”及以后的若干年，中国将进入严酷的高失业和就业结构大调整时期，这是一个已经超越了经济范畴的严峻挑战，世界上没有任何一个国家面临着像中国这样的就业挑战。这个问题值得密切关注和谨慎对待。

［资料来源：黄德林：《西方经济学（宏观部分）》案例分析］

【案例思考题】

1. 请分析失业与就业的含义。

2. 我国失业率的衡量标准是什么？

3. 从我国的实际出发，分析我国目前失业率居高不下的原因。

模块五：应用实践

请同学们通过各种渠道了解我国从新中国成立以来所发生的几次通货膨胀，用本章学习的内容分析，这几次通货膨胀属于什么类型的通货膨胀？发生这几次通货膨胀的原因分别是什么呢？

附　录

美国20世纪60年代至21世纪初的通货膨胀与失业

由于通货膨胀与失业是衡量经济状况十分重要的指标，因此经常通过菲利普斯曲线这个透镜来讨论宏观经济的发展。

20世纪60年代的情况表明了短期中决策者可以如何以较高的通货膨胀率为代价来减少失业。1964年的减税与扩张性货币政策共同扩大了总需求，并使失业率降到5%以下，这种总需求的扩大主要作为政府战争支出的副产品一直持续到60年代后期。失业的减少和通货膨胀的上升都高于决策者所预想的。

20世纪70年代是经济混乱的时期。这十年是从决策者力图降低60年代遗留下来的通货膨胀开始的。尼克松总统实行了对工资和物价的暂时控制，而美联储通过紧缩性货币政策引起了衰退，但通货膨胀率只有很少的下降。当工资与物价控制取消之后，控制的影响也结束了，而衰退又如此之小，以至于不能抵消在此之前繁荣的膨胀性影响。到1972年，失业率与十年前相同，而通货膨胀高出了3个百分点。

在1973年初，决策者不得不应付石油输出国组织（欧佩克）所引起的大规模供给冲击。欧佩克70年代中期第一次提高油价，使通货膨胀率上升到10%左右。这种不利的供给冲击与暂时的紧缩性货币政策是引起1975年衰退的因素。衰退期间的高失业率降低了一些通货膨胀，但欧佩克进一步提高油价又使70年代后期通货膨胀上升。

20世纪80年代是从高失业和高通货膨胀预期开始的。在保罗·沃尔克主席的领导下，美联储坚定地推行旨在降低通货膨胀的政策。在1982年和1983年，失业率曾达到四十年来的最高水平。高失业，辅之以1986年石油价格下降，使通货膨胀率从10%左右下降到3%左右。到1987年，6%左右的失业率已接近于自然率的最大估算。但是，80年代期间失业率一直下降，1989年达到5.2%之低，并又开始新一轮的需求拉动通货膨胀。

与以前的三十年相比，20世纪90年代是比较平静的。这十年开始于几次紧缩性总需求冲击所引起的衰退。1992年失业率上升到7.3%。通货膨胀虽然下降了，但下降得很少。与1982年的衰退不同，1990年衰退时的失业从未大大超过自然率，因此，对通货膨胀的影响不大。

随着90年代接近结束，通货膨胀与失业都达到许多年来的最低水平。一些经济学家解释这种令人满意的发展时认为，婴儿潮一代人成长起来降低了经济的自然失业率。如果是这样的话，不引起通货膨胀上升的失业可能仍然低于5%。另一些经济学家认为，暂时因素（例如由于亚洲金融危机而引起的美元坚挺）的变动压低了通货膨胀，而且，新一轮需求拉动的通货膨胀很快会来临。

因此，最近的宏观经济历史展现出通货膨胀的许多原因。20世纪60年代和80年代的情况说明需求拉动通货膨胀的两个方面：60年代的低失业提高了通货膨胀率，而在80年代高失业降低了通货膨胀率，70年代的情况说明成本推动的通货膨胀效应。

［资料来源：［美］N. 格里高里·曼昆：《宏观经济学》（中译本）］

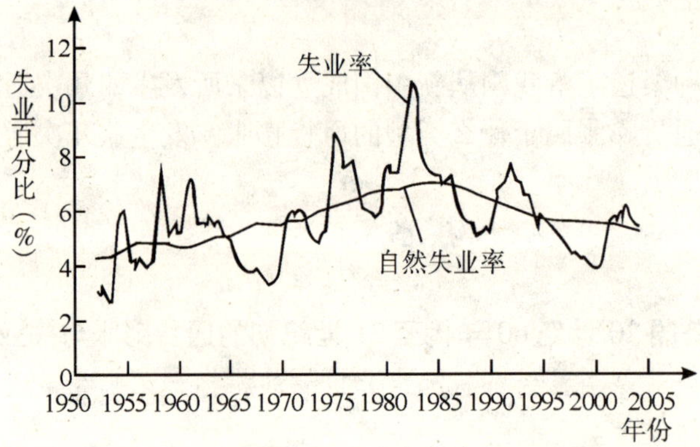

（资料来源：U. S. Department of Labor.）

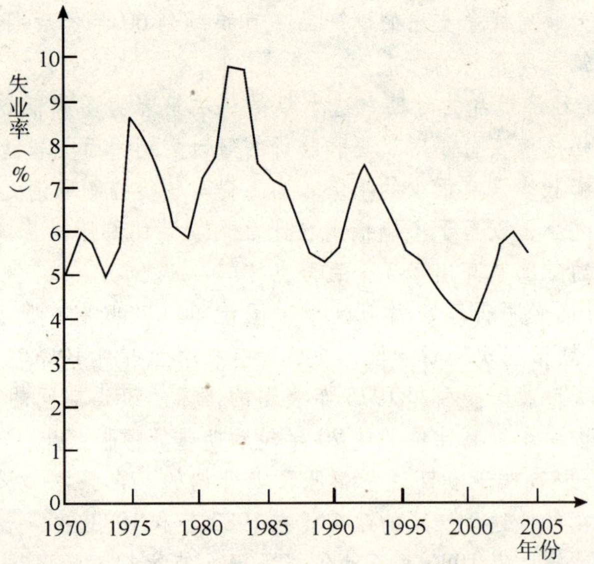

（资料来源：U. S. Department of Labor.）

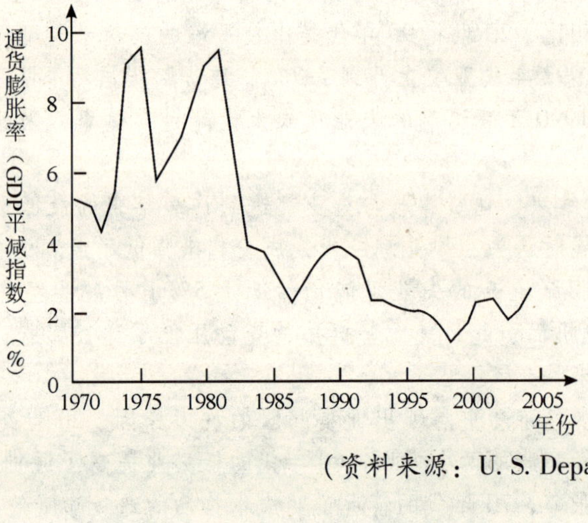

（资料来源：U. S. Department of Commerce.）

第9章　经济增长与经济周期

导入案例

新中国成立六十年来的经济周期变化

新中国走过了六十年历程。六十年来，中国经济发展取得了举世瞩目的辉煌成就；从年度经济增长率的角度来考察，也经历了一轮轮高低起伏的波动。六十年来，经济增长率的波动曲线（其中，1950年至1952年，为社会总产值增长率；1953年至2009年，为国内生产总值增长率）反映了六十年来中国经济的基本情况。

1949年10月1日，新中国成立。1950、1951和1952年，经过三年努力，国民经济迅速恢复。这三年，社会总产值增长率分别为22.6%、20.1%和23.8%。这是新中国成立初期的恢复性增长。从1953年起，开始了大规模的经济建设，进入工业化历程，到2009年，国内生产总值增长率（GDP增长率）的波动共经历了十个经济周期。

第一个经济周期：1953年至1957年。1953年开始第一个五年计划建设时期。当年，固定资产投资规模很大，经济增长率高达15.6%。经济增长过快，打破了经济正常运行的平衡关系，高增长难以持续。1954、1955年经济增速回落至4%和6%左右。经济运行略作调整后，1956年再次加速，经济增长率又上升到15%，难以为继，1957年又回落到5%左右。

第二个经济周期：1958年至1962年。1958年，在当时的“大跃进”中，经济增长率一下子冲高到21.3%，紧接着，1960、1961和1962年的三年，经济增长率大幅回落，均为负增长。

第三个经济周期：1964年至1968年。经济运行调整之后，1964年经济增长率又上升到18.3%，这是国防建设的前期高潮。接着，1966年发动了“文化大革命”。1967、1968年经济增长率回落，出现负增长，形成第三个周期。

第四个经济周期：1970年至1972年。1970年，经济增长率又冲高到19.4%，这是国防建设的后期高潮。1972年又回落到3%左右。

第五个经济周期：1973年至1976年。1973年，经济增速略有回升；1974年又下降；1975年略有回升；1976年又下降，为负增长。这段时期，经济增长很微弱。1976年10月，粉碎“四人帮”，结束了“文化大革命”。这两个小波动组成第五个周期。从新中国成立到1976年，我国社会主义建设虽然经历过一定曲折，但总的来说，仍然取得了很大成就。基本建立了独立的、比较完整的工业体系和国民经济体系，从根本上解决了工业化过程中“从无到有”的问题。

第六个经济周期：1977年至1981年。“文化大革命”结束之后，1977、1978年，全国上下“大干快上”的热情很高。1978年经济增长率上升到11.7%，1981年回调到5%左右。

第七个经济周期：1984年至1986年。在农村改革、城市改革推动下，1984年经济增长率上升到15.2%，1986年回调到8%左右，形成第七个周期。

第八个经济周期：1987年至1990年。1987、1988年，经济增长率分别上升到11.6%和11.3%。1988年，居民消费价格上涨到18.8%。在调整中，经济增长率在1989、1990年分别下降到4.1%和3.8%。

第九个经济周期：1991年至1999年。1991年，经济增长率回升到9.2%。1992年，邓小平南方谈话和随后召开的党的十四大，为中国改革开放和社会主义现代化建设打开了一个新局面。然而，由于当时改革开放才十来年，原有的计划经济体制还没有根本转型，原有体制下的投资饥渴、片面追求高速度的弊端还没有被克服。在这种情况下，经济增长很快冲到14.2%的高峰，出现经济过热现象。1994年，居民消费价格滞后上涨到24.1%。在治理经济过热中，1993年下半年至1996年，国民经济运行成功地实现了“软着陆”，既大幅度地降低了物价涨幅，又保持了经济的适度快速增长。随后，又成功地抵御了亚洲金融危机的冲击和克服了国内有效需求的不足。1999年，经济增长率平稳回落到7.6%，结束了第九个周期。

第十个经济周期：2000年至2009年。从2000年起到2007年，经济增长率连续八年处于8%以上至13%的上升通道内。2008年和2009年，中国经济面临着国际国内四重调整的叠加，即改革开放三十年来国内经济长期快速增长后的调整与国内经济周期性的调整相叠加，与美国次贷危机导致的美国经济周期性衰退和调整相叠加，与美国次贷危机迅猛演变为国际金融危机而带来的世界范围大调整相叠加。2008年，经济增长率回落到9%。2009年，回落至8%左右，完成第十个周期。2010年，中国经济有望进入新一轮，即第十一个周期的上升阶段。

总的来看，改革开放三十年来，中国经济增长与波动呈现出一种“高位平稳型”的新态势。

（资料来源：中国金融网：《中国经济增长率60年的波动曲线进行回顾与展望》）

思　考

1. 什么是经济周期？经济周期包括哪几个阶段？
2. 经济周期的成因是什么？经济增长与经济发展有什么关系？

当一个大学毕业生从学校毕业想要找工作时，如果可以选择毕业时期，那我们肯定会选择经济快速发展、每个行业都在扩大生产的时期，因为在这些时期，就业机会多，找一份工作很容易；我们肯定不愿意在经济萧条、企业削减生产的时候选择毕业，因为在这些时期，就业机会少，找一份好工作需要很长的时间。从这里我们可以看到，有些年份整个社会经济繁荣，而有些年份则经济萧条，为什么会这样呢？这就是我们这一章要讨论的内容：经济增长与经济周期。

【学习要点】

通过本章的学习，要求学生了解影响经济增长的因素和经济周期的分类，掌握经济周期的变动，掌握如何保证经济稳定增长和消除经济周期的影响。

【重点难点】

1. 经济增长与经济发展的区别
2. 哈罗德—多马模型、新古典模型
3. 经济增长的问题和可持续发展
4. 经济周期的类型和原因

9.1 经济增长

9.1.1 经济增长的含义和特征

经济增长是最古老的经济学主题之一。人类要生存和发展，其前提就是产品和劳务的增加，可以说，自有人类以来，经济增长就是学者们所关心的问题了。经济学创始人亚当·斯密的代表作是《国民财富的性质与原因的研究》，其主题就是如何增加国民财富。因此，经济增长可以说是宏观经济学最古老的主题之一。

1. 经济增长的含义

经济增长可以简单地定义为一国在一定时期内国内生产总值（GDP）或国民收入供给量的增长，即总产出量的增加。美国经济学家库兹涅茨给经济增长下了一个经典的定义："一个国家的经济增长，可以定义为给居民提供种类日益繁多的经济产品的能力长期上升，这种不断增长的能力是建立在先进技术以及所需要的制度和思想意识之相应的调整的基础上的。"准确理解经济增长定义，必须注意以下四点：

首先需要注意的问题是时间。增长必须在两个时点的基础上才能进行比较，而这两个时点的长短对增长幅度有决定意义，经济学家往往把经济增长的时间含义确定为一个经济周期，即经济从衰退到繁荣的一个时间循环。

其次，经济增长通常用国内生产总值或国民收入的变动率作为衡量指标。而且，衡量经济增长所使用的国内生产总值或国民收入是以不变价格测算的，从而使得物价变动对国内生产总值的变动不产生影响。

再次，衡量经济增长不仅要看经济活动的总量增加多少，而且要看某一时期平均每人生产的产量增加多少，即人均国内生产总值或人均国民收入的增长。

最后，同时要注意经济增长与经济发展的区别。经济增长是指实际国民收入或人均实际国民收入的增加；而经济发展不仅包括经济增长，还包括社会制度、人口素质、经济结构等许多方面的优化。

2. 经济增长的特征

库兹涅茨从其定义出发，根据历史资料总结了经济增长的六个特征：

第一，按人口计算的产量的高增长率和人口高增长率。

第二，生产率本身的增长也是迅速的。这包括所有投入生产要素的产出率是高的。

第三，经济结构的快速变革。例如，由农业转向非农业，由工业转向服务业也是很迅速的，生产规模的变化，单个私人企业转向全国性或跨国公司等。

第四，社会结构与意识形态的迅速改变，表现在社会城市化和移风易俗上。如城市化、教育与宗教的分离就是整个现代化的一个组成部分，也是经济增长的必然结果。

第五，经济增长在世界范围内迅速扩大，经济发达国家要向其他国家争取市场和原料。如经济全球化、一体化等。

第六，世界各国经济增长的情况是不平衡的，先进国家和落后国家之间人均产出水平有很大差距。

9.1.2 经济增长的源泉

经济增长问题是人类社会面临的共同问题，对于发展中国家更为重要。那么究竟是什么因素导致了经济增长呢？纵观人类社会两百多年的经济发展史，我们会发现，经济发达国家并非经由同一条道路，如英国是最早开始工业革命的国家，并早在19世纪时就成了世界经济的领导者。而日本则相反，它加入世界经济竞赛的时间较晚，最初是通过模仿外国技术，限制进口和保护国内工业，然后大力发展自己的制造业和电子业，最终成功地发展了本国经济。虽然发达国家所走过的经济发展道路不尽相同，但是有一点却是明确的：可供人们生存和发展所需的产品和劳务是通过某些已知的生产技术利用资源，如自然资源、劳动力和资本等生产出来的，即经济增长的源泉是相同的。

对于经济增长的源泉，不同的经济学家有不同的看法。亚当·斯密强调分工、专业化生产与国际贸易中的绝对优势；大卫·李嘉图强调比较优势与自由贸易；马克思和恩格斯及熊彼特强调创新；索洛等人强调生产要素；贝克尔和舒尔茨则强调教育与人力资本；新经济增长理论中，罗默和卢卡斯强调内生性增长，特别是规模报酬递增在经济增长中的贡献，其实质是强调内生性技术创新；诺斯等人强调制度创新对经济增长的作用；鲍默尔在其书中强调了自由市场机制是资本主义经济增长的关键。

虽然不同的经济学家有不同的看法，但一般来说，经济增长的源泉主要有人力资本、自然资源、资本和技术。

可以根据总量生产函数来研究增长的源泉：$Y=Af(L, K, R)$。其中，Y 代表总产量，K 代表资本，L 代表劳动，A 代表技术，R 代表自然资源。由总量生产函数可以看出，经济增长的源泉是资本积累、自然条件的改良、劳动素质的提高或人力资本的积累与技术进步。

1. 人力资源

劳动力的数量与质量是决定一国经济增长的重要因素。尤其是劳动力的质量或素质，如劳动者的生产技术水平、知识水平与结构、纪律性以及健康程度，是决定一国经济增长最重要的因素。一个国家可以购买最先进的生产设备，但是这些先进的生产设备只有拥有一定技术且受过良好训练的劳动者才能使用，并使它们充分发挥效用。提高劳动者的知识水平与生产技能，增强他们的身体素质与纪律意识，将极大地提高劳动生产率。一般来说，在经济增长的开始阶段，人口增长率较高，这时，经济增长主要依靠劳动力数量的增加。而经济增长到了一定阶段，人口增长率下降，劳动时间缩短，这时，就要通过提高劳动力的质量或人力资本的积累来促进经济增长。

2. 自然资源

自然资源也是影响一国经济增长的重要因素。一些国家，如加拿大和挪威，就是凭借其丰富的自然资源，在农业、渔业和林业等方面获得高产而发展起来的。但在当今世界，自然资源的拥有量并不是取得成功的必要条件。许多几乎没有自然资源可言的国家，如日本，通过大力发展劳动密集型与资本密集型的产业而获得了经济发展。

3. **资本**

资本分为物质资本和人力资本。物质资本又称有形资本，是指设备、厂房和基础设施等存量。人力资本又称无形资本，是指体现在劳动者身上的投资，如劳动者的文化技术水平、纪律性与健康状况等已经包含在人力资源之中。因此，这里的资本是指物质资本，包括厂房、机器设备、道路以及其他基础设施等。

资本积累是经济增长的基础。英国古典经济学家亚当·斯密曾把资本的增加作为国民财富增加的源泉。现代经济学家认为，只有人均资本量增加，人均产量才会提高。许多经济学家都把资本积累占国民收入的10% ~15%作为经济起飞的先决条件，把增加资本积累作为实现经济增长的首要任务。西方各国经济增长的事实表明，储蓄多、资本积累多的国家，经济增长率往往是比较高的，如德国、日本等。

4. **技术进步**

技术进步在经济增长中的作用主要体现在生产率的提高上，生产率提高使得同样的生产要素投入量能提供更多的产品。随着 K、L、R 投入的增加，产出虽然也增加，但由于其边际产量递减，经济增长的速度会日益减慢，而技术水平的提高可以使一国的经济快速增长。技术进步在经济增长中起着十分重要的作用。而且，随着经济的发展，技术进步的作用越来越重要。

上述分析隐含着现存的社会政治经济制度和意识形态符合经济增长的要求的假定。社会政治经济制度和意识形态的相应调整对促进经济增长具有十分重要的作用。一个社会只有在具备了经济增长所要求的基本制度条件，有了一套能促进经济增长的制度之后，上述影响经济增长的因素才能发挥其作用。战后许多发展中国家经济发展缓慢的原因，关键并不是缺乏资本、劳动或技术，而是没有改变他们落后的制度。

9.1.3 经济增长模型

西方经济学家在研究经济增长中有多个模型，比如：哈罗德—多马模型、新古典增长模型和新剑桥模型。在这里我们介绍一下哈罗德—多马模型和新古典模型。

1. **哈罗德—多马模型**

英国经济学家哈罗德于1930年在《经济学杂志》上发表了题为“论动态理论”的论文，试图把均衡国民收入的分析加以长期化和动态化，以研究经济的增长。他在1948年又出版了《动态经济学导论》一书，更加系统地阐述了他的经济增长理论。同期，美国经济学家多马于1946年在《计量经济学杂志》上发表了题为“资本扩张、增长率和就业”的论文，1947年又在《美国经济评论》上发表了题为“扩张与就业”的论文，独立地提出了与哈罗德相似的经济增长理论。他们俩的研究成果被通称为“哈罗德—多马模型”，它标志着现代西方经济增长理论的开始。

哈罗德—多马模型是在一系列严格的假设条件下得到的。这些假设条件主要有：

（1）全社会只生产一种产品，这种产品既可以作为消费品，也可以作为资本品。

（2）生产过程中只使用两种生产要素，即劳动 L 和资本 K，这两种生产要素相互之间不能替代，每单位产量所需要的生产要素数量保持不变。

（3）生产规模收益不变。

（4）储蓄在国民收入中所占的份额保持不变。

（5）劳动力按照一个固定不变的比率增长。

（6）不存在技术进步，也不存在资本折旧问题。

哈罗德—多马模型的基本公式可以表示为：

$$G=\frac{\Delta Y}{Y}=\frac{s}{v}$$

它表明，当经济处于均衡时，国民收入增长率等于该社会的储蓄率除以资本—产出比率。比如，假定资本—产出比率 $v=3$，储蓄率 $s=15\%$，则经济增长率 $G=5\%$。

哈罗德—多马模型反映了经济增长率与储蓄率和资本—产出比率之间的关系。在资本—产出比率既定的条件下，如果要获得一定的增长率，就必须维持一定的能为投资所吸收的储蓄率；反之，若将一定的储蓄率形成的储蓄全部为投资所吸收，经济就必须保持一定的增长率。在资本—产出比率不变的条件下，储蓄率越高，经济增长率越高；反之，储蓄率越低，经济增长率也就越低。

2. 新古典增长模型

在哈罗德—多马模型中，经济均衡增长的条件是三种增长率相等。由于三种增长率各取决于不同的因素，它们的相等是非常困难的，几乎是不可能的。一旦它们不相等，经济就会发散，远离均衡增长轨迹而去。这种结论既被大多数经济学家怀疑，也不符合战后资本主义经济发展的事实。资本主义经济在战后虽然发生过几次较大的危机，但从未出现过如哈罗德—多马模型中所描绘的那种剧烈的波动。为了说明资本主义经济可以实现持续的稳定的均衡增长，人们提出了各种增长模型，其中最为流行的是索洛等学者提出的新古典增长模型。

美国经济学家索洛在 1956 年 2 月的《经济学季刊》上发表了《论经济增长理论》的论文，接着又在 1957 年 8 月的《经济统计学评论》上发表了《技术变革和生产函数》。另外，美国经济学家斯旺在 1956 年 11 月的《经济记录》上也发表了题为《经济增长与资本积累》的论文。索洛和斯旺对经济增长的研究被称为新古典增长模型。

新古典增长模型主要有以下假定：

（1）有资本和劳动力两种生产要素，且这两种生产要素是能够互相替代的，即能够以可变的比例组合；而在哈罗德—多马模型中，资本和劳动力是按固定比例组合的。

（2）在任何时候，劳动力和资本都可以得到充分利用，即不存在生产要素的闲置；而哈罗德—多马模型不包含这样的假定。

（3）经济处于完全竞争条件下，劳动力和资本都按照各自的边际生产力而分得相应的产量。

在以上假设的基础上，得出了新古典增长模型：

$$G=a\,(\Delta K/K)+b\,(\Delta L/L)+(\Delta A/A)$$

其中，$\Delta K/K$ 代表资本增加率，$\Delta L/L$ 代表劳动增加率，$\Delta A/A$ 代表技术进步，a 代表经济增长中资本所做出的贡献比率，b 代表经济增长中劳动所做出的贡献比例，a 与 b 之比即为资本—劳动比率。新古典增长模型认为：

（1）决定经济增长的因素是：资本的增加、劳动的增加和技术进步；

（2）经济长期实现均衡的条件是：储蓄全部转化为投资；

（3）经济长期稳定增长的条件是：经济增长率（$\Delta Y/Y$）＝资本存量增长率（$\Delta K/K$）。

由于资本投入和劳动投入的增加以及技术进步是经济增长的三大因素，新古典增长模型不像哈罗德—多马模型那样只强调投资对经济增长的作用，它强调了资本和劳动对经济增长的共同作用，同时认为技术进步不仅会改变劳动生产率，而且会改变资本—产出比率，并将其作为一个独立的变量加在经济增长模型中。这是新古典模型的进步。

9.1.4 经济增长的问题和可持续发展

较高的经济增长率意味着社会财富的增加，能更多地满足人们的需要、社会福利的增进，这是自亚当·斯密以来的传统信条。近代以来，人们通过对物质财富的热烈追求，创造了近代经济发展的奇迹，出现了前所未有的经济繁荣。但是，由此也带来了社会发展的一系列问题，以至使人类发展陷入了困境。很多经济学家对此提出了反对意见。

加尔布雷思指出，社会上流行的传统观点是，商品生产得越多越好，经济增长幅度越大越好，经济增长就是社会追求的目标，只要有经济增长，就能给社会带来幸福。他认为这些传统观点是错误的、有害的。他反对把经济增长当作社会的主要目标，主张对经济增长进行“重新评估”。另外，他还建议放慢经济增长的速度，转向发展服务业，提高“生活质量”。

1. 经济增长带来的问题

首先，由于人类对物质财富的无限崇尚与追求，往往不顾自然的承受能力而无限度地开发、浪费矿物资源，贪婪地砍伐森林和捕猎动物，肆无忌惮地使用各种化学原料与农药，从而导致地球环境的全方位污染与生态平衡的严重失调。据统计，最近一个世纪，全球矿物燃料的使用量达到30倍，有几十万种人工合成化合物质进入水圈与大气圈，40%的热带雨林和数万种物种从地球上消失。

其次，由于人们片面地追求经济的增长，结果在经济领域中产生了一系列矛盾和造成了一定的负面影响。自发的市场调节、不断增加投入的外延式增长以及不顾社会和生态效益的对经济效益的片面追求，常常激发出各种短期的以至某些有损社会和生态利益的行为。那些能够迅速获利的行业往往忽略了长远战略价值，而不能带来近期利润的行业和产业又会受到抑制，这就造成产业结构、经济结构的畸形的片面发展。

再次，单纯的经济增长的片面发展造成了经济增长和社会发展之间的紧张关系。由于追求片面的单纯的经济增长，把获取物质财富作为发展的根本目的，把人变成了实现经济增长的工具和手段，从而造成了马克思曾经指出过的人的劳动及人自身的异化现象，造成人的畸形的片面的发展，成为马尔库塞描述的“单向度的人”。

单纯经济增长的片面发展还造成了大量的外溢性影响，使社会承受着各种片面发展所造成的社会代价、社会成本的沉重负担，加剧着效率和公正、自由和平等、速度和效益、质量和数量、私人和社会、城市和乡村、富有者和贫困者之间的矛盾。

总之，单纯的经济发展对物质财富的盲目追求和无节制的贪婪，势必给后续发展带来严重困难。面对严峻、复杂而日益紧迫的环境问题和社会问题，60年代后期，就有经济学家提出要考虑经济增长的代价问题，对经济增长是否值得及其可能性提出怀疑。

1967年，英国经济学家米香首先提出经济增长是否值得向往的问题。他指出，西方社会继续追求经济增长，在社会福利方面得不偿失。技术发明固然给人们提供较多福利，但也会因风险加大而增加他们的焦虑。飞速的交通工具使人们趋于孤立；移动性增加反而使转换时间更为增多；自动化程度提高增加了人们的隔离；电视增多使人们的交往更少，人们较以往更少理解他们的邻居。物质财富的享受不是人们快乐的唯一源泉，闲暇、文化和美丽的环境也是带来快乐的因素。然而，这些令人们向往的事物，现在却成了增加国民生产总值的牺牲品。

1968年，意大利菲亚特公司董事长帕塞伊邀请来自西方国家的30名科学家、教育家、经济学家和实业家讨论人类目前和将来的处境，这就是所谓的“罗马俱乐部”的形成。

1972年，罗马俱乐部发表了第一个报告——麦多斯的《增长的极限》。这个报告根据影响经济增长的五个因素——人口增长、粮食供应、资本投资、环境污染和能源消耗的指数增长及互相影响的连锁的反馈环路，经过电子计算机的处理，建立起世界模式。由此得出的结论是：1970年以后，人口和工业仍维持着指数增长，但迅速减少的资源将成为约束条件，使工业化不得不放慢速度。工业化达到最高点后，由于自然时延，人口和污染还会继续增长。但由于食物与医药缺乏，死亡率上升，最后人口增长停止，这样人类将在2100年之前崩溃。

2. 可持续发展

1987年，世界环境与发展委员会在《我们共同的未来》的报告中，将可持续发展定义为“既满足当代人的需要，又不损害未来世代人满足其自身需要的能力的发展”。尽管对此定义，人们还有各种不同的解释，但有两点是共同的：①认识到环境与资源对经济增长的制约；②强调代际内和代际间的公平。

20世纪以来，发达国家奢侈性使用能源和资源，发展中国家的贫困及盲目模仿发达国家的经济增长战略和生活方式，加上人口不断增长，已使地球面临生存危机。于是环境保护运动应运而生。早期的环保运动强调人类经济活动要服从自然的限制和生态的绝对保护，从而提倡零增长。相反，传统经济学则过分强调经济增长的主导地位，把环境资源作为增长的外生因素。

可持续发展的观点则不强调经济增长与环境保护的对立，而是考虑如何在不破坏未来生产能力的前提下最大限度地有效利用自然资源，以使与环境相关的经济能长期稳定地发展，强调经济发展和环境保护的互动互补。为此，可持续发展提出了几个要求：

（1）可持续发展要求在经济增长中逐渐以人力资源及人类制造的生产能力替代自然资源，因为地球上可再生资源的自我更新能力有限。不可再生资源的总储量更是有限。

（2）可持续发展要求严格控制人口增长。环境污染及资源掠夺性利用既与追求经济增长有关，也与人口迅速增长有关，而经济增长本身也是人口增长所要求的。事实表明，生态破坏、资源掠夺式利用，也是人口增长的必然结果。要在不断提高生活水平的同时不影响生态环境，必须控制人口增长。

（3）可持续发展还要求改变生产方式和生活方式。改变生产方式就是要改变资源消耗型的粗放经营方式，提高产品的科技含量，让每一亩地、每一滴水、每一吨煤和每一度电都能生产出更多更好的产品，满足人们的需要。改变生活方式，就是要改变人们在具有充足购买力时过度消费的奢侈习惯。据世界银行统计，80年代末美国人均能源消费量是中国人的13.8倍，印度人的35倍。全球生态退化的四分之三是生活在富裕国家的四分之一的人口造成的。可持续发展要求人们必须改变这种追求能源密集型的消费方式。

（4）可持续发展要遵循代际公平原则。人们在发展经济时，不仅要考虑当代人的利益，还要为未来世代人着想，因为未来世代人的权利，在一定意义上是当代人赋予的。当代人应当为未来世代做出多大牺牲，或在多大程度上向未来世代借支生存发展的资源，如何确定个人当前的消费欲望，不但需要提高全民的可持续发展的理念，更需要发挥政府的行政干预及宏观调控在平衡当前和未来利益方面所起的主导作用。

只有注重经济增长和未来社会的可持续发展，才能让人类的文明成果得到更好的继承，获得更好的发展，赢得人类的未来。

【阅读材料——富国为什么生活水平高】

当你在世界各国旅行时，你会看到生活水平的巨大差别。在美国、日本或德国这样的富国，平均每人的收入是印度、印度尼西亚这样的穷困国平均每人收入的十几倍。这种巨大的收入差异反映在生活质量的巨大差异上。富国有更多的汽车，更多的电话、电视机，更好的营养，更安全的住房，更好的医疗以及更长的预期寿命。

即使在一个国家内，生活水平也随着时间推移而发生了巨大变化。在美国过去一个世纪以来，按人均实际 GDP 衡量的平均收入每年增长 2% 左右。虽然 2% 看来并不大，但这种增长率意味着平均收入每 35 年翻一番。由于这种增长，今天的平均收入是一个世纪以前的 8 倍左右。因此，普通美国人享有比他们的父母、祖父母高得多的经济繁荣。

用什么来解释这些呢？富国如何能确保自己的高生活水平呢？穷国应该采取什么政策加快经济增长，以便加入发达国家的行列呢？这些问题是宏观经济学中最重要的问题。我们应该分三步进行研究：第一，我们要考察人均实际 GDP 的国际数据，使我们对世界各国生活水平程度与增长的差别大小有一个大致了解。第二，我们要考察生产率的作用，生产率是一个工人每小时生产的物品与劳务量。我们要特别说明的是，一国的生活水平是由其工人的生产率决定的，而且，我们要考虑决定一国生产率的因素。第三，我们要考虑生产率和一国采取的经济政策之间的关系。

（资料来源：嘉兴学院《西方经济学》精品课程网络资料）

9.2 经济周期

经济发展的历史表明，经济的增长方式从来都不可能是直线型，而是经常呈现出螺旋式上升的特征。一个国家可以享有很多年的经济繁荣，但也许一场金融危机就会使经济停滞下来，也许经济会彻底崩溃。就像 2008 年发生的国际金融危机，给全世界经济带来了灾难性的打击。当经济衰退逐渐落至谷底时，便开始复苏。复苏的步伐可能快也可能慢，有可能恢复不到原先的经济状况，也有可能强劲得足以启动下一轮的经济扩张。简言之，在沿着经济发展的总体趋势的增长过程中，经济常常伴随着经济活动的上下波动，且呈现出周期性变动的特征。为此，有必要对经济周期理论加以探究。

9.2.1 经济周期理论概述

1. 经济周期的含义

经济周期就是指总体经济活动沿着经济发展的总体趋势所经历的有规律的扩张和收缩的过程。经济波动是经济周期的具体表现。所谓经济波动，是指国民经济中的许多重要变量（如国民收入、投资和储蓄、物价水平、利润率、利息率和就业量等），每年均不是按相同的幅度在增长，而是在一定时期内呈现出波浪式的上升与下降。

经济学界对于经济周期有两种不同的理解，古典经济学的经济周期是指实际 GDP 或总产量绝对量上升和下降的交替过程。但是现代经济发展的实际情况告诉我们，实际 GDP 或总产量的绝对量下降的情况是很少见的，所以现代宏观经济学认为经济周期是经济增长率上升或下降的交替过程。根据这一定义，衰退不一定表现为 GDP 绝对量的下降，而主要是 GDP 增长率的下降，即使其值不是负值，也可以称之为衰退，经济学中称之为增长性衰退。

在理解经济周期内涵时需要注意以下三点：

第一，经济周期的中心是国民收入的波动，由于这种波动引起了失业率、一般物价水平、利率以及对外贸易活动的波动，因此研究经济周期的关键是研究国民收入波动的规律与根源。

第二，经济发展的周期性波动是客观存在的经济现象，任何国家的经济发展都无法避免。

第三，虽然每次经济周期并不完全相同，但它们却有共同之处，即每个周期都是繁荣与萧条的交替。

2. 经济周期的阶段

一个完整的经济周期包括两个大的阶段：扩张阶段和收缩阶段。扩张阶段是总需求和经济活动增长的时期，通常会伴随着就业、生产、工资、利率和利润的上升；而收缩阶段则是总需求和经济活动下降的时期，通常会伴随着就业、生产、工资、利率和利润的下降。这两个阶段可以再细分，扩张阶段可以分为复苏和繁荣两个阶段，收缩阶段可以分为衰退和萧条阶段，其中繁荣和萧条是两个主要的阶段，衰退和复苏是两个过渡性阶段。如图 9－1 所示。

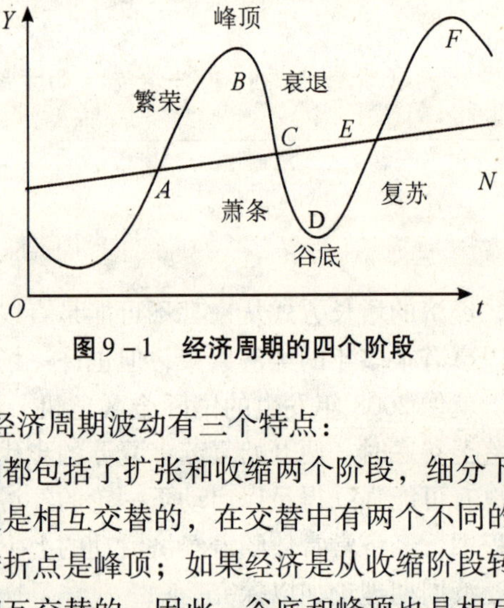

图 9－1　经济周期的四个阶段

从图 9－1 中可看出，经济周期波动有三个特点：

第一，每一个经济周期都包括了扩张和收缩两个阶段，细分下来是复苏、繁荣、衰退和萧条四个阶段。扩张和衰退是相互交替的，在交替中有两个不同的转折点，如果经济是由扩张阶段转向收缩阶段，则转折点是峰顶；如果经济是从收缩阶段转向扩张阶段，则转折点是谷底。由于扩张和收缩是相互交替的，因此，谷底和峰顶也是相互交替的。

第二，虽然经济周期的四个阶段从逻辑上肯定是按这个顺序排列的，但它们在每次经济周期中的长度和实际形态将有很大的差异。例如，一次周期的谷底或峰顶可能仅仅持续几周，也可能持续几个月甚至是几年。

第三，在一定时期内，存在着生产能力的增长趋势，因此在某一谷底阶段，其实际的生产和就业水平有可能出现比以前周期的峰顶时期还要高的状况，这也是正常的。

9.2.2 经济周期的分类和原因

1. 经济周期的分类

根据经济周期波动的时间可以把经济周期划分为不同的类型，即短周期、中周期和长周期。

（1）基钦周期：短周期或短波。

1923年，英国经济学家基钦提出了一种为期3～4年的经济周期。基钦认为经济周期实际上有主要周期与次要周期两种。主要周期即中周期，次要周期为3～4年一次的短周期。这种短周期就称基钦周期。

（2）朱格拉周期：中周期或中波。

1860年，法国经济学家朱格拉提出了一种为期9～10年的经济周期。该周期是以国民收入、失业率和大多数经济部门的生产、利润和价格的波动为标志加以划分的。

（3）康德拉季耶夫周期：长周期或长波。

1926年，俄国经济学家康德拉季耶夫提出了一种为期50～60年的经济周期。该周期理论认为，从18世纪末期以后，经历了三个长周期。第一个长周期从1789年到1849年，上升部分为25年，下降部分为35年，共60年。第二个长周期从1849年到1896年，上升部分为24年，下降部分为23年，共47年。第三个长周期从1896年起，上升部分为24年，1920年以后进入下降期。

（4）库兹涅茨周期：另一种长周期。

1930年，美国经济学家库兹涅茨提出了一种为期15～25年，平均长度为20年左右的经济周期。由于该周期主要是以建筑业的兴旺和衰落这一周期性波动现象为标志加以划分的，因此也被称为“建筑周期”。

（5）熊彼特周期：一种综合。

1936年，奥地利经济学家熊彼特以他的“创新理论”为基础，对各种周期理论进行综合分析后提出了这一周期。他认为，每一个长周期包括六个中周期，每一个中周期包括三个短周期。短周期约为40个月，中周期约为9～10年，长周期为48～60年。他以重大的创新为标志，划分了三个长周期。第一个长周期从18世纪80年代到1842年，是“产业革命时期”；第二个长周期从1842年到1897年，是“蒸汽和钢铁时期”；第三个长周期从1897年开始，是“电气、化学和汽车时期”。在每个长周期中仍有中等创新所引起的波动，这就形成若干个中周期。在每个中周期中还有小创新所引起的波动，这就形成若干个短周期。

2. 经济周期波动的原因探讨

为什么会产生经济周期呢？长期以来，西方经济学家对这个问题进行了大量的研究，提出了种种不同的说明和解释，形成了众多的经济周期理论。这里，我们介绍几种比较著名的理论。

（1）纯货币周期理论。

它的代表人物是英国的霍特里。他认为，经济周期是一种纯粹的货币现象，银行货币和信用交替的扩大与紧缩导致了经济的周期波动：银行货币和信用的扩张导致利率下降，投资增加，经济走向繁荣；银行货币和信用的紧缩导致利率上升，投资减少，经济走向衰退。

（2）投资过度周期理论。

它的代表人物是瑞典的卡塞尔、威克塞尔和德国的斯皮托夫等。这种理论认为，投资的波动导致了整个经济的波动：经济扩张时，资本品的增长速度快于消费品，减缓扩张并导致衰退；经济衰退时，资本品的下降速度也快于消费品，减缓衰退并导致新的扩张。

（3）消费不足周期理论。

它的代表人物是马尔萨斯、西斯蒙弟和霍布森。该理论认为，经济衰退的原因是收入中用于储蓄的部分过多，用于消费的部分不足。而储蓄过多和消费不足又是由收入分配不平等而造成的。

（4）创新周期理论。

它的代表人物是熊彼特。该理论认为技术上的革新和发明有高潮和低潮，所以，技术创新引起了经济周期性的波动。

（5）心理周期理论。

它的代表人物是凯恩斯和庇古。该理论认为，人们在心理上对未来的乐观预期和悲观预期的交替出现是经济周期性波动的原因。

（6）太阳黑子周期理论。

它的代表人物是英国的杰文斯。该理论认为，太阳黑子的变化影响了农业生产与整个经济，从而引起了经济周期性波动。

（7）政治性周期理论。

它的代表人物是卡拉斯基、诺德豪斯和塔夫特等。该理论认为，政府出于政治的目的（如选举等），交替使用消除经济衰退、增加就业的扩张性财政政策和货币政策，以及消除通货膨胀的紧缩性财政政策和货币政策，从而引起了经济的周期性波动。

综合以上各种不同的周期理论，大致可以分为外部因素和内部因素两大类，诸如太阳黑子、科技创新和政府行为等属于外部因素，心理预期和消费投资等属于内部因素。不管受哪种因素的影响，这些周期理论都是为了解释经济周期产生的原因而提出的，对我们理解经济增长和经济周期提供了帮助。

本章实训与练习模块

【实训目标】

通过对本章理论知识的实训练习，让学生对经济增长和经济周期理论有全面的了解，认识我国现阶段的经济增长模式，并能用经济周期理论对 2008 年国际金融危机以来的经济周期阶段进行分析。

模块一：关键术语与概念

经济增长　经济周期　哈罗德—多马模型　新古典增长模型　资本—产出比率　可持续发展　朱格拉周期　基钦周期　康德拉季耶夫周期

模块二：心得体会

【实训要求】

通过各种渠道了解 2008 年国际金融危机的各种表现，当国际金融危机爆发后，世界经济处于什么样的经济周期阶段？请对 2008 年国际金融危机以来我国的经济增长方式进行分析，这说明了什么问题呢？

模块三：练习题

【实训要求】

通过完成下面的习题，加深对经济增长和经济周期的理解和记忆。

（一）单项选择题

1. 经济增长的标志是（　　）。

A. 城市化步伐的加快　　B. 社会福利水平的提高

C. 工资水平的提高　　D. 社会生产能力的不断提高

2. 中周期的每一个周期为（　　）。

A. 5～6年　　B. 8～10年

C. 25年左右　　D. 50年左右

3. 朱格拉周期是一种（　　）。

A. 短周期　　B. 中周期　　C. 长周期　　D. 不能确定

4. 基钦周期是一种（　　）。

A. 短周期　　B. 中周期　　C. 长周期　　D. 不能确定

5. 康德拉季耶夫周期是一种（　　）。

A. 短周期　　B. 中周期　　C. 长周期　　D. 不能确定

6. 下列哪一种方法是提高增长率的最好方法（　　）。

A. 发现新的自然资源供给　　B. 发展新技术

C. 提高人口增长率　　D. 降低人口增长率

7. 假如要把产量的年增长率从5%提高到7%，在资本—产出比率等于4的前提下，根据哈罗德增长模型，储蓄率应达到（　　）。

A. 28%　　B. 30%　　C. 32%　　D. 20%

8. 若想把产量的年增长率从5%提高到7%，在储蓄率为20%的条件下，按照哈罗德模型，资本—产出比率约为（　　）。

A. 2　　B. 3　　C. 4　　D. 5

9. 根据新古典增长模型，若考虑技术进步，则资本增长率和劳动增长率将（　　）。

A. 提高　　B. 减少　　C. 不变　　D. 不确定

10. 经济周期是指（　　）。

A. 国民收入上升和下降的交替过程

B. 人均国民收入上升与下降的交替过程

C. 国民收入增长率上升和下降的交替过程

D. 以上都正确

11. 经济周期的中心是（　　）。

A. 价格的波动　　B. 利率的波动

C. 收入的波动　　D. 消费的波动

12. 经济周期的四个阶段依次是（　　）。

A. 繁荣、萧条、衰退、复苏　　B. 繁荣、衰退、萧条、复苏

C. 繁荣、复苏、衰退、萧条　　D. 衰退、复苏、萧条、繁荣

13. 一国在一段时期内 GNP 的增长率在不断降低，但是总量却在不断提高，从经济周期的角度看，该国处于（　　）阶段。

A. 复苏　　B. 繁荣　　C. 衰退　　D. 萧条

（二）多项选择题

1. 影响一国经济增长的因素有（　　）。

A. 生产要素的丰裕程度　　B. 资本积累水平

C. 教育水平　　D. 技术进步

E. 人力资本

2. 西方经济学中划分的经济周期类型有（　　）。

A. 朱格拉周期　　B. 库兹涅茨周期

C. 熊彼特周期　　D. 康德拉季耶夫周期

3. 经济衰退的主要特征有（　　）。

A. 消费者购买急剧下降　　B. 对劳动需求下降

C. 利率上升　　D. 企业利润下滑

4. 当某一社会经济处于经济周期的衰退阶段时，（　　）。

A. 经济的生产能力超过它的消费需求

B. 总需求逐渐增长，但没有超过总供给

C. 存货的增加与需求的减少相联系

D. 总需求超过总供给

（三）判断题

1. 经济增长可表示为总产量的增长，不能表示为人均产量的增长。（　　）

2. 在经济增长中投资之所以重要，是因为投资可以为现有工人提供更多的机器设备，从而提高他们的生产率。（　　）

3. GDP 被普遍用于衡量经济增长的主要原因是 GDP 的增长总是意味着已经发生的实际经济增长，没有误差。（　　）

4. 只要有技术进步，经济就可以实现持续增长。（　　）

5. 经济增长与经济发展的含义是相同的。（　　）

6. 增长核算方法把产出的增长分为两个不同的来源：生产要素的增加和技术进步。（　　）

7. 经济周期可以分为两个主要阶段，即衰退阶段和复苏阶段。（　　）

8. 经济周期是国民收入发生的一种有规律的简单重复。（　　）

模块四：案例分析题

案例一　经济增长的重要性

经济增长是指一国一定时期内总产出的增加。经济增长通常用一国实际 GDP 的年增长率来衡量。与此密切相关的一个概念是人均实际 CDP 的增长率，它决定一国生活水平提高的速度。在任何一个时点上经济增长速度有多快都是非常重要的。今天在增长率上的细小差别会在未来转变为经济活动水平的巨大差异，因为经济增长是年复一年累积而成的。这个概念很容易通过下面的例子来说明。

假定现在有两个国家，分别为 A 国和 B 国，而且每个国家的实际 GDP 均为 1 000 亿美元。但是，A 国每年的经济增长率为 3%，而 B 国每年的经济增长率为 2%。一年之后，A 国实际 GDP 为 1 030 亿美元（1 000 亿美元 ×1.03），B 国实际 GDP 为 1 020 亿美元（1 000 亿美元 ×1.02）。又过一年之后，A 国实际 GDP 为 1 060.9 亿美元（1 030 亿美元 ×1.03），而 B 国实际 GDP 仅为 1 040.4 亿美元（1 020 亿美元 ×1.02）。注意，在第二年两国实际 GDP 的差距比第一年的差距大，因为每一个后来的年份都为 A 国提供了一个更高的 GDP 增长水平。下表显示了在 25 年里 A 国和 B 国分别以 3% 和 2% 的速度增长所导致的两国不同的实际 GDP。每年 B 国和 A 国的差距都越拉越大。正如下表所示，24 年后 A 国经济总量已经增加了一倍多。

不同的增长率对长期经济业绩的影响比较表

年度	A 国实际 GDP（10 亿美元），3%	B 国实际 GDP（10 亿美元），2%
0	100. 00	100. 00
1	103. 00	102. 00
2	106. 09	104. 04
3	109. 27	106. 12
4	112. 55	108. 24
5	115. 93	110. 41
6	119. 41	112. 62
7	122. 99	114. 87
8	126. 68	117. 17
9	130. 48	119. 51
10	134. 39	121. 90
11	138. 42	124. 34
12	142. 58	126. 82
13	146. 85	129. 36
14	151. 26	131. 95
15	155. 80	134. 59
16	160. 47	137. 28
17	165. 28	140. 02
18	170. 24	142. 82
19	175. 35	145. 68
20	180. 61	148. 59
21	186. 03	151. 57
22	191. 61	154. 60
23	197. 36	157. 69
24	203. 28	160. 84

（资料来源：中南民族大学《西方经济学》精品课程网络资料）

【案例思考题】

1. 在我国，经济增长是用什么指标来衡量的？请对这个指标进行简要的说明。

2. 从上表可以看出，不同的经济增长率对国家的发展有什么影响？结合我国的实际分析：经济增长的源泉有哪些？

案例二 民工失业使中国政府面临严峻考验

2009 年春节过后，就在数千万农民工准备外出打工之际，中国政府官员给出了一个高得惊人的失业估计数据，显示全球经济下滑导致大量失业的情况。

中共中央农村工作领导小组办公室主任陈锡文表示，最近几个月中国有大约 2 000 万农民工失业，几乎占农民工总数的六分之一。这是中国官方给出的首份预计，彰显了政府在维持就业与稳定方面面临严峻考验。

陈锡文在北京的一个新闻发布会上表示，有相当一部分农民工失业，回到乡村以后，他们的收入怎么办？他们的生活怎么办？这是 2009 年影响社会稳定的新因素。

据中国政府预计，中国外出打工的农民工总数在 1.3 亿人左右。陈锡文表示，2 000 万农民工失业的估计数字是根据国家今年 1 月份对 15 个省份农民工进行的一份调查得出的。调查显示，15.3% 的受访者失去了工作或无法找到活干。陈锡文说，今年外出找工作的农民工总数可能至少为 2 500 万人，因为通常每年都有 600 万至 700 万人加入打工大军。

这种不确定性也影响到了中国安徽的双窑村，这是坐落在长江以北的一个村子。这个村子 60 户人家大约有 150 人外出打工——年龄在 20 ~ 60 岁之间，几乎是当地所有的成年壮劳力；他们奔向北京等大城市或是珠江三角洲的工厂城镇谋生。

春节假期是这些农民工每年回家团聚、回顾过去一年的主要机会，今年的春节假期于上周六正式结束。据当地居民表示，双窑村今年的年味儿比往年淡了许多。

往年除夕夜不绝于耳的爆竹声，今年午夜后不久就沉寂了下来。这个村子大约四分之一的农民工甚至都没有回家过年，主要是因为他们失去了工作，无法负担回家路费或不愿带着坏消息回家。

本周农民工们就将动身外出打工。他们会有多少工作机会，政府又将如何应对那些无法找到工作的农民工的失望情绪，这将在一定程度上决定经济危机对中国社会制度的影响程度。

叶光照（音）在毗邻的江西省卖粮食和种子。他说，我们不出去打工，这个村子就一无所有。我们必须再次出门寻找生计。

双窑村的农民工每人每年都会给家里寄回相当于 1 400 美元至 2 000 美元的钱。没有这些钱，村子里留下的人（大多数是老人和小孩）就无法支付学费、衣服或电视等支出。

务农在双窑村并不实际，因为这个村子人口过于膨胀。平均每个家庭只有两亩地，相当于 1 300 平方米，地里的庄稼收成通常仅够一个家庭生存，无法带来任何实际现金收入。

因此，没什么农民工认为自己可以留下来。叶祥斌是一名 24 岁的复员士兵，他曾在一家出口制鞋厂打工，但去年年底他的台湾老板关闭了工厂，他也失去了工作。带着郁闷的心情，叶祥斌提前几个月就回家过年，但他下周就将再次出行，希望情况有所好转。叶祥斌说，我会再试几个月，我没有选择。

当地政府已经采取措施缓解双窑村的贫困状况。去年双窑村铺了一条土路通往镇上，乘坐摩托车可以使一个小时的步行路程缩短到 12 分钟。政府削减了税收，还正在实施一个农村医疗计划。

中国政府担心，如果农民工无法找到工作，他们将成为社会不稳定因素。据估计，中国每年有数万人示威抗议，只不过大多数抗议者都是本地人，很快就被当地有关部门化解。

近几周来，中国官员已经要求企业想尽办法避免裁员，并加大了针对农民工的补贴和培训计划。政府还加大力度监控失业问题，因为中国官方失业统计数据并不包括农民工，因此尽管经济状况下滑，就业统计数据也没有太大变化。

陈锡文要求当地政府负责人出面处理任何抗议事件，避免使用警力。他说，一旦发生突发性群体事件，政府官员必须与群众面对面地做解释和说服工作，化解矛盾。

双窑村居民表示，他们并不把困难怪罪于政府，但他们确实希望官员能采取措施扭转局面。

中国各地农村政府已经制订了相关计划，鼓励外来人口开办企业和经商，希望能够吸纳中国曾经兴盛的沿海地区如今难以容纳的劳动力。

在双窑村，这条路似乎走不通。农民们表示，当地贫困问题过于普遍，企业很难获得支撑。

35 岁的建筑工人吴洛（音）说，我们没有办法，不得不离开村子。这里实在是太穷了，我们没什么可做。吴洛 16 岁辍学后就一直在外打工。

（资料来源：2009 年 2 月 3 日《华尔街日报》）

【案例思考题】

1. 为什么 2009 年我国的失业人口数量会迅速增加？这与经济周期的变化有什么关系？
2. 为什么经济危机中我国失业最多的是农民工？
3. 失业可能带来什么社会问题？失业人口回乡对农村经济将产生什么影响？

模块五：应用实践

1. 根据经济增长理论试述一国如何有效地促进经济增长。
2. 经济增长和经济发展有什么异同？
3. 经济增长是否意味着社会的进步？你可曾品尝到 GDP 增长的愉悦滋味？有的经济学家认为：经济增长过快的代价是环境的破坏和资源的浪费。请结合目前中国的经济增长情况做出分析。

第 10 章　宏观经济政策

导入案例

（一）中国 2007 年对宏观经济政策的调整

据北京大学中国国民经济核算研究中心发布的 2007 年度经济增长报告称，中国经济已经进入发展的最好时期，但仍然存在许多矛盾，需要合理的宏观调控措施来加以解决。

首先是消费增长乏力。北京大学经济学院院长、研究中心常务副主任刘伟指出，当前中国经济运行中出现的问题更主要的是结构上的矛盾，包括投资增长过快而消费增长乏力，内需扩张乏力而外需扩张速度加快等。面对宏观失衡新特征的要求，宏观调控应当更注重经济结构的调整，促进经济增长方式的转变，深化经济体制改革，更多地兼顾效率与公平，在建设和谐社会的过程中促进中国经济社会可持续发展。

其次是通缩压力增大。失衡的另一个特征是物价总水平低，但人们对于未来通货膨胀的预期值高。报告指出，近几年中国物价总水平上升幅度很低，投资高速增长带来的产品过剩或潜在的产能过剩已经出现，增大了通缩压力。另一方面，上游产品价格较大幅度上升，消费品和服务价格较快上升，消费者对教育和医疗支出的预期增高。这些都使得人们对未来通货膨胀产生了较高的预期值。

针对现实的经济情况，2007 年的中央经济工作会议透露出重要信息：已实施了十年之久的稳健的货币政策将“功成身退”，取而代之的是从紧的货币政策。

“货币政策从‘稳健’转为‘从紧’，发出强烈的政策信号。相比前几年，中国经济形势已有较大不同，这一政策的出台也是基于政府对当前物价连续上涨、货币信贷增长过快等宏观形势的准确判断。”中国社会科学院金融研究所货币理论货币政策研究室主任彭兴韵在接受新华社记者采访时分析。

作为国家通过各种工具调节货币供求以实现宏观调控目标的方针和策略的总称，货币政策走向与宏观经济形势紧密相连。

1997 年亚洲金融危机之后，为应对当时严峻的经济形势，中国开始实行稳健的货币政策。1998 年至 2002 年，中国面临通缩压力，那时稳健的货币政策取向是增加货币供应量。2003 年以来，面对经济中出现的贷款、投资、外汇储备快速增长等新变化，稳健的货币政策内涵开始发生变化，政府适当紧缩银根，多次上调存款准备金率和利率。

彭兴韵说，十年来，稳健的货币政策配合其他宏观经济政策，把握好金融调控力度，有效地促进了中国经济的健康发展。

面对近年来中国经济的新变化，“防止经济增长由偏快转为过热”被确定为 2007 年宏观调控的首要任务。按照国务院常务会议部署，在坚持稳健的前提下，货币政策要“稳中适度从紧”，已释放出适当控制货币投放的信号。

对于宏观调控的首要任务，中央经济工作会议又在2007年的“一个防止”的基础上增加为“两个防止”：防止经济增长由偏快转为过热，防止价格由结构性上涨演变为明显通货膨胀。

按照中央经济工作会议部署，货币政策如今将由“稳健”直接改为“从紧”，从紧的货币政策由此“全新登场”，并将在宏观调控中发挥重要作用。

值得注意的是，在货币政策从“稳健”转向“从紧”的同时，明年财政政策将继续保持稳健。这样，自2005年以来的“双稳健”的财政货币政策，将转变成一“稳”一“紧”相搭配。

（二）2011年，中国宏观经济政策应对失衡作出四项调整

北京大学学者蔡志洲在2011年5月22日接受记者采访时说，当下中国既面临通胀的压力，同时也面临增长乏力的危险。为应对现阶段宏观经济失衡，中国宏观经济政策应从增长目标选择等四方面作出相应的调整。

中国国民经济核算与经济增长研究中心2011年5月21日发布“2011中国经济增长报告——克服中等收入陷阱的关键在于转变发展方式”。作为该中心副主任的蔡志洲博士认为，按照世界银行的统计和比较，中国2010年人均GDP或人均GNI超过4 000美元，已经由低收入发展中国家，发展成为一个中等收入国家。而体制障碍、技术创新、收入分配、结构调整和外部环境，将可能成为影响下一阶段经济增长的重要因素。

蔡志洲指出，中国经济失衡来自通胀压力和增长乏力双重夹击。就通胀压力而言，一是时期长，在未来2～3年中将面临通胀压力；二是类型变化，需求对通胀的拉动作用继续较强外，成本上升对通胀的推动力将会逐渐加大；三是虚拟经济的活跃会提升通胀压力和通胀预期。

此外，增长动力不足有三：一是中国经济要进入新一轮高度繁荣期，尚需2～3年时间；二是世界金融危机对中国经济的影响仍将存在，甚至可能加剧；三是内需不足的矛盾短期内难以克服。

为此，蔡志洲建议，中国宏观经济政策应当相应作出调整，这种调整和变化目前主要集中在四个方面：

一是宏观经济增长目标的现实的选择只能是“适度通胀下的有效增长”，既不应当选择高通胀高增长，也不可能再现低通胀高增长，更要防止高通胀低增长。蔡志洲认为，从中国进入新世纪以来的发展目标的实现要求来看，只要保持6%左右的增长速度，预定2020年基本实现工业化达到全面小康的目标就可以实现。如果保持7%以上的速度就会提前实现目标。因此，更应关注增长的质量和有效性。

二是宏观经济政策的组合方式从前一时期“更加积极的财政政策与适度宽松的货币政策”重回“积极的财政政策和稳健的货币政策”。一方面宏观经济调控已实质性地进入“择机退出”；另一方面，宏观政策组合方式从此前的财政与货币政策双扩张的同方向组合，重新调整为“松紧搭配”的反方向组合，即财政政策在减轻扩张力度的同时，扩张方向不变，而货币政策则开始从紧。

三是汇率政策应该回到渐进升值的通道，密切关注人民币进入加速升值通道所产生的需求和供给效应。

四是在宏观管理方式上注重需求管理与供给管理的结合。蔡志洲表示，偏紧的宏观调控政策和积极的供给管理相结合，从表面上看，可能对短期的经济增长有所影响，但从长期看，却有可能提高中国的经济增长质量，有助于中国突破“中等收入陷阱”魔咒，实现可持续发展。

（资料来源：编者陈苡根据《广州日报》及《中国新闻网》资料整理）

? 思　考

1. 什么是宏观经济政策？宏观经济政策包括哪些内容？

2. 宏观经济政策应如何实施？结合此案例分析，2007 年在宏观经济政策实施后对经济生活产生了怎样的影响？

【学习要点】

本章主要介绍宏观经济政策理论。通过本章的教学，要求学生掌握财政政策和货币政策的类型、财政政策的有效性和挤出效应、货币政策的效应、财政政策和货币政策效应的极端情况和政策组合及宏观经济政策工具。

【重点难点】

1. 财政政策的内容及运用
2. 货币政策的内容及运用
3. 宏观经济政策的选择与协调

10.1　财政政策

财政政策（fiscal policy）是一国政府为实现预期的经济社会发展目标，根据一定时期政治、经济和社会发展的任务而规定的财政工作的指导原则，通过财政支出与税收政策来调节总需求，对财政收支关系进行调整的指导原则和措施。广义的财政政策是政府为了实现一定时期的宏观调控目标而制定的指导财政活动、处理财政分配关系的基本准则和措施的总和。广义的财政政策所规范的范围是整个财政活动领域。它体现政府财政活动的取向和行为规范。狭义的财政政策是政府为了实现社会总供求平衡的目标，对财政收支总量和结构进行调整的准则和措施的总和。

10.1.1　财政政策的目标

1. 财政政策目标

财政政策目标是国家运用财政政策工具所要实现的目的。它构成财政政策的核心内容，是财政政策的主导方面。财政政策目标的确立因不同国家不同时期而相异。

财政政策的目标从短期来讲，主要是通过对总需求和总供给的调节，实现经济的稳定增长；从中长期来看，财政政策的调节应促进资源的优化配置，同时，解决收入分配方面的矛盾、促进公平目标的实现也是财政政策不可推卸的职责和目标；从长期来看，财政政策的目标是通过促进经济的可持续发展来推动社会的全面发展。

（1）经济稳定。经济稳定增长是指一定时期的经济增长与资源供给条件相适应，保持持续、稳定、健康的状态。它是财政政策要实现的首要目标，也是最重要的目标之一。在宏观经济理论中，经济稳定分为内部稳定和外部稳定。内部经济稳定的含义有二：一是价格的稳定，二是产量或所得的稳定。价格的稳定与否，主要取决于社会总需求和货币量的变动；产量或所得的稳定与否，则视整个经济发展的情形而定。产量的变动与生产要素的投入具有直接的函数关系，故产量的稳定就是充分就业的实现。外部经济稳定是指对外均衡，即本国对外国商品和劳务的需求与外国对本国商品和劳务的需求保持平衡，故外部经济稳定主要是指国际收支的平衡。

（2）资源优化配置。资源合理配置是指对现有的人力、物力和财力等社会资源进行合理分配，使其发挥最有效的作用，获得最大的经济效益和社会效益。资源的短缺是人类社会生存和发展的一个重大难题。每一种经济制度的基本问题，都是如何使资源的配置产生最大的效果，即如何实现资源配置的最优化。资源配置最优化有两个方面的含义和要求：一是资源利用总量的充分化。它要求一定时期的经济资源被尽可能充分地调动起来，闲置资源最少，同时要求资源必须分配给生产能力最强的企业，使有限的经济资源能对社会经济发展产生最大可能的推动作用。二是社会经济资源配置比例的合理化，它要求资源必须用于生产最符合消费者需要的产品，而避免生产消费者不需要的产品；同时要求资源配置比例符合一定时期社会生产各部门均衡发展的要求，有利于形成协调的产业结构，促使经济稳定协调地发展。在市场经济体制下，市场是资源配置的基础环节，但也会由于其固有的缺陷如垄断等而出现市场失灵的问题。这就要求在尊重市场规律的前提下，通过制定和实施适当的财政政策对资源配置过程进行适当的引导和规范，以实现资源合理配置的宏观调控目标。

（3）经济增长。经济增长是指一个国家的产品和劳务数量的增加，准确地说，是人均实际产量的增加，它可以用 GDP 或人均 GDP 的增长率来表示。经济增长的源泉在于劳动供给增长率、资本存量增长率及这些要素的生产率；在当代，经济增长比历史上任何时期都更多地依赖技术进步与创新的速度。

经济增长是一个国家生存和发展的条件。它要求经济的发展保持在一定的速度区间，既不要出现较大的下降、停滞，也不要出现严重的过热。因此，经济增长是实际增量，而不是由于通货膨胀造成的虚假增长；增长的速度应该可以持续，不是大起大落。经济增长是全社会总量和实际增长与人均数量的实际增长。衡量经济增长除总量的增长外，还应包括质的提高，比如，技术的进步、资源的合理配置、社会结构和生态平衡等。经济增长对质的要求是非常重要的，如果只强调量的增长，将会带来一系列社会问题，如通货膨胀加剧、环境污染严重、生态失衡和能源紧张等。这些后果必将导致社会资源的浪费和经济发展的不稳定。因此，健康的经济增长应该是经济的可持续、均衡增长。作为财政政策，则在于如何去引导经济发展和实现最佳的经济增长。

（4）收入公平分配。收入公平分配是指社会成员的收入分配公正、合理，公平与效率相结合，避免分配悬殊。公平分配并不是平均分配，它是在一定社会规范下既有差距又注意均衡协调的分配。通过市场机制进行收入分配，是以社会成员为社会提供生产要素（包括资本和劳动）的数量和质量为标准的。受竞争条件、就业机会、劳动能力及财产占有量等因素的影响，由市场机制决定的收入分配尽管能体现效率原则，却难以兼顾公平。这就会带来社会矛盾和社会问题，并且在一定程度上引起社会需求与供给之间的矛盾，既不利于社会稳定，也有碍经济的稳定增长。由于财政是政府参与国民收入分配的重要手段，税收和转移支付的调节都可以使收入分配向均等化的方向发展，因此，财政政策作为政府调节市场分配结果的重要手段，自然应当将公平分配作为自己的目标之一。不过，财政调控的目的，只是弥补市场分配的缺陷和不足，防止收入差距拉大，其范围应被限制在市场机制难以作用或不能充分作用的领域。

（5）社会全面发展。社会全面发展是指整个社会的精神风貌、物质文明程度、各项社会事业和国民整体素质等得到极大发展，社会生产力水平得到极大提高。其中，经济发展是社会发展的基础。经济发展的最终目标是满足社会全体成员的需要。需要的满足程度，不仅仅取决于个人消费需求的实现，更重要的是社会的共同消费需求的实现。作为政府直接掌握的经济政策，财政政策在确保国家职能的实现、促进经济发展的同时，还应该灵活地运用税收、补贴等手段，在保护生态环境、发展科技文化教育卫生体育等各项事业、缩小城乡差别和地区差别等方面发挥重要作用，以提高全民福利水平，实现物质文明与精神文明的协调发展。

2. 我国财政政策的目标

根据我国社会经济发展的需要和财政的基本特点，我国财政政策的目标可以概括为：

（1）充分就业。在市场经济运行中，失业率上升必然是宏观经济衰退和萧条的标志，而失业率的下降必然是宏观经济回升和景气的标志。而且，失业问题不仅仅是一个经济问题，也是社会问题乃至政治问题。尤其在我国这样一个人口众多的农业大国中，失业和再就业必然是政府关心的首要问题。因此，宏观财政政策的首要目标也必然定位于充分就业之上。

（2）物价稳定。物价稳定是各国政府追求的重要目标，也是财政政策的重要目标。经济发展速度的回升和加快，往往同时伴随着物价的上涨。所以，通货膨胀不仅是对既有的各种经济秩序的破坏，尤其是物价的上涨导致债权的真实价值下降，形成债权人的损失和债务人的收益，还是经济过热的体现，因此控制和治理通货膨胀就成了宏观政策的一个重要目标。

（3）收入分配合理。收入分配合理是经济稳定发展的关键所在。收入分配不合理，在传统体制下搞平均主义分配“吃大锅饭”，这些无疑不利于调动各方面的积极性，从而抑制经济的发展。在市场经济体制下，表现为贫富悬殊，收入差距过大，这些无疑也会带来严重的社会经济问题。这说明两种经济体制在分配上都不可避免地存在缺陷。在我国社会主义市场经济条件下，在市场分配的基础上再实行政府分配即财政分配，从而实现收入的公平和合理，这无疑是我国财政政策的又一个重要目标。

（4）经济社会发展。经济社会发展是指经济稳定发展和社会持续进步。经济稳定发展是宏观经济政策的根本目标，也是财政政策的根本目标。在市场经济条件下，宏观经济运行必然呈现周期波动状态，即其运行总是在繁荣景气和衰退萧条之间转换。在现代市场经济条件下，单纯依靠市场自身的力量已无法克服经济周期的波动，所以需要政府干预宏观经济的运行，以尽可能地克服经济周期波动的幅度，使市场在相对稳定的状态下运行。宏观财政政策就是政府干预宏观经济周期波动状态的基本手段之一，因此经济稳定发展是财政政策的根本目标。

10.1.2 财政政策的工具

1. 财政政策的工具

财政政策的工具主要有税收、公债、公共支出、政府投资和财政补贴等五种。

（1）税收。税收作为一种政策工具，它具有分配形式上的强制性、无偿性和固定性特征，这些特征使税收调节具有权威性。

（2）公债。作为一种财政信用形式，它最初是用来弥补财政赤字的，随着信用制度的发展，公债已成为调节货币供求、协调财政与金融关系的重要政策手段。在现代信用经济条件下，公债的市场操作是沟通财政政策与货币政策的主要载体，通过公债的市场操作，可以协调两大政策体系。一方面，可以淡化赤字的通货膨胀后果，公债的市场融资比直接的政府透支对基础货币的变动影响小；另一方面，可以增加中央银行灵活调节货币供应的能力。

（3）公共支出。主要指政府满足纯公共需要的一般性支出（或称经常项目支出），它包括购买性支出和转移性支出两大部分。购买性支出包括商品和劳务的购买，它是一种政府的直接消费支出。转移性支出通过“财政收入—国库—政府支付”过程将货币收入从一方转移到另一方，此时，民间的消费并不因此而发生变化。

（4）政府投资。政府投资指财政用于资本项目的建设支出，它最终将形成各种类型的固定资产。在市场经济条件下，政府投资的项目主要是指那些具有自然垄断特征、外部效应大、产业关联度高、具有示范和诱导作用的基础性产业；公共设施及新兴的高科技主导产业。

2. 我国财政政策的工具

（1）国家预算。主要通过预算收支规模及平衡状态的确定、收支结构的安排和调整来实现财政政策目标。

（2）税收。主要通过税种、税率来确定和保证国家财政收入，调节社会经济的分配关系，以满足国家履行政治经济职能的财力需要，促进经济稳定协调发展和社会的公平分配。

（3）财政投资。通过国家预算拨款和引导预算外资金的流向、流量，实现巩固和壮大社会主义经济基础、调节产业结构的目的。

（4）财政补贴。它是国家根据经济发展规律的客观要求和一定时期的政策需要，通过财政转移的形式直接或间接地对农民、企业、职工和城镇居民实行财政补助，以达到经济稳定协调发展和社会安定的目的。

（5）财政信用。它是国家按照有偿原则，筹集和使用财政资金的一种再分配手段，包括在国内发行公债和专项债券，在国外发行政府债券，向外国政府或国际金融组织借款，以及对预算内资金实行周转有偿使用等形式。

（6）财政立法和执法。它是国家通过立法形式对财政政策予以法律认定，并对各种违反财政法规的行为（如违反税法的偷税抗税行为等），诉诸司法机关按照法律条文的规定予以审理和制裁，以保证财政政策目标的实现。

（7）财政监察。它是实现财政政策目标的重要行政手段。即国家通过财政部门对国有企业事业单位、国家机关团体及其工作人员执行财政政策和财政纪律的情况进行检查和监督。

10.1.3　财政政策的类型

1. 自动稳定的财政政策和相机抉择的财政政策

根据财政政策具有调节经济周期的作用来划分，可分为自动稳定的财政政策和相机抉择的财政政策。

（1）自动稳定的财政政策是指财政制度本身存在一种内在的、不需要政府采取其他干预行为就能够根据经济波动情况自动发生稳定作用的政策，它无须借助外力就可直接产生调控效果。财政政策的这种内在的、自动产生的稳定效果，可以随着社会经济的发展自行发挥调节作用，不需要政府采取任何干预行为。这种机制也被称为财政自动稳定器。主要表现在两方面：一方面，税收的自动稳定性。其包括个人所得税和个人所得税的累进所得税自动稳定作用。在经济萧条时，个人和企业利润降低，符合纳税条件的个人和企业数量减少，因而税基相对缩小，使用的累进税率相对下降，税收自动减少。因税收的减少幅度大于个人收入和企业利润的下降幅度，税收便会产生一种推力，防止个人消费和企业投资过度下降，从而起到反经济衰退的作用。在经济过热时期，其作用机理正好相反。另一方面，政府支出的自动稳定性。如果经济出现衰退，符合领取失业救济和各种福利标准的人数就会增加，失业救济和各种福利的发放趋于自动增加，从而有利于抑制消费支出的持续下降，防止经济的进一步衰退。在经济繁荣时期，其作用机理正好相反。

（2）相机抉择的财政政策是指政府根据一定时期的经济社会状况，主动灵活选择不同类型的反经济周期的财政政策工具，干预经济运行行为，实现财政政策目标。它意味着某些财政政策本身没有自动稳定的作用，需要借助外力才能对经济产生调节作用。

2. 扩张性财政政策、紧缩性财政政策和中性财政政策

根据财政政策在调节国民经济总量方面的不同功能，财政政策分为扩张性财政政策、紧缩性财政政策和中性财政政策。

（1）扩张性财政政策是指通过财政分配活动来增加和刺激社会的总需求。在国民经济存在总需求不足时，通过扩张性财政政策使总需求与总供给的差额缩小以至平衡；如果总需求与总供给原来就是平衡的，扩张性财政政策就会使总需求超过总供给。

（2）紧缩性财政政策是指通过财政分配活动来减少和抑制总需求。在国民经济已出现总需求过旺的情况下，通过紧缩性财政政策消除通货膨胀缺口，达到供求平衡；如果总供求原来就是平衡的，紧缩性财政政策会造成有效需求不足。

实现紧缩性财政政策目标的手段主要是增税（提高税率）和减少财政支出。增加税收可以减少民间的可支配收入，降低人们的消费需求；减少财政支出可以降低政府的消费需求和投资需求。所以，无论是增税还是减支，都具有减少和抑制社会总需求的效应。如果在一定经济状态下，增税与减支并举，财政盈余就有可能出现，在一定程度上说，紧缩性财政政策等同于盈余财政政策。

（3）中性财政政策是指财政的分配活动对社会总需求的影响保持中性。财政的收支活动既不会产生扩张效应，也不会产生紧缩效应。在一般情况下，这种政策要求财政收支保持平衡。但是，使预算收支平衡的政策并不等于中性财政政策。

3. 均衡财政政策和非均衡的财政政策

在经济政策理论中，一般把通过增加盈余或减少盈余以及增加赤字或减少赤字的形式表现出来的财政政策称为非均衡财政政策；而以收支均衡的形式表现出来的财政政策称为均衡财政政策。均衡财政政策的主要目的在于力求避免预算盈余或预算赤字可能带来的消极后果。均衡财政政策不等于中性财政政策，因为在均衡财政之下，政府支出可以通过支出乘数，按照支出规模的大小，产生使收入上升的效果，也就是所谓的平衡预算的乘数效果。

【阅读材料——内在稳定器：作用有限】

某些财政政策由于其本身的特点，具有自动地调节经济、使经济稳定的机制，被称为内在稳定器，或者自动稳定器。具有内在稳定器作用的财政政策，主要是个人所得税、公司所得税，以及各种转移支付。

个人所得税与公司所得税有其固定的起征点和税率，这些标准并不随经济状况而变动，从而可以自发地调节经济。比如个人收入调节税是1 000元的起征点，当经济萧条时，由于收入减少，达不到1 000元，因此税收会自动减少，从而刺激了消费与投资的增加，有助于减轻萧条的程度。当经济繁荣时，由于收入增加，税收也会自动增加，从而抑制消费与投资的减少，有助于减轻由于需求过大而引起的通货膨胀。失业补助与其他福利支出这类转移支付，有其固定的发放标准。当经济萧条时，由于失业人数和需要其他补助的人数增加，这类转移支付会自动增加，从而抑制消费与投资的减少，有助于减轻经济萧条的程度。当经济繁荣时，由于失业人数和需要其他补助的人数减少，这类转移支付会自动减少，从而抑制消费与投资的增加，有助于减轻由于需求过大而引起的通货膨胀。

虽然财政政策内在稳定器能自动地发生作用、调节经济，但是，这种内在稳定器调节经济的作用是有限的。它只能减轻萧条或通货膨胀的程度，并不能改变萧条或通货膨胀的总趋势，只能对财政政策起到自动配合的作用，并不能代替财政政策。

［资料来源：黄德林：《西方经济学（宏观部分）》案例分析］

10.2 货币政策

货币政策是指政府或中央银行为影响经济活动所采取的措施，尤指控制货币供给以及调控利率的各项措施，用以达到特定经济目标或维持政策目标。比如，抑制通胀、实现完全就业或经济增长。狭义的货币政策是指中央银行为实现其特定的经济目标而采用各种控制和调节货币供应量或信用量的方针和措施的总称，包括信贷政策、利率政策和外汇政策。广义的货币政策指政府、中央银行和其他有关部门所有有关货币方面的规定和采取的影响金融变量的一切措施（包括金融体制改革，也就是规则的改变等）。

10.2.1 货币政策的目标

1. 最终目标

货币政策的最终目标，指中央银行组织和调节货币流通的出发点和归宿，它反映了社会经济对货币政策的客观要求。货币政策的最终目标一般有四个：稳定物价、促进经济增长、充分就业和平衡国际收支。

（1）稳定物价。稳定物价是中央银行货币政策的首要目标，物价稳定是指物价总水平的稳定，一般用价格指数来衡量一般价格水平的变化。价格指数又分为消费物价指数、批发物价指数和国民生产总值折算指数三种。物价稳定并不是通货膨胀率为零，而是允许保持一个低而稳定的通货膨胀率，所谓稳定，就是指在相当时期内能使通货膨胀率维持在大致相等的水平上。这种通货膨胀率能为社会所接受，对经济也不会产生不利的影响。

（2）促进经济增长。经济增长就是指国民生产总值的增长必须保持合理的、较高的速度。它包括：一是维持一个高经济增长率；二是培育一个经济持续增长的能力。一般认为，经济增长与就业目标是一致的。经济增长通常用一定时期内实际国民生产总值年均增长率来衡量。经济增长会增加社会福利，但并不是增长率越高越好。这是因为经济增长一方面要受到各种资源条件的限制，不可能无限地增长，尤其是对于经济已相当发达的国家来说更是如此。另一方面，经济增长也要付出代价，如造成环境污染、引起各种社会问题等。因此，经济增长就是实现与本国具体情况相符的适度增长率。

（3）充分就业。充分就业是指包含劳动在内的一切生产要素都以愿意接受的价格参与生产活动的状态，凡是有能力并自愿参加工作者，都能在较合理的条件下随时找到适当的工作。充分就业包含两种含义：一是指除了摩擦失业和自愿失业之外，所有愿意接受各种现行工资的人都能找到工作的一种经济状态，即消除了非自愿失业就是充分就业。二是指包括劳动在内的各种生产要素，都按其愿意接受的价格，全部用于生产的一种经济状态，即所有资源都得到充分利用。失业意味着稀缺资源的浪费或闲置，从而使经济总产出下降，社会总福利受损。因此，失业的成本是巨大的，降低失业率、实现充分就业就常常成为宏观经济政策的重要目标。充分就业是针对所有可利用资源的利用程度而言的。但要测定各种经济资源的利用程度是非常困难的，一般以劳动力的就业程度为基准，即以失业率指标来衡量劳动力的就业程度。所谓失业率，指社会的失业人数与愿意就业的劳动力之比，失业率的大小代表了社会的充分就业程度。失业，理论上讲，表示了生产资源的一种浪费，失业率越高，对社会经济增长越不利，因此，各国都力图把失业率降到最低水平，以实现经济增长的目标。

（4）平衡国际收支。平衡国际收支是指采取各种措施调节国际收支差额，使其趋于平衡。根据国际货币基金组织的定义，国际收支是某一时期一国对外经济往来的统计表，它表明：

第一，某一经济体同世界其他地方之间在商品、劳务和收入方面的交易。

第二，该经济体的货币性黄金、特别提款权以及对世界其他地方的债权、债务的所有权等的变化。

第三，从会计意义上讲，为平衡不能相互抵消的上述交易和变化的任何账目所需的无偿转让和对应项目。

就国际收支平衡表上经济交易的性质而言，主要可分为两种：一种是自主性交易，或叫事前交易，它是出于经济上的目的、政治上的考虑以及道义上的动机而自动进行的经济交易，如贸易、援助、赠与和汇兑等。另一种是调节性交易，或叫事后交易，它是为弥补自主性交易的差额而进行的，如获得国际金融机构的短期资金融通、动用本国黄金储备、外汇储备以弥补差额等。若一国国际收支中的自主性交易收支自动相等，说明该国国际收支平衡；若自主性交易收入大于支出，称之为顺差；若自主性交易支出大于收入，则称之为逆差。不论是顺差还是逆差，都会对本国经济造成不利影响，长时期的巨额逆差会使本国外汇储备急剧下降，并承受沉重的债务和利息负担；而长时期的巨额顺差，又会造成本国资源使用上的浪费，使一部分外汇闲置，特别是如果因大量购进外汇而增发本国货币，则可能引起或加剧国内通货膨胀。

2. 最终目标间的关系

货币政策的四个最终目标要同时实现是非常困难的事。在具体实施中，以某项货币政策工具来实现某一货币政策目标，通常会干扰其他货币政策目标的实现，或者说，为了实现某一货币政策目标而采用的措施很可能与为实现另一货币政策目标所应采取的措施相矛盾。因此，除了研究货币政策目标的一致性以外，还必须研究货币政策目标之间的矛盾性以及缓解矛盾的措施。

（1）稳定物价与充分就业。稳定物价与充分就业两个目标之间经常发生冲突。若要降低失业率，增加就业人数，就必须增加货币工资。若货币工资增加过少，对充分就业目标就无明显促进作用；若货币工资增加过多，则其上涨率将超过劳动生产率的增长，这种成本推进型通货膨胀，必然造成物价与就业两项目标的冲突。

（2）稳定物价与促进经济增长。稳定物价与促进经济增长之间是否存在矛盾，理论界对此看法不一，主要有以下几种观点：

第一，物价稳定才能维持经济增长。这种观点认为，只有物价稳定，才能维持经济的长期增长势头。一般而言，劳动力增加，资本形成并增加，加上技术进步等因素，促进了生产的发展和产量的增加，随之而来的是货币总支出的增加。由于生产率是随时间的进程而不断发展的，货币工资和实际工资也是随生产率而增加的。只要物价稳定，整个经济就能正常运转，维持其长期增长的势头。这实际上是供给决定论的古典学派经济思想在现代经济中的反映。

第二，轻微物价上涨刺激经济增长。这种观点认为，只有轻微的物价上涨，才能维持经济的长期稳定与发展。因为通货膨胀是经济的刺激剂。这是凯恩斯学派的观点。凯恩斯学派认为，在充分就业没有达到之前增加货币供应、增加社会总需求主要是促进生产发展和经济增长，而物价上涨比较缓慢；并认定资本主义经济只能在非充分就业的均衡中运行，因此轻微的物价上涨会促进整个经济的发展。

第三，经济增长能使物价稳定。这种观点认为，随着经济的增长，价格应趋于下降，或趋于稳定。因为经济的增长主要取决于劳动生产率的提高和新生产要素的投入，在劳动生产率提高的前提下，生产的增长，一方面意味着产品的增加，另一方面则意味着单位产品生产成本的降低。所以，稳定物价目标与经济增长目标并不矛盾。

（3）稳定物价与平衡国际收支。在一个开放型的经济中，国家为了促进本国经济发展，会遇到两个问题：

第一，经济增长引起进口增加，随着国内经济的增长、国民收入增加及支付能力的增加，通常会增加对进口商品的需要。如果该国的出口贸易不能随进口贸易的增加而相应增加，那么，必然会使得贸易收支状况变坏。

第二，引进外资可能形成资本项目逆差。要促进国内经济增长，就要增加投资，提高投资率。在国内储蓄不足的情况下，必须借助于外资，引进外国的先进技术，以促进本国经济的发展。这种外资的流入，必然带来国际收支中资本项目的差额。尽管这种外资的流入可以在一定程度上弥补由于贸易逆差而造成的国际收支失衡，但并不一定就能确保经济增长与国际收支平衡的齐头并进。

（4）充分就业与经济增长。一般而言，经济增长能够创造更多的就业机会，但在某些情况下两者会出现不一致，例如，以内涵型扩大再生产所实现的高经济增长，不可能实现高就业。再如，片面强调高就业，硬性分配劳动力到企业单位就业，会造成人浮于事、效益下降、产出减少和经济增长速度放慢等问题。

以上四大目标相互之间既存在互补关系，也存在交替关系。由此，在制定经济政策时，必须对经济政策目标进行价值判断，权衡轻重缓急和利弊得失，确定目标的实现顺序和目标指数高低，同时使各个目标能有最佳的匹配组合，使所选择和确定的目标体系成为一个和谐的有机整体。

【阅读材料——增税反而促进经济增长?】

由于里根和布什两任总统都奉行增加军费开支和减税的经济政策，因此美国财政赤字节节攀升，1992 年达到 2 904 亿美元的天文数字。1993 年克林顿当选总统后，针对美国经济面临周期性和结构性衰退的形势，提出了“变革”和“重振美国经济”的政策和主张，其核心部分是大幅度减少财政赤字，并使衰退的美国经济得以复苏和发展。1993 年，美参众两院通过的五年削减赤字法案正是对这一政策的初步落实。该法案规定，自法案生效后的五年内削减赤字 4 960 亿美元，其中增加的税收达 2 410 亿美元。增税的主要范围包括个人所得税和公司所得税。克林顿增税措施的一个主要方面就是提高富豪阶层的个人所得税率，这一方面可以增加政府财政收入，另一方面可以调节国民的收入水平。根据新税法，年收入超过 18 万美元的富人应缴的个人所得税率从 31% 提高到 36%；对年收入超过 25 万美元的富豪们还征收 10% 的附加税，使最高税率进一步上升到 39.6%。与此同时，该法案允许中等收入的个人选择较低的个人所得税率，并对一些多子女的贫困家庭予以免税。新法案规定，年应缴税收超过 1 000 万美元的公司，其所得税率由 34% 提高到 36%。当时美国 220 万家公司中有 2 700 家公司属于这一增税范围。据估计，联邦财政每年将因此增加 150 亿美元的税收。此外，克林顿的增税计划还包括增加富裕老人的社会保险福利税和全面提高能源税。据估计，该项增税计划能使联邦政府增加税收达 270 亿美元。但是为了振兴美国经济和促进新技术发展，对一些为创建新企业而进行风险投资的个人和一些从事研究与开发的企业实行税收减免。

1993 年 8 月 10 日，克林顿签署的削减财政赤字的法案中，规定五年内达到削减赤字 4 960 亿美元的目标，除了增加 2 410 亿美元税收外，还必须压缩 2 550 亿美元财政支出。为了真正落实节支计划，克林顿在国会发表的国情咨文中要求，全面冻结联邦政府工作人员一年的薪水，并建议在以后四年内，提薪的幅度比通常包括联邦提薪范围内的生活费用低 1 个百分点。此外为迅速减少赤字，克林顿建议在联邦新财政预算中减少 150 个支出项目。需要指出的是，上述节支措施并不等于削减一切支出。相反，为了解决美国国内当时的失业问题，克林顿曾建议政府必须增加 3 000 多万美元的拨款用于重建公路、机场和住房。克林顿政府大规模削减军费开支，军费开支接连下降，由 1993 年度的 2 911 亿美元降至 1996 年度的 2 654 亿美元，其下降总额近 500 亿美元。

尽管在政策推出的初期，克林顿政府削减赤字的努力遇到了很大的阻力，但从后期政策执行所取得的成果来看，其成效是非常显著的。最为明显的变化莫过于困扰了美国经济近三十年的财政赤字问题终于在克林顿的第二个任期内得以解决。自从克林顿执政以来，联邦政府的财政赤字逐年有了连续较大幅度的下降，1998 年实现了历史性的突破，联邦预算近三十年来首次出现盈余。从联邦财政赤字占 GDP 的比重来看，1993 年为 3.9%，1998 年预算盈余占 GDP 的比重为 0.8%。克林顿政府的财政政策对美国经济持续增长的支持除预算赤字的大量减少外，还表现在经济的其他各个方面：一是主要经济指标全面好转，通货膨胀率、失业率都处于二十八年来的最低水平，而经济增长率却持续攀升，从而创造了“一高双低”的繁荣景象；二是私人投资和消费者信心增强，美国股市连续创出新高。道·琼斯指数更是在 1998 年突破了 1 万点大关，汽车、住房和其他耐用消费品的需求都有较大增长；三是美国经济的世界竞争力增强，尤其是对亚太和拉美地区的出口贸易更显示出强劲的竞争能力，从而在与欧盟和日本的竞争中处于较为有利的地位。

（资料来源：河海大学《宏观经济学》精品课程网络资料）

10.2.2 货币政策的工具

货币政策的工具，指中央银行为实现货币政策目标所运用的策略手段。中央银行的政策工具主要有存款准备金政策、公开市场业务和再贴现政策。

1. 存款准备金政策

（1）存款准备金。它是一种“押金”，由各家银行交给中央银行保管，用以保证将来居民的提款（尤其是在集中提款时）及资金清算。其包括法定存款准备金（法律规定金融机构必须存在中央银行里）和超额存款准备金（金融机构在中央银行存款超出法定存款准备金的部分，主要用于支付清算、头寸调拨或作为资产运用的备用资金）。

（2）存款准备金率。中央银行要求的存款准备金占其存款总额的比例就是存款准备金率。

存款准备金 = 库存现金 + 商业银行在中央银行的存款

法定存款准备金 = 法定存款准备金率 × 存款总额

超额存款准备金 = 存款准备金 − 法定存款准备金

（3）作用机制。存款准备金发挥作用主要表现在以下两个方面：

第一，中央银行通过调整存款准备金率，可以影响金融机构的信贷扩张能力，从而间接调控货币供应量。

第二，存款准备金率上升，银行资金紧张，则放贷额小，且倾向于针对规模大、盈利强、风险小的大企业，进而影响企业融资。

2. 公开市场业务

（1）公开市场业务。中央银行在金融市场上公开买卖有价证券，以改变商业银行等存款货币机构的准备金，进而影响货币供应量和利率的政策手段。公开市场业务必须具备以下三个条件才能充分有效地发挥作用：

第一，中央银行必须具有强大的、足以干预和控制整个金融市场的金融实力。

第二，要有一个发达、完善和全国性的金融市场，证券种类齐全且达到一定规模。

第三，必须有其他政策工具的配合。如果没有存款准备金制度，就不能通过改变商业银行的超额准备金来影响货币供应量。

（2）作用机制。公开市场业务发挥作用，主要表现在以下两个方面：

第一，当经济处于过热状态时，中央银行卖出政府债券回笼货币，使货币流通量减少，导致利息率上升，促使投资减少，达到压缩社会总需求的目的。

第二，当经济处于增长过慢、投资锐减不景气的状态时，中央银行买进政府债券，把货币投放市场，使货币流通量增加，导致利息率下降，从而刺激投资增长，使总需求扩大。

3. 再贴现政策

（1）贴现。指银行承兑汇票的持票人在汇票到期日前，为了取得资金，贴付一定利息将票据权利转让给银行的票据行为，是银行向持票人融通资金的一种方式。

（2）再贴现。商业银行以未到期的合格票据再向中央银行贴现。对中央银行而言，再贴现是买进票据，让渡资金；对商业银行而言，再贴现是卖出票据，获得资金。

（3）作用机制。中央银行可以通过提高或降低再贴现率来影响金融机构向中央银行借款的成本，从而影响货币供应量和其他经济变量。还可以按国家产业政策的要求，有选择地对不同种类的票据进行融资，促进结构调整。

"抑制政策"，即中央银行较长期地采取再贴现率高于市场利率的政策，提高再贴现成本，从而抑制资金需求，收缩银根，减少市场的货币供应量。

"扶持政策"，即中央银行较长期地采取再贴现率低于市场利率的政策，以放宽贴现条件，降低再贴现成本，从而刺激资金需求，放松银根，增加市场的货币供应量。

10.2.3 货币政策的类型及其与财政政策的搭配

1. 货币政策的种类

（1）扩张性的货币政策，也称为膨胀性货币政策或"松"的货币政策。它是通过增加货币供应量来扩大社会总需求，以使其与总供给相适应的政策。该政策的目的是充分利用国民经济中的闲置资源，以推动经济增长。显然，它适用于社会有效需求不足、供给相对过剩的情况。在政策手段上，通过降低法定存款准备率、降低再贴现率、在公开市场上买入政府债券等措施的分别或联合作用，达到放松银根、扩张总需求的目的。

（2）紧缩性货币政策，又称收缩性货币政策或"紧"的货币政策。它是指通过减少流通中的货币量以收缩社会总需求的政策。其目的是使社会总需求与总供给相适应，消除可能或已经出现的经济发展过热的隐患或现象。因此，其实施前提是社会总需求过剩而总供给不足。为执行这类货币政策而采取的措施与扩张性货币政策正好相反，主要包括提高存款准备金率，提高再贴现率，在金融市场上进行卖出证券的公开市场操作等，起到收紧银根、控制货币供应量和社会总需求量的调控效果。

（3）均衡性货币政策，也称"中性"的货币政策。它是指使货币供应量与社会总产值增长大体一致，以维持社会总供求均衡局面的货币政策。这种政策的功能在于保持货币供应量与社会总产值的同步增长，目的则是将社会总供求的均衡局面保持下去。由于这种政策对社会总供求关系只起维持作用而不是调节作用，因此，它适于在社会总供求矛盾不突出或处于基本平衡的经济条件下实施。

2. 财政政策与货币政策的协调配合

虽然财政政策和货币政策都是国家进行需求管理的重要武器，都会对社会总供求的总量和结构产生影响，但是，它们在功能、调节领域等很多方面存在着诸多差异，这些差异的存在要求在运用两大政策的过程中注意二者的协调配合。而财政政策与货币政策协调配合的必要性主要表现在以下三个方面：

（1）财政政策和货币政策的功能差异要求二者协调配合。这种政策功能差异主要表现在货币政策注重于对社会供求总量关系的调节，而财政政策注重于对社会总供求结构的调节。

在社会供求结构改善方面，货币政策的作用是难以有效发挥的。由于信贷资金的运行具有自身的规律性，必须遵照收益性、流动性和安全性的原则，因此在带动资源配置方面应该体现市场原则的要求。在二级银行结构体制下，如果中央银行进行信贷结构调节，就要规定商业银行的数量、规模及贷款方向，这与商业银行的自主经营原则是相悖的，这一点决定了货币政策在调节社会供求结构方面的局限性。相反，对社会供求结构的调整和完善恰恰是财政政策的优势所在。由于财政是政府占有社会产品的手段，因此在参与收入分配的过程中，税收、公债、补贴和预算支出都会对社会需求和资源配置的结构产生影响，从而实现宏观调控的结构目标。

（2）财政政策与货币政策调节领域的差异要求二者协调配合。财政政策主要是在社会再生产的分配领域，参与国民收入的分配和再分配，通过收支的增减来实现对社会需求的调节；货币政策则是在流通领域通过控制流通中的货币量来调节社会的需求量。

就财政政策而言，它主要是通过增减收支来调节经济增量，通过对经济增量的调控来调节社会积累和消费的比例关系，调节国家与纳税人之间、社会各阶层之间、地区之间及行业之间的分配关系；而货币政策的调控则涉及所有与货币运动相关的领域，不仅包括对货币存量的调控，而且包括对增量的调控。因此，货币政策的活动范围更广，领域更宽。

（3）财政政策与货币政策作用时滞的差异要求二者协调配合。一般来说，任何一项政策从制定到实施，到效果的出现，都不是即时的，总是存在一定的时滞。时滞是指从经济运行中出现了需要调控的问题到调控目标实现所需要的时间。美国经济学家史密斯和泰勒在《收入决定理论》一文中将政策时滞区分为内部时滞和外部时滞两种。内部时滞是指从经济现象发生变化，认识到需要采取对策加以矫正，到研究对策措施，并实施对策措施所需要的时间。它又可以分为认识时滞和行政时滞。前者是认清问题所花费的时间，后者是研究和采取对策所花费的时间。外部时滞是指从有关当局实施政策措施到政策影响到社会总供求和国民收入以及实际经济所需要的时间。一般来说，财政政策的内部时滞较货币政策长，这是因为财政收支的调整要历经复杂的行政和法律程序；而货币政策则正好相反，因为中央银行一般独立性较强，可以根据对经济金融形势的判断自行决定对策，反应比较灵敏，所以内部时滞较短。但就外部时滞而言，财政政策的时滞要短得多。因为财政政策更多地借助于行政手段和法律手段，对经济行为的影响更为直接和迅速，所以见效比较快；而货币政策的调节是间接的，其调控货币量的意图要通过银行体系和金融市场的传导，通过影响金融机构、企业和个人的行为来实现，所以内部时滞比较长。

3. 财政政策与货币政策协调配合的模式选择

财政政策与货币政策协调配合的模式共有九种，其中最具代表性的为以下四种：

（1）“双松”模式，即扩张性财政政策与扩张性货币政策相配合的模式。这种配合模式的措施是财政减收增支形成赤字，银行放松银根，扩大流通中的货币量。其结果表现为社会总需求增长快于即期总供给增长，并以此推动经济发展。因此，它适宜于在社会总需求不足、总供给过剩的经济条件下使用。

（2）“双紧”模式，即紧缩性财政政策与紧缩性货币政策相配合的模式。这种配合模式可选择的措施包括财政增收节支形成盈余或减少赤字，银行紧缩银根，压缩信贷规模以减少货币供应量，结果表现为社会总需求增长慢于总供给的增长，经济增长速度放慢。因此，它只能在社会总供给不足或总需求过旺的经济条件下使用。“双紧”政策对社会总需求的压抑往往会引起社会总供给的减少，从而将社会总量均衡建立在社会资源配置低效率的基础上，甚至会引起生产急剧滑坡和经济萎缩。因此，选用这种配合模式时必须慎重，非到万不得已，一般不宜选用。

（3）一“松”一“紧”的搭配模式，包括扩张性财政政策与紧缩性货币政策的搭配和紧缩性财政政策与扩张性货币政策的搭配两种模式。它适宜于在社会总供求大体均衡的经济条件下对供求结构的调整。其目的主要是解决供求之间的矛盾，在兼顾宏观调控总量目标的同时，实现宏观调控的结构目标。至于在调节中谁松谁紧，则要根据供求矛盾的具体表现，结合财政政策与货币政策各自的功能优势来选择。松紧搭配的模式对解决社会总供求矛盾的适应性强，灵活性大，它既适用于全面性的总供求结构失衡、产业结构失调的情况，也适用于某些局部比例失调的情况，并且可以在程度不同的失调情况下使用，因此是现实生活中最具实践性的配合模式。

（4）“双中性”的搭配模式，即中性的财政政策与中性的货币政策相配合的模式。它是一种财政收支保持基本平衡，货币供应量与社会总产值增长幅度大体一致的配合模式。其实现结果表现为社会总需求与总供给保持同步增长，使既定的社会总供求关系得以维持。因此，它的适用前提是社会总供求关系已处于基本平衡的状态。但这只是理论上的理想状态，在现实生活中是难以找到的。

4. 财政政策和货币政策在不同开放经济条件下的效应

在封闭的经济条件下，单独运用财政政策可能产生“挤出效应”，因为财政扩张会引起货币需要量的增加，进而引起利率的上升，较高的利率会抑制私人部门的投资行为，从而产生公共支出对私人投资的“挤出”。随着经济开放度的提高，汇率制度和资本流动逐渐成为影响宏观经济的重要变量。这两个重要变量的引入，不仅改变了“挤出效应”的作用方式，使财政政策和货币政策的相对效力发生变化，还会影响到一个国家在货币政策方面的独立性。

本章实训与练习模块

【实训目标】

通过对本章理论知识的实训练习，让学生对宏观经济政策有个全面的了解，掌握财政政策和货币政策的工具，并能对财政政策和货币政策的运用进行分析。

模块一：关键术语与概念

财政政策　货币政策　宏观经济政策目标　公开市场业务　存款准备金

模块二：心得体会

【实训要求】

通过各种渠道了解我国最近几年实施的宏观经济政策的变化，特别是在 2008 年发生国际金融危机之际，我国在财政政策和货币政策方面有什么变化？采取了什么特殊的措施？

模块三：练习题

【实训要求】

通过完成下面的习题，加深对宏观经济政策的理解和记忆。

（一）选择题

1. 财政政策是指（　　）。

A. 政府管理价格的手段

B. 对周期性变动的预算

C. 为使政府收支相抵的手段

D. 利用税收和政府支出政策来实现宏观经济目标的手段

2. 内在稳定器的功能（　　）。

A. 旨在缓解周期性波动　　B. 旨在稳定收入，刺激价格波动

C. 旨在保持经济的充分稳定　　D. 旨在推迟经济的衰退

3. 属于紧缩性财政政策工具的是（　　）。

A. 减少政府支出和减少税收　　B. 减少政府支出和增加税收

C. 增加政府支出和减少税收　　D. 增加政府支出和增加税收

4. 如果存在通货膨胀，应采取的财政政策工具是（　　）。

A. 增加税收　　B. 减少税收　　C. 增加政府支付　　D. 增加转移支付

5. 经济中存在失业时，应采取的财政政策工具是（　　）。

A. 增加政府支出　　B. 提高个人所得税

C. 提高公司所得税　　D. 增加货币供给量

6. 在经济过热时，政府应采取（　　）的财政政策。

A. 减少政府财政支出　　B. 增加财政支出

C. 扩大财政赤字　　D. 减少税收

7. 通常认为，紧缩的货币政策是（　　）。

A. 提高再贴现率　　B. 增加货币供给量

C. 降低法定准备金率　　D. 中央银行买入政府债券

8. 紧缩性货币政策的运用会导致（　　）。

A. 减少货币供给量，降低利率　　B. 增加货币供给量，降低利率

C. 减少货币供给量，提高利率　　D. 增加货币供给量，提高利率

9. 法定准备金率越高（　　）。

A. 银行越愿意贷款　　B. 货币供给量越大

C. 越可能引发通货膨胀　　D. 商业银行创造货币越困难

10. 货币主义者反对把（　　）作为货币政策的目标。

A. 利率　　B. 货币供给量　　C. 国民收入　　D. 价格

（二）判断题

1. 充分就业和物价稳定是宏观经济政策的目标。（　　）

2. 凯恩斯学派的货币政策与货币主义的货币政策的政策目标是一致的。（　　）

3. 内在稳定器对调节经济具有十分重要的作用，所以它可以替代财政政策。（　　）

4. 中央银行和商业银行都可与一般客户有借贷关系。（　　）

5. 中央银行在公开市场上卖出政府债券可以减少货币供给。（　　）

6. 在经济繁荣时期，中央银行应采取紧缩性的货币政策，而在萧条时期，则采取扩张性的货币政策。（　　）

7. 法定准备金率越高，商业银行体系所能创造出的货币量越多。（　　）

模块四：案例分析题

案例一　政府的钱从哪里来，又到哪去？

政府的钱从哪里来，又到哪里去？这就是我们要探讨的财政收入和财政支出。为了更好地发挥政府作用，使钱来得合理、用得恰当，政府就必须制定合适的财政政策。

在美国流行着这样的说法："每个人有两件事情不可避免，一件是死亡，另一件就是纳税。"政府的钱是从这里来的，税收是财政收入的主要来源，除此之外，还有债务收入、企业收入和其他收入。

现在我国和国外大都对个人收入实行累进税，富人和穷人按同比例纳税，前者负担轻后者负担重，所以比例税不利于调节收入分配。无论是发达国家还是不发达国家，政府财政收入主要是从税收中来。税收的特点是强制性，而且是无偿的。我国现行税收管理体制分为国家税和地方税两部分，国税归中央政府所有，地税归地方政府所有。税收是一个政府赖以生存的经济基础，没有税收收入，政府就难以维持运转。所以纳税是每一个公民的义务，如果大家都不纳税，政府就无法运转了。

有了收入就要进行支出。比如，我们公立学校教师的收入，是从政府的税收而来的，是大家交的税款养活了教师。大家缴税给政府，政府把这笔钱从财政部拨出一部分给教育部，教育部拨给全国的学校，学校再给教师发一部分工资。我们有几百万的军队，有国家的公检法机构，有教育、体育、文化、科技部，还有庞大的公务员队伍，这些都需要财政去养活，都是政府发给工资。这些支出叫财政的经常性支出，就是每个月都要支出，绝不能停发，否则就没人给政府干活，政府机构就无法运转。

[资料来源：黄德林：《西方经济学（宏观部分）》案例分析]

【案例思考题】

1. 财政政策的主要内容什么？
2. 财政收入的主要来源是什么？
3. 财政支出的主要内容是什么？

案例二　现在的银行比米店多

过去我们抨击资本主义"金钱至上"，说他们"银行比米店多"。而如今我们大街小巷的银行也比米店多，因为我们生活的方方面面都离不开银行。

在现代社会，货币的供给是由银行创造的。这一点大家很难理解，我们一般人认为，我们手中的货币是由印钞厂印刷出来的。人们不理解银行为什么能创造货币，现在就让我们看看银行是怎样创造货币供给的。

我们把钱存入银行，银行不能把这些钱全部贷出去，因为我们随时有可能再到银行取我们自己的存款，银行留的这部分货币叫准备金。现在我们来看银行是怎样把钱创造出来的。例如，我国的法定准备率是10%，一个储户有1 000元存入中国工商银行，工商银行必须把100元留下交给中央银行——中国人民银行，它只能贷出900元。有一个人正好去中国工商银行取900元买一个录音机，到了商场他把900元交给柜台，这个商场又把这900元存入它的开户银行——中国农业银行，当农业银行收到这笔钱时，它不能把这900元全部贷出去，而必须把其中的90元上交人民银行，它只能贷出810元，这时正好有一个人想买一个复读机，去农业银行取钱，当他取到810元后，去商场用它买到了复读机，这家商场又把这810元送到它的开户银行——建设银行。建设银行接到这笔钱后，还要把法定准备金的10%（81元）交给人民银行，它只能贷出729元。如此下去，储户的1 000元存款通过银行系统不断地存贷，最后变成多少钱呢？银行新增存款是10 000元。通过这个例子，你就可以知道钱是怎样被银行创造出来的。中国人民银行并没有多印钞票，这就是银行通过信用活动创造出来的。所以，商业银行具有创造货币的功能。我们经济生活中的货币供应，是在银行循环往复的存贷过程中创造出来的。

为什么现在的银行比米店多，因为每个银行都在创造货币。现代社会经济是一环一环扣在银行身上而加速运行的。当有一天大家都不到银行存钱，或把钱从银行取出来放到自己床下藏起来，整个经济链条就断掉了。

［资料来源：黄德林：《西方经济学（宏观部分）》案例分析］

【案例思考题】

1. 为什么银行能创造货币？
2. 为什么把钱放在家中保存对经济的危害性很大？

案例三　2011年宏观经济政策及走向

宏观经济平稳运行面临复杂形势，粮食稳定增产和农民持续增收基础不牢固，经济结构调整压力加大，资源环境约束强化，改善民生和维护社会稳定任务艰巨。我国经济社会发展中的短期问题和长期问题交织，结构性问题和体制性问题并存，国内问题和国际问题互联，我们必须增强忧患意识、风险意识和责任意识，并采取有力措施，积极妥善加以解决。

2010年12月12日闭幕的中央经济工作会议提出：2011年宏观经济政策的基本取向是积极稳健、审慎灵活，重点是更加积极稳妥地处理好保持经济平稳较快发展、调整经济结构、管理通胀预期的关系，加快推进经济结构战略性调整，把稳定价格总水平放在更加突出的位置，切实增强经济发展的协调性、可持续性和内生动力。

"'积极稳健、审慎灵活'反映出当前经济的复杂性和不确定性。"著名经济学家、北京大学副校长海闻接受记者采访时说。海闻分析认为，"积极"是要继续发展经济，"稳健"是要控制通货膨胀，二者分别对应两大政策：积极的财政政策和稳健的货币政策。一方面，面临严峻的就业问题，要保持一定的经济增长速度，所以要"积极"、"灵活"；另一方面，现在我们面临的通胀压力很大，要防止经济过热，所以要"稳健"、"审慎"。

"从国内国际经济环境来看，我国经济面临着很多不确定性，明年经济形势会比今年更复杂。"著名经济学家汤敏说。从国内来看，这种复杂性首先体现在物价过快上涨，明年能不能收回一部分流动性并控制物价，这是经济复杂性之一。其次，近年推动经济增长的几大动力，在明年可能都逐步衰退。为应对国际金融危机冲击的4万亿投资计划进入尾声；房地产投资增速明年可能也会下滑；由于世界经济不景气，今年下半年由国外库存回补拉动的出口增速无法延续，因此出口也要下滑；因为通胀，老百姓的消费实际增幅可能也要下滑。"推动经济增长的这几大因素在明年都不是特别强劲。"汤敏说。

"积极的财政政策不仅能弥补因稳健的货币政策所带来的总需求增速的减缓，同时也使政府对技术领域的支持成为可能。"南开大学经济学院教授龚刚认为。事实上，积极的供给推动将是未来相当长一段时期内中国财政政策的基本走向。而中国较低的债务与GDP之比也同时说明中国的财政政策可以更为积极。

保增长、稳通货仍然是明年经济工作的重心。龚刚表示，如果仅仅从传统需求管理的角度来进行考量，保增长和稳通货是一对相互矛盾的目标体系，这就要求我们在执行积极和稳健的宏观调控政策时，要保持高度的"审慎灵活"，绝不能顾此失彼。而中国宏观调控政策就是要在这样一对相互矛盾的目标体系下以供给管理为切入点来创造中国式的奇迹。

（资料来源：2010年12月13日《人民日报》）

【案例思考题】

1. 从以上的资料中总结，我国将在2011年实施什么样的宏观经济政策？

2. 我国为什么在2011年要采取这样的宏观经济政策？这一宏观经济政策在财政政策和货币政策上有什么表现？请用本章所学的理论知识进行详细分析。

模块五：应用实践

1. 宏观经济政策的目标有哪些？它们之间存在什么样的矛盾？如何进行协调？

2. 试分析我国从1993年以来所实施的财政政策和货币政策。

附　录

2007年以来，我国存款准备金率的历次调整及对股市的影响

公布时间	生效日期	大型金融机构			中小型金融机构			消息公布次日指数涨跌	
		调整前	调整后	调整幅度	调整前	调整后	调整幅度	上证	深成
2012年05月12日	2012年05月18日	20.50%	20%	-0.50%	17.00%	16.50%	-0.50%	-	-
2012年02月18日	2012年02月24日	21.00%	20.50%	-0.50%	17.50%	17.00%	-0.50%	0.27%	0.01%
2011年11月30日	2011年12月5日	21.50%	21.00%	-0.50%	18.00%	17.50%	-0.50%	2.29%	2.32%
2011年06月14日	2011年06月20日	21.00%	21.50%	0.50%	17.50%	18.00%	0.50%	-0.90%	-0.99%
2011年05月12日	2011年05月18日	20.50%	21.00%	0.50%	17.00%	17.50%	0.50%	0.95%	0.70%
2011年04月17日	2011年04月21日	20.00%	20.50%	0.50%	16.50%	17.00%	0.50%	0.22%	0.27%
2011年03月18日	2011年03月25日	19.50%	20.00%	0.50%	16.00%	16.50%	0.50%	0.08%	-0.62%
2011年02月18日	2011年02月24日	19.00%	19.50%	0.50%	15.50%	16.00%	0.50%	1.12%	2.06%
2011年01月14日	2011年01月20日	18.50%	19.00%	0.50%	15.00%	15.50%	0.50%	-3.03%	-4.55%
2010年12月10日	2010年12月20日	18.00%	18.50%	0.50%	14.50%	15.00%	0.50%	2.88%	3.57%
2010年11月19日	2010年11月29日	17.50%	18.00%	0.50%	14.00%	14.50%	0.50%	-0.15%	0.06%
2010年11月09日	2010年11月16日	17.00%	17.50%	0.50%	13.50%	14.00%	0.50%	1.04%	-0.15%
2010年05月02日	2010年05月10日	16.50%	17.00%	0.50%	13.50%	13.50%	0.00%	-1.23%	-1.81%
2010年02月12日	2010年02月25日	16.00%	16.50%	0.50%	13.50%	13.50%	0.00%	-0.49%	-0.74%
2010年01月12日	2010年01月18日	15.50%	16.00%	0.50%	13.50%	13.50%	0.00%	-3.09%	-2.73%
2008年12月22日	2008年12月25日	16.00%	15.50%	-0.50%	14.00%	13.50%	-0.50%	-4.55%	-4.69%
2008年11月26日	2008年12月05日	17.00%	16.00%	-1.00%	16.00%	14.00%	-2.00%	1.05%	4.04%
2008年10月08日	2008年10月15日	17.50%	17.00%	-0.50%	16.50%	16.00%	-0.50%	-0.84%	-2.40%
2008年09月15日	2008年09月25日	17.50%	17.50%	0.00%	17.50%	16.50%	-1.00%	-4.47%	-0.89%
2008年06月07日	2008年06月25日	16.50%	17.50%	1.00%	16.50%	17.50%	1.00%	-7.73%	-8.25%
2008年05月12日	2008年05月20日	16.00%	16.50%	0.50%	16.00%	16.50%	0.50%	-1.84%	-0.70%
2008年04月16日	2008年04月25日	15.50%	16.00%	0.50%	15.50%	16.00%	0.50%	-2.09%	-3.37%
2008年03月18日	2008年03月25日	15.00%	15.50%	0.50%	15.00%	15.50%	0.50%	2.53%	4.45%
2008年01月16日	2008年01月25日	14.50%	15.00%	0.50%	14.50%	15.00%	0.50%	-2.63%	-2.41%
2007年12月08日	2007年12月25日	13.50%	14.50%	1.00%	13.50%	14.50%	1.00%	1.38%	2.07%
2007年11月10日	2007年11月26日	13.00%	13.50%	0.50%	13.00%	13.50%	0.50%	-2.40%	-0.55%
2007年10月13日	2007年10月25日	12.50%	13.00%	0.50%	12.50%	13.00%	0.50%	2.15%	-0.24%
2007年09月06日	2007年09月25日	12.00%	12.50%	0.50%	12.00%	12.50%	0.50%	-2.16%	-2.21%

（续上表）

公布时间	生效日期	大型金融机构			中小型金融机构			消息公布次日指数涨跌	
		调整前	调整后	调整幅度	调整前	调整后	调整幅度	上证	深成
2007年07月30日	2007年08月15日	11.50%	12.00%	0.50%	11.50%	12.00%	0.50%	0.68%	0.92%
2007年05月18日	2007年06月05日	11.00%	11.50%	0.50%	11.00%	11.50%	0.50%	1.04%	1.40%
2007年04月29日	2007年05月15日	10.50%	11.00%	0.50%	10.50%	11.00%	0.50%	2.16%	1.66%
2007年04月05日	2007年04月16日	10.00%	10.50%	0.50%	10.00%	10.50%	0.50%	0.13%	1.17%
2007年02月16日	2007年02月25日	9.50%	10.00%	0.50%	9.50%	10.00%	0.50%	1.41%	0.19%
2007年01月05日	2007年01月15日	9.00%	9.50%	0.50%	9.00%	9.50%	0.50%	2.49%	2.45%

（资料来源：新浪财经）

附 录

一、国外期刊

1. The American Economic Review. 美国经济评论．［美］
2. The Economist. 经济学家．［英］
3. Econometrica. 计量经济学．［美］
4. The Journal of Political Economy. 政治经济学杂志．［美］
5. The Quarterly Journal of Economics. 经济学季刊．［美］
6. Journal of Economic Literature. 经济文献杂志．［美］
7. Journal of Financial Economics. 金融经济学杂志．［瑞士］
8. The Economic Quarterly. 经济学杂志．［英］
9. The Review of Economic Studies. 经济研究评论．［英］
10. The Review of Economics & Statistics. 经济学与统计学评论．［美］
11. Journal of Econometrics. 计量经济学杂志．［瑞士］
12. Journal of Economic Theory. 经济理论杂志．［美］
13. Brookings Papers on Economic Activity. 布鲁鑫斯经济活动论文集．［美］
14. Journal of Monetary Economics. 货币经济学杂志．［荷］
15. The Journal of Law & Economics. 法学与经济学杂志．［美］
16. Journal of International Economics. 国际经济学杂志．［荷］
17. International Economic Review. 国际经济评论．［美］
18. Journal of Development Economics. 发展经济学杂志．［荷］
19. The Journal of Economic History. 经济史杂志．［英］
20. Economics Letters. 经济学快报．［瑞士］
21. Economic Inquiry. 经济探究．［美］
22. Oxford Economic Papers. 牛津经济论文集．［英］
23. Cambridge Journal of Economics. 剑桥经济学杂志．［英］
24. Journal of International Money. 国际货币与金融杂志．［英］
25. Games and Economic Behavior. 博弈论与经济行为．［美］
26. Journal of Risk and Uncertainty. 风险与不确定性杂志．［荷］
27. Journal of Comparative Economics. 比较经济学杂志．［美］
28. Econometric Theory. 计量经济学理论．［英］
29. International Journal of Game Theory. 国际博弈理论杂志．［德］
30. Scottish Journal of Political Economy. 苏格兰政治经济学杂志．［英］

二、国内期刊

1. 《中国社会科学》
2. 《经济研究》
3. 《经济学家》
4. 《经济学动态》
5. 《改革》
6. 《世界经济》
7. 《经济工作者学习资料》
8. 《数量经济技术经济研究》
9. 《经济日报》
10. 《财经科学》
11. 《经济科学》
12. 《经济评论》
13. 《经济理论与经济管理》
14. 《经济研究参考资料》
15. 《经济研究参考》
16. 《财经研究》
17. 《南开经济研究》
18. 《中国经济问题》
19. 《宏观经济》
20. 《财经问题研究》
21. 《当代经济科学》
22. 《当代财经》
23. 《国际经济评论》
24. 《经济社会体制比较》
25. 《战略与管理》
26. 《学习与探索》
27. 《江苏社会科学》
28. 《社会科学战线》
29. 《江海学刊》
30. 《社会科学研究》

三、国内外重要经济学网站

http：//www. mof. gov. cn（中华人民共和国财政部）

http：//www. mofcom. gov. cn（中华人民共和国商务部）

http：//www. stats. gov. cn（中国国家统计局）

http：//www. cbo. gob（美国国会预算办公室）

http：//www. economist. com（经济学家）

http：//www. feer. com（远东经济评论）

http：//www. hutc. zj. cn/jjxqy（经济学前沿）

http：//www. nobel. se/economics（诺贝尔经济学奖官方网站）
http：//www. fortune. com（《财富》杂志）
http：//www. forbes. com（《福布斯》杂志）
http：//finance. yahoo. com（雅虎财经）
http：//finance. sina. com. cn（新浪财经）
http：//www. gametheorysociety. org（博弈论研究协会）

参考文献

1. ［英］凯恩斯. 就业、利息和货币通论. 陆梦龙译. 北京：中国社会科学出版社，2009.

2. ［美］萨缪尔森，诺德豪斯. 经济学. 萧琛等译. 北京：人民邮电出版社，2007.

3. ［美］萨缪尔森，诺德豪斯. 微观经济学（第十七版）. 萧琛等译. 北京：人民邮电出版社，2004.

4. ［美］萨缪尔森，诺德豪斯. 宏观经济学（第十七版）. 萧琛等译. 北京：人民邮电出版社，2004.

5. ［美］斯蒂格利茨，沃尔什. 经济学（第四版）（上下册）. 黄险峰，张帆译. 北京：中国人民大学出版社，2010.

6. ［美］曼昆. 经济学原理（上下册）. 梁小民等译. 北京：北京大学出版社，2009.

7. ［美］弗里德曼等. 货币数量论研究. 瞿强，杜丽群译. 北京：中国社会科学出版社，2001.

8. ［英］庇古. 福利经济学. 金镝译. 北京：华夏出版社，2007.

9. ［印度］阿玛蒂亚·森. 伦理学与经济学. 王宇，王文玉译. 北京：商务印书馆，2003.

10. ［英］尼古拉斯·巴尔，大卫·怀恩斯. 福利经济学前沿问题. 贺晓波，王艺译. 北京：中国税务出版社，2000.

11. ［美］保罗·克鲁格曼. 汇率的不稳定性. 张兆杰译. 北京：北京大学出版社，中国人民大学出版社，2000.

12. ［德］弗兰克. 白银资本——重视经济全球化中的东方. 刘北成译. 北京：中央编译出版社，2008.

13. ［波］费德罗维奇等. 转型经济和政治环境下的公司治理：制度变革的路径. 罗培新译. 北京：北京大学出版社，2007.

14. ［埃及］萨米尔·阿明. 世界规模的积累. 杨明柱，杨光，李宝源译. 北京：社会科学文献出版社，2008.

15. ［美］奥尔森. 集体行动的逻辑. 陈郁等译. 上海：上海三联书店，1995.

16. ［美］熊彼特. 财富增长论：经济发展理论. 李默译. 西安：陕西师范大学出版社，2007.

17. ［美］西格尔. 投资者的未来. 李月平等译. 北京：机械工业出版社，2007.

18. ［英］斯密. 国富论. 唐日松译. 北京：华夏出版社，2005.

19. ［瑞士］弗雷，斯塔特勒. 幸福与经济学. 静也译. 北京：北京大学出版社，2006.

20. ［英］麦迪森. 世界经济千年史. 伍晓鹰等译. 北京：北京大学出版社，2003.

21. ［美］阿克洛夫. 一位经济理论家讲述的故事. 胡怀国译. 北京：首都经济贸易大学出版社，2006.
22. 高鸿业. 西方经济学. 北京：中国人民大学出版社，2005.
23. 梁小民. 西方经济学基础教程. 北京：北京大学出版社，2003.
24. 梁小民. 微观经济学纵横谈. 北京：生活·读书·新知三联书店，2003.
25. 胡永刚. 当代西方经济周期理论. 上海：上海财经大学出版社，2002.
26. 董文泉. 经济周期波动的分析与预测方法. 长春：吉林大学出版社，2003.
27. 李新家. 消费经济学. 北京：中国社会科学出版社，2008.
28. 李翀. 国际金融市场. 广州：中山大学出版社，2007.
29. 朱琴芬. 新制度经济. 上海：华东师范大学出版社，2006.
30. 方齐云. 发展经济学. 大连：东北财经大学出版社，2008.
31. 谢识予. 经济博弈论. 上海：复旦大学出版社，2002.
32. 魏彦杰. 基于生态经济价值的可持续经济发展. 北京：经济科学出版社，2008.
33. 许云霄. 公共选择理论. 北京：北京大学出版社，2006.
34. 李金铠. 能源约束与中国经济增长研究理论与实证. 北京：中国物资出版社，2009.
35. 厉以宁. 西方经济学. 北京：高等教育出版社，2002.
36. 宁承先. 现代西方经济学. 上海：复旦大学出版社，2005.
37. 丁冰. 现代西方经济学教程（上）. 天津：南开大学出版社，2004.
38. 茅于轼. 生活中的经济学. 广州：暨南大学出版社，2003.
39. 刘铁骝. 一盏经济的渔火. 北京：清华大学出版社，2007.
40. 周其仁. 挑灯看剑：观察经济大时代. 北京：北京大学出版社，2006.
41. 尹伯成. 现代西方经济学习题指南. 上海：复旦大学出版社，2003.

图书在版编目（CIP）数据

经济学基础/陈苡，余萍主编．—广州：暨南大学出版社，2011.3（2013.1 重印）
（高职高专财经类职业实践型系列规划教材）
ISBN 978－7－81135－755－4

Ⅰ.①经… Ⅱ.①陈…②余… Ⅲ.①经济学—高等学校：技术学校—教材 Ⅳ.①F0

中国版本图书馆 CIP 数据核字（2011）第 022024 号

出版发行：暨南大学出版社

地　址：中国广州暨南大学
电　话：总编室（8620）85221601
　　　　营销部（8620）85225284　85228291　85228292（邮购）
传　真：（8620）85221583（办公室）　85223774（营销部）
邮　编：510630
网　址：http：//www.jnupress.com　http：//press.jnu.edu.cn

排　版：暨南大学出版社照排中心
印　刷：佛山市浩文彩色印刷有限公司

开　本：787mm×1092mm　1/16
印　张：15.5
字　数：394 千
版　次：2011 年 3 月第 1 版
印　次：2013 年 1 月第 2 次
印　数：3001—6000 册

定　价：25.00 元